Robert Aitken
David Steindl-Rast

Der spirituelle Weg

Zen-Buddhismus und Christentum
im täglichen Leben
Ein Dialog

Aus dem Amerikanischen von
Franchita Cattani

Knaur

Herausgegeben
von Nelson Foster

Esoterik

Herausgegeben von Gerhard Riemann

Der Benediktiner David Steindl-Rast und der Zen-Meister Robert Aitken ziehen sich eine Woche lang in einen entlegenen Winkel Hawaiis zurück, um über Gott und die Welt zu diskutieren. Erstaunlich, was bei diesem Gespräch zweier toleranter und hochintelligenter Männer herausgekommen ist, was sie auseinander »herausgeholt« haben. Keine allgemeinen, abstrakten religionsphilosophischen Erörterungen, sondern ein Buch über die Praxis – sowohl im engeren Sinne der spirituellen Übung christlicher und buddhistischer Prägung, vor allem aber darüber, was es im Alltag zu lernen gibt, in Familie, Arbeitswelt und Gesellschaft. Dieses wunderbare Buch ist eine Sternstunde, in der Sie endlich all das finden können, worüber sich spirituelle Bücher regelmäßig wolkig und wortreich ausschweigen. Mit großer Sensibilität werden Fragen behandelt wie: Was bedeuten Askese und Weltverzicht? Wie gehen wir mit positiven und negativen Emitionen um und wie mit Sexualität? Wie kann ich als Christ buddhistische Meditation praktizieren?
Fazit: Dieses Buch ist die schon lange überfällige Grundlage zur praktischen Umsetzung aller spirituellen Traditionen und Wege.

Robert Aitken ist ein führender Vertreter eines sozial engagierten Buddhismus im Westen und einer der höchstgeachteten lebenden Zen-Meister. Die buddhistische Zeitschrift »Tricycle« bezeichnete ihn kürzlich als »the unofficial American dean of Zen«. Von Robert Aitken erschienen bisher ein halbes Dutzend Bücher bei renommierten amerikanischen Verlagen.
David Steindl-Rast wurde in Wien geboren und studierte hier Kunst, Anthropologie und Psychologie. Nach seiner Promotion trat er im Jahre 1952 einem kontemplativen Zweig des Benediktiner-Ordens bei. Bruder David tritt für eine engagierte Form der Spiritualität ein, die sich in den zwischenmenschlichen Beziehungen verwirklicht.

Von David Steindl-Rast ist außerdem erschienen:
Musik der Stille (Band 86116)

Dieses Buch wurde auf chlor- und säurefreiem Papier gedruckt.

Deutsche Erstausgabe September 1996

Titel der Originalausgabe: »The Ground We Share«

Originalverlag: Triumph Books, Liguori, Missouri, USA
Umschlaggestaltung: Peter F. Strauss
Satz: Ventura Publisher im Verlag
Druck und Bindung: Ebner Ulm
Printed in Germany
ISBN 3-426-86117-8

2 4 5 3 1

Inhalt

Teil II: Die Alltagspraxis

Teil III: Praxis in einem religiösen Rahmen und in der Welt

Vorwort des Herausgebers

Von der nördlichsten Spitze der Insel Hawaii aus zieht sich die Kette der Kohala-Berge mondsichelförmig nach Südosten und hält die vom Pazifik herbeisegelnden regenträchtigen Wolken auf, die sich über einer ganzen Reihe versteckter Täler entladen. Das größte und südlichst gelegene dieser Täler ist Waipi'o, was soviel wie »gebogenes Wasser« bedeutet und dessen üppigen Talboden die Hawaiianer seit Jahrhunderten bepflanzen. Ein über 1300 m hoher Bergkamm trennt Waipi'o von der nächsten asphaltierten Straße; einst ernährte der breite Talboden eine ansehnliche Einwohnerzahl, aber jetzt wohnen nur noch 60 Menschen da, die meisten davon Bauern. Für ein derart touristisches Land ist es ganz ungewöhnlich, im Tal keine Hotels zu sehen und auch nur wenige Übernachtungsgäste anzutreffen außer einigen Einheimischen, die in den noch abgelegeneren Tälern dahinter Jagd auf Wildschweine machen.

Die beiden älteren Männer, die eines strahlenden Tages im Januar 1991 im Tal ankamen, waren ungewöhnliche Besucher, aber sie wären wohl beinahe überall und jederzeit ungewöhnlich. Der Zen-Meister Robert Aitken und der Benediktinermönch David Steindl-Rast zogen sich nach Waipi'o zurück, um dort gemeinsam eine Woche zu verbringen, miteinander zu reden und sich miteinander zu beraten. Es sollte ein ganz offenes, tiefschürfendes persönliches Gespräch zwischen zwei alten Freunden werden, aber sie stellten es sich auch als Dialog vor, dessen Früchte anderen durch Veröffentlichung zugänglich gemacht werden sollten. Das vorliegende Buch erfüllt nun diese Hoffnung und bietet allen Gelegenheit, sich mit diesen hervorragenden Lehrern in die Stille von Waipi'o zurückzuziehen und ihnen zuzuhören, wie sie das besprechen, was ihnen am meisten am Herzen liegt und vielleicht für die Zukunft unserer Gesellschaft und der Welt am wichtigsten ist: eine tiefe und beständige religiöse Lebenspraxis.

Die beiden sind bis zu diesem Treffen in Waipi'o ganz verschiedene Wege gegangen. Aitken Rôshi hat fast sein Leben lang in Hawaii gelebt, seit seine Familie nach Honolulu zog, als er fünf Jahre alt war. Er wurde 1917 geboren und protestantisch erzogen; noch immer würzt er seine Vorträge gerne mit Bibelstellen, die er als Junge in der Kirchenbank und am Tisch seiner Großeltern gelernt hatte. Allerdings interessierte er sich als junger Mann mehr für Lyrik als für Religion und spielte lieber Karten, als zur Universität von Hawaii gehen. 1941 unterbrach er das Universitätsstudium. Das Kriegsfieber, das in seiner Familie und der Gemeinde brodelte, ließ ihn völlig unberührt, und es gelang ihm, Honolulu zu verlassen und auf der Insel Guam eine Anstellung als Sekretär zu finden. Seine Festnahme in der Woche nach dem Angriff auf Pearl Harbor war der Wendepunkt seines Lebens, der nach einer vier Jahre dauernden Internierung in Japan zu einem lebenslangen Engagement als Pazifist und einer Bekanntschaft mit dem Zen, die durch zwei glückliche Zufälle zustande kam: zuerst durch ein klassisches Buch über Zen und später dadurch, daß er bei einer Zusammenlegung von Internierungslagern dessen Autor, R. H. Blyth, persönlich kennenlernte.

Über die darauffolgenden drei Jahrzehnte hinweg vertiefte sich Robert Aitken neben seinem Alltagsleben weiterhin beharrlich in das Studium des Zen. Er erwarb an der Universität von Hawaii sowohl den Bakkalaureus in englischer Literatur als auch den Magister in asiatischer Literatur, heiratete und wurde Vater eines Sohnes, ließ sich scheiden, heiratete später wieder und arbeitete in den verschiedensten Stellungen: als Gemeinschaftsorganisator, Buchhändler, Englischlehrer und Verwalter im Ost-West-Zentrum von Honolulu. Er reiste zwischen Hawaii, Kalifornien und Japan hin und her und genoß die Unterweisung von vier japanischen Zen-Meistern, die heute alle vier im Westen als tonangebend gelten: Nyogen Senzaki, Nakagawa Sôen Rôshi, Yasutani Hakuun Rôshi und Yamada Kôun Rôshi. Er beendete seine formelle Schulung unter Yamada Rôshi, dem Abt der japanischen Laienlinie Sanbô Kyodan, und bekam 1974 die Lehrerlaubnis als unabhängiger Lehrer.

Fünfzehn Jahre zuvor hatte er mit seiner zweiten Frau, Anne Hopkins Aitken, eine zen-buddhistische Gemeinschaft unter dem Namen *Diamond Sangha* gegründet, und durch ihr ständiges Engagement war sie inzwischen zu einer blühenden, wenn auch sehr zusammengewürfelten Organisation mit Tempeln auf den Inseln Maui, Kauai und Honolulu angewachsen. Der Diamond Sangha hat mit Robert Aitkens Ernennung zu einem der ersten Zen-Meister und Rôshis in den darauffolgenden Jahrzehnten neuen Auftrieb erhalten, sich weiter ausgebreitet und bildet heute ein Netz von über die Vereinigten Staaten, Südamerika und Australien verstreuten Gruppen.

Viele Zen-Schüler sind dank einer ganzen Anzahl von Aitken Rôshi seit 1978 veröffentlichten Büchern auf Zen aufmerksam geworden. Diese stechen besonders durch die Verbindung einer klaren und begeisterten Zen-Unterweisung mit tiefempfundenen ethischen und politischen Anliegen hervor. Letztere zeichnen nicht nur seine Schriften aus, sondern sein gesamtes Erwachsenenleben. Seine Bemühungen, die buddhistische Praxis ins Leben umzusetzen, haben dazu geführt, daß er Mitbegründer der hawaiianischen Zweigstelle der »Amerikanischen Vereinigung für bürgerliche Freiheit«

wurde, während des Kriegs in Vietnam als Wehrpflichtigenberater diente, gegen den Krieg in Vietnam und alle folgenden amerikanischen Militärinterventionen demonstrierte, sich am gewaltlosen zivilen Ungehorsam beteiligte, um gegen die Herstellung von Massenzerstörungswaffen zu protestieren, und zu einem engagierten Verfechter der Menschenrechte und Tiefenökologie wurde. Er ruft sowohl durch sein Beispiel als auch in seiner Eigenschaft als Mitbegründer und leuchtendes Vorbild der Buddhistischen Friedensgesellschaft seine Glaubensgenossen ständig dazu auf, sich für soziale Fragen zu engagieren.

Durch seine persönliche Geradlinigkeit und seinen Aktivismus ist Aitken Rôshi den Buddhisten in ganz Amerika ans Herz gewachsen, und seine ständig zunehmende Bedeutung hat Helen Tworkov, Autorin des Buches *Zen in America*, dazu bewogen, ihn zum »inoffiziellen Dekan des amerikanischen Zen« zu ernennen. Die Übersetzung seiner Bücher ins Deutsche, Spanische und mehrere andere Sprachen hat ihm auch international Anerkennung als Schlüsselfigur beim Aufbau einer authentischen Zen-Tradition im Westen eingebracht.

Wie Yamada Rôshi vor ihm empfiehlt auch Aitken Rôshi zeninteressierten Christen, sich mit Zen zu beschäftigen, ohne ihre eigene Religion aufzugeben; zu seinen Schülern gehören viele Christen, sowohl Laien als auch Geistliche. Besonders Katholiken haben sich als zugänglich für die Zen-Praxis erwiesen und sowohl im Sanbô Kyodan als auch im Diamond Sangha zunehmend wichtige Rollen bekleidet. Einer der vier Schüler, denen Aitken Rôshi die Lehrerlaubnis als unabhängiger Zen-Meister erteilte, ist der katholische Redemptoristenpater Patrick Hawk, und auch eine katholische Schwester läßt sich zur Zeit als Lehrerin des Diamond Sangha ausbilden. Solche Ernennungen stoßen manche vor den Kopf, aber eigentlich stellen sie nur eine neue Wendung in einer 25 Jahrhunderte alten buddhistischen Tradition der Anpassung an andere Religionen und Integration dar.

In mehr als einer Beziehung war die Reise nach Waipi'o für Bruder David länger als für Aitken Rôshi. Nicht nur war er fast 5000 km aus der Einsiedelei in Big Sur, wo er die meiste Zeit verbringt, über den Pazifik angeflogen, sondern er hatte im Laufe seines Lebens auch einen weiten Weg von seinem Geburtsort in der Alten Welt und aus der einst kategorischen Zurückweisung anderer religiöser Auffassungen, die in seiner Konfession üblich war, zurückgelegt. Er beschreibt sich selbst als Brückenbauer, und das ist er mit Sicherheit, aber oft setzt das Brückenbauen voraus, daß der Weg dorthin gebaut wird; so hat er denn reichlich Bereitwilligkeit, um nicht zu sagen Eifer, an den Tag gelegt, um intellektuelle und soziale Kluften zu überbrücken und Neuland zu betreten.

Bruder David ist neun Jahre jünger als Aitken Rôshi und gebürtiger Österreicher, dessen Muttersprache noch durch sein ausgezeichnetes Englisch durchklingt. Er kam in Wien zur Welt und zog mit seiner Mutter und seinen beiden jüngeren Brüdern in ein Dorf in den österreichischen Alpen, als die Ehe seiner Eltern zerbrach. In den zwei Schulzimmern, aus denen die Schule bestand, genoß er in einer zusammengewachsenen, von Bergen umgebenen Gemeinschaft eine an Kultur und Natur reiche Erziehung. Das Dorfleben spielte sich vorwiegend um die katholische Kirche und ihre Feiertage ab. Sein ganzes Erwachsenenleben hindurch haben der Glaube, die Rituale und Erfahrungen dieser frühen Jahre den Kurs seiner Suche bestimmt.

Wie sein Gesprächspartner wurde auch Bruder David stark vom Zweiten Weltkrieg beeinflußt. Er war zwölf Jahre alt und in einem fortschrittlichen katholischen Internat in Wien, als die SA-Truppen der Nazis 1938 Österreich einnahmen. Als die älteren Mitschüler eingezogen wurden und reihenweise in den Armeen des Dritten Reichs den Tod fanden, beteiligten David und seine Freunde sich an symbolischen Widerstandskundgebungen, wobei der Glaube ihnen eine immer dringender benötigte Führung bot und Quelle der Stärke war. Er selbst wurde 1944 gezwungen, in die deutsche Wehrmacht einzutreten, floh aber nach einem Jahr und tauchte bis Kriegsende unter, wonach er seine Ausbildung wieder aufnahm. Nach der ersten Universitätsprüfung nahm er eine Arbeit als Restaurator von Kunstwerken, die im Krieg beschädigt worden waren, an. Inspiriert von der Parallele zwischen Kunsterzeugnissen von Kindern und Eingeborenen, nahm er das Psychologiestudium mit dem Nebenfach Anthropologie auf und promovierte an der Universität Wien.

Dr. Steindl-Rast wurde 1953, ein Jahr nach Erwerb seines Doktorhutes, unerwartet zu Bruder David. Seine Mutter, Großmutter und Brüder waren inzwischen nach Amerika ausgewandert, und bei einem Besuch erfuhr er, daß eine Gruppe von Benediktinermönchen in der Nähe von Elmira in der Gegend der Finger Lakes im Staate New York eine Gemeinschaft gründeten, um die ursprüngliche Idee des Klosterlebens nach den Auffassungen des Begründers ihres Ordens im 6. Jahrhundert wiederzubeleben. Die Regel des hl. Benedikt hatte ihn sehr angesprochen, als er sie nach dem Krieg kennenlernte, und er ergriff die Gelegenheit beim Schopf, um die Lebensweise zu erlernen, die sie vorschrieb: Demut, körperliche Arbeit, Gebet, Studium und Gemeinschaftsleben. Die zwölf darauffolgenden Jahre ging er in dieser Disziplin auf und verließ kaum je das Kloster mit dem dazugehörigen Bauernhof.

Die Mönche vom Mount Saviour erwarben sich mit der Ernsthaftigkeit ihres Strebens und dank der Lebendigkeit ihrer geistigen Interessen einen zunehmend guten Ruf. Viele der bekanntesten Größen aus katholischen Kreisen Amerikas kamen zu Besuch, auch angelockt durch das hohe Ansehen, das der Abt, Pater Damasus Winzen, als weiser und mitreißender Führer und wohlbekannter Gelehrter der Liturgie und Kunst genoß. Bruder Davids Studien der Philosophie und Theologie waren ganz von seinem ausgeprägten sozialen Bewußtsein sowie der Arbeit und den Schriften von Daniel Berrigan, der oft im Kloster zu Gast war, und Dorothy Day, der »Mutter« der amerikanischen katholischen Arbeiterbewegung, durchdrungen. Seither hat er innerhalb des Rahmens seiner Berufung als Mönch seine Stimme gegen den Krieg, die Armut und andere soziale Probleme erhoben; er hat sich überdies mit besonderem Interesse an Gruppen gewendet, von denen auf den ersten Blick kaum zu erwarten war, daß sie seine Botschaft gerne aufnehmen würden, nämlich an die Green-Beret-Elitetruppen, Marinekadetten oder Verbandsvorstände.

Mitte der sechziger Jahre konnte Bruder David dank der zunehmenden Offenheit, die das Zweite Vatikanische Konzil anderen Religionen gegenüber an den Tag legte, seinem Interesse am Zen-Buddhismus nachgehen, welches durch die Bücher von D. T. Suzuki angeregt worden war. Er bekam die Erlaubnis, zur Unterweisung im Zen, die er zuerst beim jungen Mönch Tai Shimano aufnahm und danach bei zwei Meistern fortführte, die auch in Aitken Rôshis Schulung eine bedeutende Rolle gespielt hatten – Yasutani Rôshi und Sôen Rôshi – gefolgt von Shunryû Suzuki Rôshi vom Zen-Zentrum in San Francisco. Unabhängig davon und parallel dazu hatte sich der bemerkenswerte Trappistenmönch Thomas Merton ebenfalls mit dem Buddhismus befaßt, und als Pater Damasus die beiden im Jahre 1966 miteinander bekannt machte, wurden sie enge Freunde und Kollegen und waren sich darin einig, daß der Buddhismus einen neuen Schlüssel zu ihrem eigenen Glauben lieferte.

Während Mertons Suche mit seinem vorzeitigen Tod 1968 endete, fuhr Bruder David nicht nur mit der Vertiefung seiner eigenen Zen-Praxis fort, sondern begann auch, sich mit anderen Weisheitslehren wie dem Sufismus vertraut zu machen und Berührungspunkten zwischen den religiösen Einsichten und denjenigen der modernen Wissenschaft nachzugehen. Obschon er im Grunde ein Einsiedler ist, verbringt er einen Teil des Jahres mit Reisen, auf denen er als Vortragender und spiritueller Führer seine Erkenntnisse mit seiner Zuhörerschaft teilt. Vier seiner Bücher sind bereits deutsch erschienen; mit Fritjof Capra und Thomas Matus hat er ebenfalls Gespräche geführt, die als Buch veröffentlicht wurden.

Aitken Rôshi und Bruder David haben einander 1968 flüchtig kennengelernt. Ihre Freundschaft wurde zwölf Jahre später besiegelt, als sie auf der Eröffnungskonferenz der Gesellschaft für buddhistisch-christliche Studien gemeinsam eine Podiumsdiskussion leiteten. Nach mehreren weiteren Begegnungen und einer regen Korrespondenz beschlossen sie, gemeinsam ein Buch zu schreiben, das in etwa den vorliegenden Themen entsprechen sollte. Allerdings führten anderweitige Verpflichtungen und die Schwierigkeit der brieflichen Zusammenarbeit bald dazu, daß das Projekt in gegenseitigen Entschuldigungen versandete, und sie griffen die Idee erst 1990 wieder auf, als Bruder David nach Abschluß seiner Gespräche mit Capra und Matus vorschlug, dieselben Mittel für ihren Plan einzusetzen: Gespräch und Tonband.

So kam es, daß sie sich eines Tages in einem Landrover wiederfanden und an ihren Sitzen festhielten, während Burt Arriens aus Waipi'o sein Fahrzeug über die ausgewaschene Staubstraße lenkte, die die steilen Klippen ins Tal hinunterführt. Der Ausblick, der sich ihnen eröffnete, erinnerte Bruder David eher an das alte Samoa als an das neuzeitliche Hawaii. Die von den alten Hawaiianern mit Steinmauern für den

Anbau angelegten Terrassen sind noch immer vorwiegend mit Taro bepflanzt, dem wasserliebenden polynesischen Grundnahrungsmittel, und an seinem oberen Ende ist das Tal stark bewaldet. Auf dem Talboden angekommen, bog Arriens vom Meer ab und folgte einem Feldweg, der sich durch die Tarofelder zu ihrem weit auf der anderen Talseite gelegenen Bestimmungsort schlängelte. Sechsmal über- oder durchquerten sie auf ihrem Weg die Zuflüsse oder das Flußbett des Wailoa, und als Arriens den Landrover ein beinahe unmöglich steiles Ufer hinunter- und auf der anderen Seite wieder hinaufjagte, hielten seine Mitfahrer den Atem an. Aitken Rôshi erinnert sich, daß sie schon weit vor ihrem Ziel an einer Warntafel mit der Aufschrift DURCHFAHRT VERBOTEN vorbeigefahren waren.

Der Weg führte in den Regenwald, und schließlich setzte Arriens seine Passagiere bei einer Hütte ab, die von den silbernen Blättern hoch aufgeschossener Kukui-Bäume überschattet war. Aitken Rôshi hatte diese ländliche Bleibe von einem früheren Mitstudenten gemietet, der sie zwanzig Jahre zuvor als Rückzugsmöglichkeit für seine Familie gebaut hatte und jetzt manchmal an Feriengäste vermietete, die den Annehmlichkeiten und Menschenmassen von Waikiki entfliehen wollten. Die Woche, die die beiden Männer ihrem Gespräch widmen wollten, sollten sie ohne Elektrizität, ohne Wasserspülung, ohne Telefon, ohne Nachrichten und ohne Besucher außer Burt Arriens verbringen, der ab und zu ihre Vorräte aufstocken würde. Der einzige Mensch, den sie sonst noch sehen würden, war Bruder Kieran O'Malley, ein Freund von Bruder David, der mit Kochen und der Bedienung des Tonbands wesentlich zum Vorhaben beitrug.

Unverzüglich wurde ein Zeitplan aufgestellt. Jeder Tag begann mit einer halben Stunde Zazen – der Zen-Übung im Sitzen –, wozu sie die Sitzkissen verwendeten, die Aitken

Rôshi aus Honolulu mitgebracht hatte. Für diesen Anlaß zogen sie sich formell an, und die einzige Fotografie, die als Erinnerung an dieses Treffen aufgenommen wurde, zeigt sie in dieser Kleidung auf dem Grasstreifen zwischen der Hütte und den Bäumen. Danach machten sie es sich bequemer – Aitken Rôshi in Jeans und einem blauen Arbeitshemd, Bruder David mit Soutane und Kapuze – und gesellten sich zu Bruder Kieran zum Frühstück in die Küche, um sich danach im Aufenthaltsraum in zwei Korbstühlen zur ersten der beiden täglichen Arbeitsrunden niederzulassen. In diesem Raum fand das Gespräch wie unter freiem Himmel statt, denn auf drei Seiten waren Fenster und Gleitwände. Der liebliche Ruf chinesischer Drosseln und das Tosen der nahen Pâpalafälle untermalten ihre Worte.

Mittags unterbrachen sie, um ein einfaches, aber mit anregenden Tischgesprächen gewürztes Mahl einzunehmen, bei dem sich oft der Ausgangspunkt für die nächste Arbeitsrunde ergab. Bevor sie ihr Gespräch wieder aufnahmen, machten sie einen kurzen Spaziergang zum Wasserfall und legten sich manchmal zu einer kurzen Siesta hin. Steinruinen am Weg gaben Bruder David das Gefühl, sie beträten heiligen Boden, und später machte er aus den Kukuinüssen, die er unterwegs aufgesammelt hatte, einen Rosenkranz. Aitken Rôshi pflückte Blumen, mit denen er zu ihrer Nachmittagssitzung den Raum schmückte. Nach getaner Arbeit aßen sie früh zu Abend, setzten sich beim Schein von Öllampen zum Zazen nieder und zogen sich früh zurück.

Bei ihrer ersten Arbeitssitzung schlug Aitken Rôshi vor, daß sie zuerst entscheiden sollten, ob sie die Ähnlichkeiten oder Unterschiede zwischen dem christlichen und dem buddhistischen Ansatz beleuchten wollten. »Mir scheint«, meinte Bruder David, »daß wir weder Ähnlichkeiten noch Unterschiede, sondern vielmehr das Thema beleuchten sollten, und wir haben gemeinsam beschlossen, daß dies die tägliche Übung, die Praxis sein sollte. Diese unter dem Blickwinkel der Unterschiede und Ähnlichkeiten unserer Sichtweisen zu betrachten wird sie in ein interessantes Licht rücken.« Aitken Rôshi war damit einverstanden, und sie fingen ohne weitere Umschweife an.

So drehte sich das Gespräch in der Hauptsache denn auch um die Belange der täglichen Praxis, die zwei der drei Teile des Buches ausmachen. Dabei verspürten sie anfangs und die ganze Woche hindurch immer wieder das Bedürfnis, auch Fragen anzuschneiden, die sich indirekt darauf bezogen: das Wesen der religiösen Erfahrung, die Rolle der Sprache und der Metapher bei der Äußerung und Formung einer solchen Erfahrung, kulturelle Voreingenommenheiten in Ost und West, die jeweilige Bedeutung von Buddha und Christus und den guten oder schlechten Einfluß der religiösen Institutionen. Diese Themen habe ich im ersten Teil des Buches zusammengefaßt, weil es für den Leser hilfreich sein wird, diese Grundsatzfragen zu erwägen, bevor es um das Einmaleins der Praxis geht. Das heißt nicht, daß dieses Buch unbedingt von vorne nach hinten gelesen werden muß. Wer gerne darin herumblättert, wird feststellen, daß man so ziemlich überall einsteigen kann.

Als ich diese Gespräche zwischen Aitken Rôshi und Bruder David vom Tonband transkribierte, wurde mir immer klarer, wie außergewöhnlich sie waren. Beide hatten die Tiefen ihrer eigenen religiösen Tradition ausgelotet und waren ebenfalls mit der Religion des andern in hohem Maß vertraut, und das machte sie wohl zu so hervorragenden Kandidaten für diesen Dialog. Ich denke aber, daß es letzten Endes ihre persönlichen Fähigkeiten waren – Großherzigkeit, ein scharfer Verstand und strenge Übung –, die sie zu so erstklassigen Gesprächspartnern machten und weswegen das Gespräch weit über die schwammigen Abstraktionen, die so oft typisch für interreligiöse Gesprächsrunden sind, hinausführt. Es wäre sicher nicht leicht, zwei vergleichbare Gesprächspartner zu finden, die private Belange mit einer solchen Bereitschaft darlegen, einander so achten und dennoch so konsequent herausfordern und sich (sogar in diesem fortgeschrittenen Stadium ihrer Laufbahn) mit einer solchen Bereitwilligkeit Herausforderungen stellen und voneinander lernen wollen.

Es sagt viel über den Charakter dieser Männer aus, daß jeder den andern für tonangebend in ihrem Austausch hält. Aus der Sicht Aitken Rôshis hat Bruder David die Zügel in die Hand genommen, sowohl weil er dieses Treffen vorschlug und mit einem im voraus vorbereiteten Fragenkatalog dessen Richtung angab, also das Gespräch gewissermaßen strukturierte. Bruder David bestätigt, daß er die meisten Fragen vorbereitet und gestellt hat, aber er erinnert auch daran, daß Aitken Rôshi manche Themen vorbrachte, die zu besprechen ihm sehr am Herzen lag, und daß die Tiefe dieser Themen sich wie ein roter Faden durch das ganze Gespräch hindurchzog. In Wahrheit haben wahrscheinlich *beide* die Zügel in der Hand gehalten, aber über der Hochachtung vor der Führung des anderen ihren eigenen Beitrag vergessen. Ich denke, daß Leser und Leserinnen feststellen werden, wie die Zügel oft von einer Hand zur anderen gehen, wobei Aitken Rôshi eher im ersten Teil des Buches das Gespräch vorantreibt, während Bruder David meistens im zweiten und dritten Teil den Ton angibt.

Die Gespräche sind von einer Zeitlosigkeit, die mit der Gelassenheit und Ruhe von Waipi'o zusammenhängen mag, aber sie sind auch von einem Gefühl durchdrungen, daß unsere Zivilisation an einem kritischen Punkt angelangt ist und drücken eine tiefe Besorgnis um das Weltgeschehen aus. Drei Tage, bevor sie den Weg ins Tal einschlugen, hatte die

Bush-Regierung mit der »Operation Wüstensturm« begonnen, und trotz des gesamten Medienspektakels und der Glorifizierung der Technologie verstanden Bruder David und Aitken Rôshi diese als ein völlig unrühmliches Blutbad, das einmal mehr verheerende Folgen für eine unterdrückte und unschuldige Drittweltbevölkerung haben würde. Es ist nur verständlich, daß dieses Thema ab und zu im Gespräch erwähnt wird, und die Nachrichten, die sie bei ihrer Heimkehr vorfanden, gingen ihnen so nahe, daß sie ein letztes Gespräch darüber telefonisch führten (das in das abschließende Kapitel aufgenommen wurde) und ihre Überlegungen über die Notwendigkeit eines sozialen Wandels dabei noch einmal vertieften.

Außer diesem kriegsbedingten Zusatz hatten sie keinerlei Bedürfnis, ihren Gedankenaustausch zu ergänzen oder sonstige wesentliche Veränderungen der in Waipi'o so freiherzig geführten Gespräche vorzunehmen. Bruder David bemerkte dazu, das Ganze sei von einer beinahe unheimlichen Vollständigkeit. »Wir setzten uns hin und fingen an. Am Ende der Woche waren wir fertig. Es war auch nicht so, daß die Zeit uns davongelaufen wäre, aber wir hatten unsere Aufgabe wirklich abgeschlossen. Da war nichts mehr übrig.« Die letzten Worte auf dem Tonband sind Worte des Dankes für die Zeit, die sie miteinander verbringen konnten, und für die geistige und spirituelle Anregung, die sie daraus geschöpft hatten.

Aitken Rôshi, Bruder David und ich sprechen hier auch allen unseren gemeinsamen Dank aus, die die Reise nach Waipi'o und dieses Buch ermöglicht haben: Burt Arriens und Bruder Kieran, dessen wesentlicher Beitrag oben erwähnt wurde; Susan Gilbert, die sich in ihrem vollbeschäftigten Leben als Ärztin und Mutter Zeit genommen hat, den Aufenthalt in Waipi'o zu arrangieren; Linda Beech, die ihre Hütte großzügig zur Verfügung stellte und später geduldig Hintergrundinformationen nachlieferte, und Jason Binford für seine außerordentlich gute Transkription. Unser Dank gilt auch allen anderen, die bei der Entstehung dieses Buches mitwirkten.

Nelson Foster

TEIL I

DIE GRUNDLAGEN DER PRAXIS

I
DIE RELIGIÖSE ERFAHRUNG

Die Urerfahrung und ihre kulturellen Deutungen

AITKEN RÔSHI: Wir haben gemeinsam beschlossen, die tägliche Praxis zu unserem Hauptthema zu wählen: Wie setzen wir unsere tiefsten Überzeugungen und Ideale im Leben um und verwirklichen sie. Aber woher kommen denn diese Ideale und Überzeugungen?

BRUDER DAVID: Letzten Endes aus unserer tiefinnersten Erfahrung. Jede Religion hat ihre Wurzeln in der Erfahrung.

AR: Aldous Huxley vertrat die Ansicht, daß eine gewisse »ewige Erfahrung« allen großen religiösen Überlieferungen zugrunde liege, eine Art innerer Erfahrung, die allen Völkern gemeinsam ist, die die verschiedenen religiösen Überlieferungen jedoch verschieden benennen. Kannst du dem zustimmen?

BD: Das ist eine vieldiskutierte Frage. Und obwohl einige Menschen, die ich sehr achte, die Meinung vertreten, die verschiedenen Religionen seien nicht auf eine universelle Erfahrung zurückzuführen, bin ich über die Jahre hinweg immer mehr zu der Überzeugung gekommen, daß das doch zutrifft. Natürlich ist eine Erfahrung nie genau dieselbe wie eine andere; auch zwei meiner eigenen Erfahrungen sind nie genau gleich. Aber etwas in einer tiefen religiösen Erfahrung ist in allen Überlieferungen gleich. Glaubst du nicht auch?

AR: Ich denke, daß sich eine solche Erfahrung wohl schwer

definieren läßt, weil man die Dinge jeweils durch die Brille der eigenen Kultur oder Erfahrung sieht. So wissen wir beispielsweise aus der Psychologie, daß man bei einem freudianischen Analytiker sexuelle Träume hat, während es bei einem Jungianer archetypische Träume sind.

BD: Mit anderen Worten meinst du also, daß der jeweilige kulturelle Bezugsrahmen alles so sehr durchdringt, daß er sich sogar in der tiefsten Urerfahrung bemerkbar macht. Ich glaube das auch, aber wenn man alle verschiedenen Bezugsrahmen übereinanderlegt wie Negative, dann schimmert doch noch ein Bild durch, das zeigt, was in allen Erfahrungen gleich ist. So würde ich beispielsweise sagen, daß diese innerste Urerfahrung immer eine glückselige Erfahrung ist, obwohl man sie manchmal unter sehr schmerzhaften Umständen erlangt.

AR: Ja, sie ist glückselig, ruhevoll und friedlich.

BD: Ein anderer Aspekt dieser Erfahrung ist das Gefühl der Zugehörigkeit zum Universum. Freud nannte es »ozeanisches Gefühl«, aber es ist viel mehr als ein Gefühl: Es ist eine existentielle Realität. Man fühlt sich mit allem eins. Meiner Meinung nach entspringt alles moralische Verhalten diesem Zugehörigkeitsgefühl.

AR: Was du »Zugehörigkeit« nennst, ist ein weiterer Aspekt dieser tiefsten Erfahrung. William James zitiert eine Frau, die über ihre Erfahrung sagte: »Die Wahrheiten der Bibel sind mir wie auf den Leib geschrieben.« Das ist eine jener Erfahrungen, in denen man sich eine Religion zu eigen macht.

BD: Im Augenblick dieser Erfahrung wird sie zur eigenen.

AR: Ja, und in diesem Zusammenhang ist das Wort »eigen« aufschlußreich. Im Englischen wird »own« [eigen] außer im Sinn von »besitzen« auch im Sinne von »anerkennen« verwendet, etwa in der Aussage: »Ja, das habe ich getan, ich erkenne es an [es ist meins].« Mit anderen Worten erkenne ich an, daß das, was du über mich gesagt hast, stimmt, aber wenn ich sage: »Ich erkenne es an [es ist meins]«, dann drücke ich es auf besonders vertrauliche Weise aus.

BD: Und wir drücken aus, daß wir Herr darüber sind, wenn es »unser eigenes« ist, aber bevor es uns zu eigen ist, sind wir ihm zu eigen.

AR: So ist es. Bevor etwas unser eigen ist, ganz gleich, ob es sich um unsere eigene Lebensgeschichte oder Religion handelt, ist es etwas außerhalb von uns, wie Stimmen, die von außen kommen. Es hat noch keine Realität für uns, wir haben es noch nicht erkannt oder verwirklicht.

Ein sehr wichtiges Wort im Zen-Buddhismus ist *Intimität* oder Vertrautheit. In der frühen, über tausend Jahre alten chinesischen Zen-Literatur wurde es als Synonym für die tiefinnere Erfahrung verwendet, von der hier die Rede ist, für jenen Durchbruch, den man gewöhnlich Verwirklichung, Erkenntnis oder Erleuchtung nennt. Intim oder mit etwas vertraut sein bedeutet eins sein. Nicht intim sein heißt im Kopf sein. Im Japanischen ist *shinsetsu* einer der Begriffe für Intimität, und es drückt gewöhnlich auch Güte oder Angemessenheit aus. Wenn du zum Beispiel deiner Gastgeberin ein Geschenk mitbringst, dann sagt sie dir etwa, du seist sehr *shinsetsu*. Oberflächlich verstanden meint sie damit, daß du sehr liebenswürdig bist, aber auf einer tieferen Ebene erkennt sie deine Zugehörigkeit oder Vertrautheit an, die dein Geschenk ausdrückt.

BD: Das bringt mich auf einen anderen Aspekt dieser Urerfahrung, mit dem Menschen ganz verschiedener Ausrichtungen und mit den unterschiedlichsten Bezugsrahmen sicher einig gehen: Als eine Art Nebenprodukt dieser Erfahrung wird man sich dessen bewußt, was es heißt, Mensch zu sein.

AR: Ja, und auch, was es heißt, gerade dieser bestimmte Mensch zu sein.

BD: Sehr interessant. Es ist beides, meinst du nicht auch?

Dieser besondere Mensch, vereint mit allen anderen. Wenn jeder in dieser Erfahrung erkennt, was es heißt, voll und ganz Mensch zu sein, dann ist diese Erfahrung entweder universell und dieselbe für alle, oder wir müßten völlig verschiedene Möglichkeiten des Menschseins annehmen. Wir müßten im Grunde sagen, daß es keine gemeinsame Menschlichkeit gibt, in der alle Menschen vereint sind, und das würde katastrophale Folgen haben.

AR: Die tiefinnerste Erfahrung ist aber eine Erfahrung des Einsseins mit allen anderen Lebewesen, nicht nur mit allen anderen Menschen.

BD: Richtig, mit allen anderen Lebewesen, aber das tut unserem Gedanken über ein gemeinsames Menschsein keinen Abbruch.

AR: Überhaupt nicht. Die Realität eines gemeinsamen Menschseins tritt dann zutage, wenn wir in dem zu Gast sind, was wir oberflächlich gesehen eine fremde Kultur nennen. Indem wir Sitten und Bräuche, die sich unabhängig von den unseren entwickelt haben, beobachten und daran teilnehmen, erkennen wir mit der Zeit, was sie bedeuten, wie sie zum Menschsein passen und den »gesunden Menschenverstand« zum Ausdruck bringen. Und dabei werden wir innerlich offener.

BD: Das trifft nicht nur auf Besuche in anderen Kulturen zu, sondern auch auf die Begegnung mit anderen religiösen Überlieferungen.

AR: Religiöse Überlieferungen *sind* kulturelle Überlieferungen. Gerade deshalb drücken die verschiedenen Religionen die Urerfahrung und den Weg zu dieser Erfahrung so verschieden aus, wobei wir – sagen wir mal – auf der einen Seite ein Leben nach der Regel des hl. Benedikt führen und uns auf der andern Seite mit *Kôans* beschäftigen.

BD: Diese Urerfahrung, die jeder erlangen kann (und die

den großen religiösen Führern wahrscheinlich intensiver zuteil geworden ist), wird also über eine kulturbedingte Brücke oder, genauer gesagt, durch eine religiöse Überlieferung mit der Praxis verknüpft. Einer meiner Freunde bezeichnet die »Sprache« als diese Brücke, weil die Sprache eine Überlieferung (in Worte) faßt und künftige Erfahrungen formt. Wie immer wir sie nennen mögen, so verhält es sich doch so, daß die Brücke zwischen der Urerfahrung und der Praxis oder Übung diese auf eine bestimmte Art und Weise formt und uns gleichzeitig die Möglichkeit gibt, die Praxis auf ihre gemeinsame Wurzel in der Urerfahrung zurückzuführen.

Gemeinsamer Boden, verschiedene Ausblicke

AITKEN RÔSHI: Sicher kennst du den berühmten Satz: »Alle Wege führen zum Gipfel ein und desselben Berges.« Das war ein Lieblingssatz von Alan Watts, der damit einen gelehrten Aufsatz von A. K. Coomaraswamy über vergleichende Religionswissenschaft zusammenfaßte. Der Satz ist eine Übersimplifizierung von Coomaraswamys Gedanken, und ich glaube nicht, daß er stimmt.

BRUDER DAVID: Eben wollte ich dasselbe sagen. Weshalb genau würdest du sagen, daß sie nicht zum Gipfel desselben Berges führen? Warum ist das ein unzulängliches Bild?

AR: Die Wege hören manchmal auf halber Strecke auf. Eigentlich führen die Wege zu einer bestimmten Erfahrung, die jeder einzelne in einer unterschiedlichen Intensität und Tiefe macht.

BD: Ja. Als ich das zum ersten Mal von Baker Rôshi[1] hörte,

[1] Der amerikanische Zen-Meister Richard Baker ist der ehemalige Abt des Zen-Zentrums in San Francisco.

fügte er hinzu: »Mir gefällt der Gedanke nicht, daß sich alle Wege im selben Punkt treffen. Ich würde eher sagen, daß sich alle Wege im selben Gebiet verlieren.« Darauf antwortete ich gleich, der Gedanke gefalle mir auch nicht, weil er mich an die Redewendung »Alle Wege führen nach Rom« erinnert, eine Redewendung, die ich nicht gerade gerne höre. Das Gebiet ist so weit, daß kein einzelner Weg ihm gerecht werden kann. Wenn wir das Bild in diesen neuen Rahmen stellen, können wir in Frieden mit der Tatsache leben, daß verschiedene Überlieferungen möglicherweise ganz verschiedene Dinge aussagen; sie erforschen dasselbe Gebiet, aber in ganz verschiedenen Bereichen.

AR: Genau. Und einige Überlieferungen erforschen einen bestimmten Bereich ganz und gar, während andere diesen Bereich nur leicht berühren und den Schwerpunkt ihrer Erforschungen anderswo haben.

BD: Ganz recht. Offensichtlich ist es derselbe Boden, den wir erforschen, aber er dehnt sich so weit aus, daß sich das, was wir zutage fördern, von den Funden anderer stark unterscheiden kann. Wie würdest du denn diesen Boden nennen?

AR: Wie wäre es denn mit dem Bereich der Praxis, der Übung?

BD: Jetzt hast du der Frage eine außerordentlich interessante Wendung gegeben. Als wir anfingen, darüber zu sprechen, hatte ich ein klares Bild vor Augen: Auf der einen Seite das Gebiet der Urerfahrung, auf der anderen die Praxis, und zwischen ihnen die religiöse Überlieferung, die Kultur oder die Sprache als Brücke. Aber du hast das Ganze umgedreht. Wenn ich dich richtig verstehe, meinst du, daß wir die Brücke nicht verwenden, um zurückzugehen und die Erfahrung zu erforschen, sondern daß wir vorwärts in die Praxis gehen und daß gerade diese Praxis die Erfahrung erforscht. Das ist eine sehr interessante Wendung.

AR: Die Erfahrung, die reine, eigentliche Erfahrung, ist etwas, was in einem Augenblick geschieht.

BD: Und eigentlich nicht einmal in einem Augenblick – sie ist zeitlos.

AR: Anders ausgedrückt, sie ist punktuell, so wie man in der Geometrie einen Punkt definiert: Er ist dimensionslos. Wenn Schüler zu mir kommen und über eine echte Erfahrung berichten, sagen sie: »Aber es war im Nu vorbei.« Worauf ich antworte: »Ja, so ist es.«

BD: Und dann brauchen wir ein Leben, um sie zu erforschen.

AR: Genau! Wie Dôgen Zenji[1] betonte, ist die Praxis selbst die Erleuchtung.

Die Umkehr

BRUDER DAVID: Wir haben nun schon mehrmals auf die tiefinnere Erfahrung hingewiesen, die allem zugrunde liegt. Es ist außerordentlich wichtig, daß wir als Erfahrung davon sprechen und betonen, daß es sich nicht um eine abstrakte Lehre oder so etwas handelt. Allerdings wird der Begriff *Erfahrung* heutzutage inflationär verwendet. Man stellt sich allgemein vor, daß es sich immer um eine Urknall-Erfahrung handelt, daß der Augenblick der religiösen Erfahrung etwas Umwerfendes ist. Vielleicht können wir dieser Tendenz entgegenwirken, indem wir den Begriff des Gewahrseins statt der Erfahrung einführen, eines existentiellen, tiefen Gewahrseins.

AITKEN RÔSHI: Gibt es im Christentum nicht den Begriff *Metanoia*? Ist das nicht eine Umkehr? Wir haben im Buddhismus genau denselben Begriff: *Ekô*, eine Umkehr. In seinem

[1] Dôgen Kigen war ein berühmter japanischer Zen-Meister der Sôto-Schule im 13. Jahrhundert.

»Lobgesang des Zazen« beschreibt Hakuin Zenji[1] diese Erfahrung als »sich nach innen wenden und die Wahrheit des Wesens bezeugen, jenes Wesens, das wesenlos ist.« Es ist auf jeden Fall ein einmaliges Gewahrsein, aber ich meine, man sollte dabei betonen, daß es sich um eine Umkehr handelt.

BD: Ja, das ist ausgezeichnet. *Metanoia* wird oft als »Bekehrung« übersetzt, aber man könnte es genausogut als »umgekehrt denken« übersetzen, was die plötzliche Einsicht bezeichnen würde, in der alles auf den Kopf gestellt wird.

AR: Genau. Der andere japanische Begriff ist *Kenshô* oder »Wesensschau«. Damit ist gemeint, daß das Wesen aller Dinge erkannt wird, wobei innen und außen sich nicht voneinander unterscheiden.

BD: Vielleicht könnten wir es als die tiefste Einsicht in die Wirklichkeit, so, wie sie wirklich ist, bezeichnen.

AR: Yasutani Rôshi[2] pflegte zu sagen, daß eine Kenshô-Erfahrung ähnlich ist, wie wenn man auf einer vereisten Fensterscheibe eine Stelle blankreibt: Durch diese Stelle kann man einen Blick auf das wahre Wesen erhaschen, aber man muß weiterreiben, bis die ganze Scheibe eisfrei ist und sie möglicherweise sogar ganz aus dem Rahmen stoßen.

BD: Kenshô ist nur ein erster flüchtiger Blick?

AR: Ja. Yasutani Rôshi verwendete das japanische Wort, das verstohlener oder flüchtiger Blick bedeutet, und er stellte es dar, indem er eine Stelle auf dem vereisten Fenster blank rieb, hinausspähte und sagte: »Oh, das ist also das wahre Wesen!«

Der springende Punkt ist, daß Kenshô uns einen echten Einblick in das wahre Wesen gewährt, aber zugleich doch nur

1 Hakuin Ekaku war im 18. Jh. ein bedeutender japanischer Zen-Meister der Rinzai-Schule. Die erwähnte Textstelle findet sich u.a. in *Die Lehren Buddhas*, Knaur Taschenbuch Nr. 86094, S. 182.

2 Yasutani Hakuun ist der Begründer des Sanbô Kyodan und war sowohl Aitken Rôshis als auch Bruder Davids Meister. Siehe Vorwort.

einen flüchtigen Einblick, der der Erweiterung und Klärung bedarf.

In manchen Religionen wird die Erfahrung der Einsicht in die Wirklichkeit als das höchste der Gefühle betrachtet. Für den Zen-Schüler ist es ein neuer Anfang; nicht der allererste Anfang, aber ein neuer Anfang. Danach geht es darum, diese Erfahrung zu vertiefen und zu klären, und das ist ein lebenslanger Prozeß.

BD: In deinem Buch *The Dragon That Never Sleeps*[1] erwähnst du »den einen, der nicht wanken kann«. Denjenigen im Inneren zu finden, der nicht wanken kann, gehört also zur Erfahrung der Umkehr?

AR: Mir scheint, daß man im Kenshô nicht unbedingt den findet, der nicht wanken kann. Einer, der nicht wanken kann, hat diese anfängliche Gipfelerfahrung über viele, viele Jahre hinweg gepflegt.

BD: Vielleicht könnte man sagen, daß man im Kenshô denjenigen findet, der nicht wanken kann, aber daß man ihn noch nicht verkörpert.

AR: Ja, das stimmt. Interessanterweise ist Kenshô das dritte der »Zehn Ochsenbilder«[2]: das Erblicken des Ochsen. Das Einfangen des Ochsen, das Zähmen des Ochsen, der Heimritt auf dem Ochsen, das Vergessen des Ochsen und so weiter sind die darauffolgenden Schritte in diesem Prozeß, den zu finden, der nicht wanken kann.

BD: Und dieser Prozeß ist die Praxis. Unsere tiefinnersten existentiellen Einsichten werden durch die Praxis in den Alltag übersetzt.

1 *The Dragon That Never Sleeps*, Parallax Press, Berkeley 1992, ist ein Übungsbuch in Versen.

2 Darstellung der Zen-Praxis in zehn Bildern, die meistens dem chinesischen Zen-Meister K'uo-an Chih-yüan aus dem 12. Jh. zugeschrieben werden.

AR: Genauso ist es. Sogar *Anuttara-Samyaksambodhi* – die vollkommene, universelle Erleuchtung – ist Praxis.

BD: Meinst du damit, daß es nur eine Idee oder eine Erinnerung, also etwas Lebloses ist, solange es nicht in die Realität des eigenen Lebens übertragen wird?

AR: Ja genau. Kennst du das Kôan, in dem du von der Spitze einer hundert Fuß hohen Stange noch einen Schritt weitergehst? Leider wird es in einer ganzen Reihe von Büchern verdreht, so daß es seine Bedeutung völlig verloren hat; tatsächlich steckt derjenige, der auf der Spitze der Stange sitzt, in der Erleuchtung fest, er sitzt in der Erfahrung der Leere fest, und die Frage ist, wie kann er nun von der Spitze dieser 100 Fuß hohen Stange einen Schritt weitergehen?

BD: Ein gutes Bild. Die christliche Entsprechung dazu findet nach der Verklärung Christi statt, als sich die Jünger auf den Abstieg vom Berg Tabor machen müssen. Die Verklärung ist das Kenshô, und die Jünger wollen gleich da bleiben. Sie sagen: »Oh, das ist wie das Hüttenfest. Wir wollen hier drei Hütten bauen und feiern. Laßt uns hier bleiben.« Aber dann ist alles vorbei, und beim Abstieg vom Berg gebietet ihnen Jesus: »Erzählt niemand von dem, was ihr gesehen habt, bis der Menschensohn von den Toten auferstanden ist« (Mt. 17,1–9). Zuerst muß man durch das Leiden gehen, dann kann man über die Erfahrung sprechen.

In den sechziger Jahren, als die mystische Literatur im Westen einen Aufschwung erlebte, war das Buch über den Aufstieg zum Karmel des hl. Johannes vom Kreuz eine sehr beliebte Lektüre. Mein erster Abt und der Gründer unseres Ordens, Vater Damasus Winzen, pflegte dazu zu sagen: »Die eigentliche Aufgabe ist nicht der Aufstieg zum Karmel. Die eigentliche Aufgabe ist der Abstieg vom Berg Tabor.« Der Aufstieg zum Karmel führt auf die 100 Fuß hohe Stange, und dann muß man wieder herabsteigen. Eine schöne Redewendung des frühen Mönchstums trifft hier ebenfalls zu: »Wenn du siehst, daß ein Mönch zum Himmel auffährt, halte ihn an den Beinen fest!«

2

DAS SELBST UND DAS HÖCHSTE

Das Geheimnis des Selbst

BRUDER DAVID: In unserem Kulturkreis ist die Egozentrik oder Ichbezogenheit eine Charakterschwäche, aber worauf sollten wir uns denn beziehen, wenn nicht auf das Ich? Alles hängt natürlich davon ab, welches Ich – oder Selbst – gemeint ist. Gewöhnlich bezieht sich das Wort »Ichbezogenheit« auf das kleine Selbst, das sich nur um sich selbst kümmert und den Namen Zentrum oder Mitte nicht verdient. Aber es gibt auch eine positive Deutung der Ich- oder Selbstbezogenheit, die aus dem Herzen kommt, nicht ex-zentrisch ist und sich irgendwo außerhalb verliert, sondern in der innersten Mitte wurzelt.

AITKEN RÔSHI: Das denke ich auch. Jeder hat die Verantwortung für sich, dafür, sich um das Selbst zu kümmern wie ein Buddha, nicht nur als Avatar (Verkörperung) des Buddha, sondern tatsächlich als ein Buddha.

BD: Als der Buddha.

AR: Als *der* Buddha, in aller Bescheidenheit. Es liegt an mir, mich um diesen Buddha zu kümmern, Erkältungen zu vermeiden, mich angemessen zu ernähren und zu kleiden, ausreichend zu schlafen, die richtige Arbeit zu tun und so weiter. Ist das selbstbezogen? Ich denke, daß das die helle Seite der Selbstbezogenheit ist.

Aber wir müssen hier etwas über das Wesen des Selbst sagen. Die Meinung ist weit verbreitet, daß es im Buddhismus kein Selbst *gibt*. Eine vollständigere Aussage wäre, daß es kein

Selbst gibt und daß das *Selbst* diese Tatsache erkennt. Anders ausgedrückt, Nichtselbst und Selbst ergänzen einander. Ähnliches kann man über die Existenz sagen. Gemeinhin glaubt man, daß dem Buddhismus zufolge nichts existiert. In der Tat existiert wirklich nichts, und das ist das Wesen dessen, was wir sehen.

Existenz und Nichtexistenz, Selbst und Nichtselbst sind komplementär wie etwa die Auffassung des Lichts als Welle und als Elementarteilchen. Beide Auffassungen treffen gleichzeitig zu. Wenn wir uns aber auf das Licht als Elementarteilchen versteifen, können wir es nicht als Welle sehen. Wenn wir uns darauf versteifen, daß die Materie ewig stofflich ist, können wir sie nicht als Leere sehen. Es ist wichtig, daß wir Einblick in die Leere bekommen, um die Materie voll und ganz zu würdigen.

BD: Auch wenn die Parallele, die ich ziehen will, nicht ganz so offensichtlich ist, existiert sie doch in der christlichen Auffassung der Realität. Sie beginnt mit dem predigenden Jesus und der anfänglichen Auffassung der Menschen von ihm als Propheten: Hier ist jemand, der von Gott spricht, dem ganz Anderen, dem Nichtding, könnte man sagen, der über allem ist und allem anderen gegenübersteht. Der nächste Schritt in dieser Auffassung war, daß der Mensch Jesus diese göttliche Wirklichkeit so vollkommen übermittelte, daß man ihn nicht Boten nennen wollte. Man nannte ihn also »das Wort«. Er ist einfach Wort. Alles, was er tut und sagt, ist Wort, ist die vollkommene Äußerung des ganz Anderen. Der nächste Schritt, so in den Worten der Einleitung zum Johannesevangelium, ist der, daß am Anfang – vor »immer« – das Wort war, und das Wort war bei Gott und *war* schließlich Gott. Das ist wie Sein und Nichtsein: Sein drückt Nichtsein aus, ist bei dem Nichtsein und *ist* schließlich Nichtsein.

AR: Können wir eingestehen, daß das ziemlich kompliziert

erscheint und zur Auffassung führen könnte, es gebe so etwas wie einen von uns und den Lebewesen getrennten Gott?

BD: Ja, nicht nur können wir das eingestehen, die Geschichte belegt auch, daß der Dualismus in den westlichen Religionen – dem Judentum, Islam und Christentum – die große Falle ist. Er ist unsere große Falle. In den östlichen Religionen gibt es vielleicht eine parallele, entgegengesetzte Falle, nämlich den Monismus oder den Gedanken der Einheit. Ich reagiere empfindlicher auf unsere eigene westliche Falle, aber ich würde auch den Monismus eine Falle nennen, weil er der Erfahrung nicht gerecht wird. Insbesondere läßt er keinen Raum für Dankbarkeit.

AR: Ich glaube, daß Monismus ein viel zu eingeschränkter Begriff für die östliche Sicht ist. Die große Leere im Buddhismus, die in der Praxis tatsächlich erfahrbar ist, ist kein Vakuum. Sie ist voller Möglichkeiten und Potentiale, die in unzähligen verschiedenartigen, eigenständigen Formen Gestalt annehmen. Das straft die New-Age-Maxime Lügen, der zufolge alles eins, alles Gott ist.

Überdies kann die Tatsache, daß Berge, Flüsse, Bäume, Menschen und Städte Gestalt annehmen, wie es der Fall ist, in wirklich weltoffenen Menschen nur Dankbarkeit hervorrufen. In Japan hört man überall den Ausdruck *arigatai*. Es ist die Wurzel des Wortes *arigatô*, danke. So hört man etwa, wie Japaner bei einem besonders schönen Sonnenaufgang *arigatai na* sagen, was soviel bedeutet wie: »Das ist doch sehr erfreulich, findest du nicht!«

BD: Ja, das wußte ich, und ich bin sehr froh, daß du es so schön ausdrückst. Natürlich will ich die östlichen Religionen nicht als ausschließlich monistisch darstellen. Ich meinte nur, daß da eine Falle oder Gefahr sein könnte. Ebenso ist der Dualismus nur eine Falle für die westliche Überlieferung; grundsätzlich oder von sich aus ist diese nicht dualistisch. Es wäre reine Ketzerei und eine völlige Verzerrung, sie dualistisch zu nennen. Ihrer eigenen Aussage zufolge beruht die christliche Religion auf der Dreieinigkeit.

Ich wünschte, daß die für das Christentum so zentrale Dreieinigkeit stärker in den Mittelpunkt einer erfahrungszentrierten Lehre gerückt würde. Leider wird sie – wenn man überhaupt darauf eingeht – gewöhnlich als etwas dargestellt, das über unser Verständnis hinausgeht: »Das ist ein großes unergründliches Geheimnis. Halte dich nicht damit auf. Du wirst es sowieso nie verstehen.« Es *ist* das unergründlichste Geheimnis, aber genau dessen werden wir in der tiefinnersten Erfahrung gewahr. Dabei sind es nicht drei Dingsdas, die irgendwo da draußen sitzen: Hier bin ich, ganz konkret, und in diesem Sinne sehr real, ganz verschieden und einmalig, der die Erfahrung macht, der (oder das) ganz Andere zu sein. Und nicht nur der (oder das) ganz Andere zu sein, sondern eins mit dem ganz Anderen zu sein. Da ist dieses Etwas, ich, das eins mit nichts ist und gleichzeitig die Erfahrung macht, daß meine Lebendigkeit – ich wähle diesen Begriff in Ermangelung eines besseren – die Lebendigkeit des Anderen ist, der gar kein anderer ist.

Die richtigen Worte fehlen mir, um das auszudrücken, aber das ist in etwa die Dynamik der Erfahrung, die eine eindeutig dreifaltige Erfahrung ist. Die Dreifaltigkeitsdogmen wurden nicht aufgestellt, um irgendein göttliches Objekt da draußen zu beschreiben. Sie wurden so formuliert, um die göttliche Struktur der tiefinnersten Erfahrung eines jeden Menschen zu beschreiben.

Das multizentrische Selbst und der kosmische Christus

AITKEN RÔSHI: Zu Beginn unseres Gesprächs über die Ich- oder Selbstbezogenzeit hast du über das kleine Selbst gesprochen, was ein großes Selbst im Gegensatz dazu voraussetzt. Ich stelle mir das große Selbst als ein multizentrisches Selbst vor. Ich selbst bin dieses multizentrische Selbst, ebenso wie du und jeder andere, wie alles, wie jedes Blatt an jedem Baum. Jede Zelle enthält alle Zellen, und wenn ich für mich sorge, sorge ich für alle Selbste.

BRUDER DAVID: Das ist eine jener großen Einsichten in die Wahrheit, die wahrscheinlich in vielen Religionen überliefert ist. Im Christentum drückt es der hl. Paulus, der die Erfahrung der Umkehr gemacht hatte, von der wir sprachen, folgendermaßen aus: »Ich lebe, doch nicht mehr ich, sondern Christus lebt in mir« (Gal 2,20). Er meint natürlich den kosmischen Christus, den Christus, der in Paulus und in Petrus und in dir ebenso lebt wie in den Tieren und Pflanzen. Diesen kosmischen Christus, der in dir lebt, als Mitte deines Lebens zu finden heißt jene Mitte gefunden zu haben, die überall ihre Mitte hat.

AR: Nur schade, daß Paulus es nicht so erklärt hat wie du!

BD: Es ist doch ziemlich offensichtlich. Und es ist nicht etwa so, daß Paulus es nicht genügend deutlich gesagt hätte. Nur finde ich, daß die Kirche diese Stelle nicht genügend hervorgehoben hat.

AR: Es sieht so aus, als lebe »Jesus Christus in mir« – sozusagen der Geist des damaligen Mannes.

BD: Na ja, zwischen dem historischen Christus und dem, den ich den kosmischen Christus nenne, besteht ein ganz subtiler Zusammenhang. Man könnte sagen, daß der historische Jesus ganz von der Wirklichkeit des kosmischen Christus erfüllt war, ohne jedoch diese Wirklichkeit voll auszuschöpfen. Jeder ist vollkommen von der Wirklichkeit Christi durchdrungen, wenn er die Erfüllung findet, aber keiner schöpft diese Christuswirklichkeit ganz aus, weil sie der Geist oder das Leben der Totalität ist.

AR: Ich muß gestehen, daß mir der Begriff *Christuswirklichkeit* einiges Unbehagen bereitet. Kann er wohl in derselben Weise »explodieren«, sich selbst zerstören, wie das bei entsprechenden Begriffen im Buddhismus der Fall ist? Kannst du die Christuswirklichkeit »Nicht ich, sondern Christus lebt in mir« ausdrücken, ohne einen Eigennamen zu benutzen?

BD: »Christus« ist kein Eigenname. Es ist ein Titel wie »Buddha«. »Christuswirklichkeit« ist die exakte Parallele zu »Buddhanatur«.

AR: Schön, aber kann man beispielsweise wie Chao-chou[1] darauf antworten, als er nach der Buddhanatur des Hundes gefragt wurde? Er verneinte. »Hat ein Hund Buddhanatur oder nicht?« Chao-chou sagte: »Nein«, – japanisch: *Mu*. Mit anderen Worten: Es gibt nichts dergleichen wie eine Buddhanatur.

BD: Eigentlich sagt er nur das, und nicht, daß der Hund sie nicht hat.

AR: Ja. Aber das *Mu*, das *Nein* selbst hat eine bestimmte Realität, eine bestimmte Kraft. Diese Kraft besteht weiter, und daher arbeitet der Schüler bei diesem Kôan mit der Frage »Was ist *Mu*?«

BD: Ich verstehe. Ich muß noch eine Frage stellen, bevor

1 Chao-chou Tsung-shen war ein hervorragender chinesischer Zen-Meister im 9. Jh. Der zitierte Dialog ist das erste Beispiel, das in der klassischen Zen-Schrift *Wu-men-kuan* (wörtl.: »Die torlose Schranke«) erwähnt wird. Deutsche Übersetzung u. a.: *Mumonkan. Die torlose Schranke*. Übertr. u. kommentiert von Zen-Meister Kôun Yamada. Kösel, München 1989.

ich antworten kann. Ich will ganz sicher gehen und zuerst wissen, wie sich andere buddhistische Begriffe selbst zerstören.

AR: Da es hier um das Wesen des Selbst geht, nehmen wir einmal als Beispiel die drei Körper des Buddha: *Dharmakâya*, den reinen, klaren, leeren Körper des Buddha; *Sambhogakâya*, den glückseligen, harmonischen Körper, und *Nirmânakâya*, den vielfältigen und einmaligen Körper. Diese drei Körper sind nicht voneinander getrennt. Wir bezeichnen sie nur zum Zweck der Erläuterung als separate Aspekte. Dieser einmalige, spezifische Körper ist gleichzeitig der harmonische Körper von allem und überdies leer, das heißt, als Erfahrung ausgedrückt, in Frieden.

Sambhogakâya kann nicht für sich selbst als Metapher stehen. Er ist nur im Rahmen der buddhistischen Metaphysik zu verstehen. Er hat keine unabhängige Realität. Sobald vom Sambhogakâya die Rede ist, tritt Nirmânakâya auf den Plan. Und Nirmânakâya ist das völlige Gegenteil des Sambhogakâya. Nirmânakâya ist das einmalige, unabhängige Wesen von allem und jedem, völlig allein im ganzen Universum, wenn alles andere verschwunden ist. Wie jede religiöse Erfahrung ist auch diese vorübergehend. Sogar die Begriffe dafür sind nicht von Dauer.

BD: Es gibt eine interessante Parallele zwischen den drei Körpern des Buddha und der heiligen Dreieinigkeit, die allerdings in diesem Rahmen zu esoterisch ist. Dazu gäbe es viel zu sagen – und nicht nur, weil es drei sind.

Jedenfalls kann ich deine Frage jetzt, nach dem, was du gesagt hast, beantworten. Das Schlüsselwort, das du erwähnt hast, ist Metaphysik. Wir sind bereits darin übereingekommen, daß die Erfahrung, der sowohl der Buddhismus wie das Christentum entstammen, die eine, tiefste menschliche Erfahrung ist und daß es sich nicht um zwei verschiedene Erfahrungen handelt. Die Metaphysik der beiden Religionen hingegen geht in dem, wie sie diese Erfahrung beschreibt und sogar versteht, völlig auseinander.

AR: Das sehe ich auch so.

BD: Wenn ich also deine Frage im Rahmen der christlichen Metaphysik beantworten soll, muß ich sagen, daß der kosmische Christus, die Wirklichkeit des kosmischen Christus, nicht explodiert. Er zerstört sich nicht selbst. Das macht auch Sinn. In der Metaphysik des Buddhismus würde jeder entsprechende Begriff sich selbst zerstören müssen, weil der Buddhismus die Verneinung, die Leere und die Stille – vor allem die Stille – zum Mittelpunkt hat. Es ist eine Religion der Stille, wie beispielsweise, als der Buddha in seiner sogenannten Blumenrede wortlos eine Blume hochhielt.

AR: Was allerdings sehr vielsagend war!

BD: Ja, es war ein vielsagendes Schweigen.

AR: Eine vielsagende *Darstellung*, nicht ein vielsagendes Schweigen.

BD: Dann ist das Schweigen hier also nicht so wichtig?

AR: Nein, überhaupt nicht. Es war einfach zufällig eine stille Darstellung.

BD: Meinst du nicht auch, daß das Wort im Christentum alles ist – das »Ja«, das Wort, das Positive –, während im Buddhismus die Gegenseite betont wird – die Negation und die Stille? Ich sehe diese beiden als unzertrennlich miteinander verbunden an – das eine könnte ohne das andere nicht existieren. Der menschliche Geist ist zu beschränkt, um alles in einer einzigen religiösen Überlieferung zu umfassen, deswegen gibt es außer dem Christentum noch eine andere Religion, in der auch die Stille ihren Platz hat.

AR: Ich glaube, das ist zu einfach. Im Buddhismus wird die Leere betont, weil die Leere im einander ergänzenden Gespann von Leere und Form der weniger offensichtliche Teil ist. Als Zen-Buddhist ist man sich jederzeit bewußt, daß man eine lebendige Verkörperung dieser Spannung oder Kreativität ist, dieser komplementären Anordnung, die nur ein intellektuelles Paradox ist, aber sonst ist sie kein Paradox. Es *gibt* in der Natur kein Paradox. Als Buddhist kann man die Metaphysik nicht ernst nehmen, weil man weiß, daß die Wahrheit einer Metaphysik nur so wahr ist wie die Wahrheit keiner Metaphysik, während die Christen meiner Ansicht nach die Metaphysik ziemlich ernst nehmen. Um es anders auszudrücken: Ein Christ wird nie sagen können, daß es so etwas wie Christus nicht gibt.

BD: Ja, ich sehe jetzt, worauf du hinauswillst, und ich bin für diesen Gedankenaustausch sehr dankbar. Ich kann dir jetzt viel leichter und direkter antworten. Also zurück zu deiner Frage: Kann sich der Begriff »Christus« im Christentum selbst zerstören?

Ich bin überzeugt, daß die Antwort auf diese Frage irgendwo in der christlichen Lehre zu finden ist, da beide Religionen aus derselben Bewußtseinserfahrung stammen. Mit anderen Worten: Ich muß dir nachweisen können, daß der Begriff »Christus« sich irgendwie selbst zerstören kann, obwohl dieser Punkt im Christentum offensichtlich viel weniger betont wird als im Buddhismus.

Während des Gesprächs ist mir aufgegangen, wie ich das tun kann. Im 15. Kapitel des ersten Briefes an die Korinther (1 Kor 15,24 ff) sagt der hl. Paulus, daß am Ende, und damit meint er das letzte Reich: » … wenn Ihm alles unterworfen ist« – womit nur der kosmische Christus gemeint sein kann und nicht der historische Jesus –, daß ihm dann auch der Tod unterworfen wird. Das Leben und der Tod, alles wird unterworfen, und dann, an diesem Höhepunkt, übergibt der kosmische Christus das Himmelreich dem Vater, und Gott, der die Stille ist, aus der das Wort am Anfang kam, wird alles in allem sein. Und dann kehrt das Wort wieder in die Stille zurück.

AR: Sei mir nicht böse, wenn mir da Zweifel kommen. Gibst du zu, daß Gott ein Begriff ist?

BD: Gott ist der Name für eine Wirklichkeit, die man nicht benennen kann.

AR: Gut.

BD: Aber das Entscheidende dabei ist, daß Gott die Stille ist, aus der am Anfang das Wort kam und wohin das Wort am Ende zurückkehrt. Das ist der Hintergrund dabei. Das Wort kehrt in die Stille zurück, und dann ist Gott alles in allem.

AR: Und letztendlich *ist* Gott alles in allem. Es hängt nicht von einer Zeit oder Abfolge ab.

BD: Nein, natürlich nicht, und darin äußert sich das, was du »selbst-zerstörend« nennst, so schön. Es ist nicht die Art der Selbstzerstörung, wie wenn sich jemand in die Luft sprengt. Es ist eine Selbstzerstörung, die im eigentlichen Sinne höchste Erfüllung ist.

AR: Ja. Das Diamant-Sutra und alle anderen buddhistischen Lehren, in denen Begriffe zerstört oder weggefegt werden, zeigt auf, wie beschränkt diese Begriffe sind. Es ist nicht so, daß diese Begriffe irgendwie wieder zur Quelle zurückkehren, sondern vielmehr sind alle Begriffe im Rahmen der allumfassenden Quelle beschränkt.

BD: Mit anderen Worten sprichst du gar nicht über die Realität hinter den Begriffen, sondern nur über die Selbstzerstörung der Begriffe. Ich dachte, du hättest mehr gemeint.

AR: Aber die Wirklichkeit hinter den Begriffen ist auch vor den Begriffen, auf allen Seiten und dazwischen.

BD: Dann meinst du sehr viel mehr, als daß Begriffe unzulänglich sind, um die Realität auszudrücken, für die sie stehen. Du meinst, daß Nichtsein und Sein austauschbar sind.

AR: Ganz genau. Nichtsein und Sein sind austauschbar.

BD: Genau das habe ich auch gemeint. Thomas von Aquin sagt, der Akt, in dem Gott – das Schweigen – das ewige Wort spricht, sei derselbe Akt, mit dem Gott die Welt erschafft. Gott ist zu einfach für mehr als einen Akt. Das Aussprechen des Wortes ist das »Ja«, das Positive aller Dinge. Alles wird mit dem Wort und durch das Wort erschaffen. Wenn das Wort – der Sohn – dem Vater alles, was existiert, übergibt, kehrt das Wort wieder in die Stille zurück, und Gott ist alles in allem. Dieses mythische Bild des hl. Paulus drückt auf seine Weise die Beziehung von Sein und Nichtsein in einer christlichen Sprache aus. Zugegeben, sie wurde im Christentum nicht besonders herausgearbeitet, aber wir brauchen ja nur einen Ausgangspunkt.

AR: Genau. Wir brauchen einen Ausgangspunkt, und dann müssen wir es etwas einfacher ausdrücken. Mit der Zeit, wenn das Christentum sich durch den Austausch mit anderen Weltreligionen weiterentwickelt hat, wird man etwas so Kompliziertes sicher einfacher ausdrücken können. Ich finde es ziemlich schwerverständlich.

BD: Hier wird es natürlich mythisch ausgedrückt. Zu sagen, daß alles dem Sohn unterworfen ist und daß er das Reich dem Vater übergeben wird, ist zutiefst mythisch. Ist denn das, was dahintersteckt, so schwer verständlich?

AR: Nein, ich glaube nicht. Natürlich dient unser Gespräch dazu, sowohl diejenigen Punkte aufzuspüren, in denen wir uns unterscheiden, als auch unsere Gemeinsamkeiten herauszuschälen. Möglicherweise ist dies eine davon. Im *Pi-yen-lu*[1] fragt ein Mönch den Chao-chou: »Alle Dinge kehren zu dem Einen zurück. Wohin kehrt das Eine zurück?« Das Wort

[1] Das *Pi-yen-lu* (wörtl. »Niederschrift von der blaugrünen Felswand« ist ein Klassiker des Zen. Der zitierte Dialog ist das 45. Beispiel. Siehe Gundert, Wilhelm (Übers.): *Bi-Yän-Lu. Meister Yüan-wus Niederschrift von der Smaragdenen Felswand*, 3 Bde., Hanser, München 1964/73.

»zurückkehren« ist wörtlich aus dem Chinesischen übersetzt, aber sowohl das chinesische Wort als auch seine japanische Entsprechung bedeuten zugleich »hinauslaufen auf« als auch »zurückkehren zu«. Die Frage könnte also auch so übersetzt werden: »Alle Dinge laufen auf das Eine hinaus. Worauf läuft das Eine hinaus?« Chao-chou gibt eine sehr metaphorische Antwort, auf die wir jetzt nicht eingehen müssen. Hier haben wir es mit der Frage des Mönchs zu tun, nicht wahr? Es gibt kein »Zurückkehren« im Sinne eines »Zurückgebens« des Wortes an die Stille. »Alle Dinge sind in Wirklichkeit eins. Was also ist das Eine?« Hast du eine Antwort darauf?

BD: Ich weiß, daß ein Kôan auf einer anderen Ebene beantwortet werden muß, aber rein spekulativ würde ich sagen, daß das Eine auf Alles hinausläuft.

AR: Das ist die richtige Deutung. Natürlich gibt es auch eine Antwort auf das Kôan, aber du hast recht. Genau so ist es: Alle Dinge laufen auf das Eine hinaus. Worauf läuft das Eine hinaus? Es läuft auf Alles hinaus.

Im Gegensatz zu einer so prägnanten Aussage finde ich deine Ausführungen – oder vielmehr diejenigen des hl. Paulus – schrecklich komplex. Es klingt, als gehe es hier um eine Art von Transaktion, in der Zeit und Raum eine Rolle spielen.

BD: Jetzt wird mir klar, was du mit »einfacher ausdrücken« gemeint hast. Ich hatte eben das Gefühl, als sei ich mit letzter Kraft auf das Dach gestiegen, hätte dort einen Handstand gemacht, und dann seist du gekommen und habest gesagt: »Nicht schlecht, aber könnte man das nicht etwas einfacher machen?«

Es ist sehr schwierig. In der christlichen Lehre tritt es einfach nicht sehr deutlich zutage. Es fällt mir nicht schwer, Unterschiede zwischen den beiden religiösen Überlieferungen zu finden, aber es würde mir außerordentlich schwerfallen, gegensätzliche statt einander ergänzende Unterschiede zu akzeptieren. Das paßt einfach nicht in mein Weltbild. Mir ist so etwas noch nie vorgekommen, und ich glaube auch nicht, daß mir so etwas je begegnen wird.

Wenn ich auf einen scheinbaren Gegensatz zwischen den beiden Religionen stoßen sollte, würde ich einfach sagen: »Gut, dann habe ich es noch nicht ganz verstanden. Ich weiß, daß ich es als Ergänzung sehen werde, wenn ich es ganz und gar verstanden habe.« Ich habe unser Gespräch mit diesem Bezugsrahmen als Voraussetzung begonnen. Wenn du das akzeptierst, gut. Wenn nicht ...

AR: Doch, ich akzeptiere es, und in der *Praxis*, die wir beide als die Hauptsache ansehen, gibt es genügend Beweise für die apophatische Theologie – die Tradition der Stille – im Christentum. Als Bruder Peter, der Novizenbetreuer im Trappistenkloster *Our Lady of Guadalupe*[1] mir seine Meditation beschrieb, klang es genau wie *Shikantaza*[2] Sie *ist* genau dasselbe.

BD: Das ist auch kein Einzelfall. Seit Jahrhunderten kennt die Kirche das Gebet der Stille oder der Vereinigung, wie wir es nennen. Es ist besonders heutzutage weit verbreitet. Wie du richtig sagst, ist das sowohl existentiell als auch erfahrungsgemäß der apophatische Erfahrungsaspekt des Christentums.

[1] *Our Lady of Guadalupe* ist ein Trappistenkloster in Lafayette im Staat Oregon, wo Aitken Rôshi in den siebziger Jahren Sesshins leitete.

[2] *Shikantaza* (wörtl. »nichts als einfach nur sitzen«) ist, besonders in der Sôtô-Schule, eine Form der Zen-Übung.

Das, was vergeht, und das, was übrigbleibt

BRUDER DAVID: In einem seiner Bücher beschreibt William Johnston[1], wie er bei einem Sesshin zum Dokusan[2] ging. Als der Meister fragte, wie er vorankomme, antwortete Johnston: »Um es in christlichen Worten auszudrücken, sitze ich einfach in Gottes Gegenwart.« Genau das ist es – ein stilles Gebet in der Gegenwart Gottes.

Der Meister sagte: »Gut so. Sitze einfach weiter, und ehe du dich's versiehst, wird Gott verschwinden, und nur Johnston-san (Herr Johnston) sitzt noch da.«

Pater Johnston sagte: »Mir scheint es, als würde Johnston verschwinden und nur Gott übrigbleiben.«

»So ist es!« sagte der Meister. »Genau wie ich sagte.«

Diese Geschichte ist eine schöne Beschreibung dessen, daß die Kernerfahrung in beiden Religionen dieselbe ist, und auch dessen, was dabei »übrigbleibt« – nämlich nichts Äußerliches, sondern nur noch die Suche. Was übrigbleibt, ist unsere Hingabe auf diesem Weg, auch wenn wir weder wissen, wer wir sind, noch eine Ahnung haben, noch wohin wir gehen und woher wir kommen.

Wenn der hl. Paulus sagt: »Ich lebe, doch nicht mehr ich, sondern Christus lebt in mir«, dann nennt er diejenige Wirklichkeit »Christus«, die immer noch auf dem Kissen sitzt, wenn alles andere verschwunden ist.

AITKEN RÔSHI: Ich würde es so formulieren: Sitze weiter, und du wirst feststellen, daß nur das Lied der Drossel und der

[1] Zeitgenössischer Jesuitenpater und Autor etlicher Bücher über Buddhismus und Christentum. Siehe auch die Bibliographie im Anhang.

[2] *Dokusan* ist die Begegnung von Schüler und Meister unter Ausschluß anderer, auch *Sanzen* genannt. *Sesshin* ist eine Zeit (meist eine Woche) gemeinsamer strenger Zen-Übung.

Schrei des Gecko noch dasitzen. Nur der Geruch des Weihrauchs sitzt noch da.

BD: Das zu verstehen macht mir keine Mühe. Meine Schwierigkeit kommt von deiner Frage: »In welchem Zusammenhang steht diese Erfahrung mit dem Christentum?« Du hast gefragt, ob ich den kosmischen Christus loslassen kann.

AR: Genau.

BD: Gehen wir anders an die Frage heran. Vor langer Zeit suchte mich eine christliche Nonne auf, die intensiv Zen übte. Ein Meister hatte ihr gesagt, sie solle alles loslassen, und jetzt war sie in einem Dilemma. Wie konnte sie denn Christus jemals loslassen? Was ich ihr sagte, brachte mir einige Schwierigkeiten ein. Ich sagte, selbstverständlich müsse sie Christus loslassen, und sie brauche sich überhaupt keine Sorgen darum zu machen, weil ihr alles, was in bezug auf Christus überhaupt wichtig sei, aufgehen würde, wenn sie erst einmal losgelassen habe.

Danach habe ich sie aus den Augen verloren, ich weiß also nicht, ob sie das getan hat. Aber davon bin ich überzeugt: Wir müssen alles, was wir äußerlich als Christus verstehen, loslassen, müssen alles loslassen, woran wir überhaupt hängen. Nur dann wird sich das auftun, an dem wir nicht zu hängen brauchen, das, was da ist, ohne daß wir daran hängen. Das ist es, worauf sich der hl. Paulus meiner Meinung nach bezieht, wenn er sagt: »Ich lebe, doch nicht mehr ich, sondern Christus lebt in mir.« Und das kann man erst dann erkennen, wenn man alles losgelassen hat, was man überhaupt loslassen kann.

In diesem Sinn würde ich also deine Frage: »Kann ein Christ den kosmischen Christus loslassen?« so beantworten: »Ja, wir können jeden Begriff fallenlassen, einschließlich den des kosmischen Christus. Wir müssen jeden Begriff fallenlassen.« Nur bezieht sich die Vorstellung des kosmischen Christus auf das, was übrigbleibt, wenn man alles losgelassen hat.

Oder man könnte sagen, daß es sich auf das bezieht, was losläßt. Man kann die Vorstellung loslassen, aber es ist die Realität, die mit dem Begriff *kosmischer Christus* bezeichnet wird, die losläßt und die nicht verlorengehen kann.

AR: Aber wenn es nur noch das Lied der Drossel gibt, ist alles, sogar das Gewahrsein des Liedes, vergangen.

BD: Ja, natürlich ist es vergangen. Das hängt mit der Erkenntnis zusammen. Wenn man losläßt, weiß man nicht, daß irgend etwas übrigbleibt.

AR: Dann weiß man das eigentlich erst im nachhinein.

BD: Genau. In Wirklichkeit ist es vergangen. Das wäre eine Möglichkeit, zu verstehen, daß alles vergangen ist.

Es will mir leider nicht so recht gelingen, das mit dem Christentum in Verbindung zu bringen. Die christliche Perspektive und Metaphysik sind so anders, daß sie sich nur sehr schwer mit solchen Begriffen ausdrücken lassen. Aber zu meiner eigenen Genugtuung finde ich, daß das, was innerhalb der Christentums ausdrücklich überliefert wurde, uns einen genügend festen Stand für die Aussage bietet, daß wir es nicht mit zwei unvereinbaren Realitäten oder Vorstellungen zu tun haben, sondern daß wir vielmehr die eine, gleiche Realität erfahren und nur auf zwei einander ergänzende Weisen darüber berichten. Meinst du nicht auch?

AR: Ja, ich glaube, das stimmt. Die Ausdrucksformen und die Metaphysik der beiden Religionen sind völlig verschieden aufgebaut, so daß es wahrscheinlich unmöglich ist, größere Ähnlichkeiten in ihren Denkmustern zu finden, aber ich stelle fest, daß es Ähnlichkeiten gibt, wenn man die Einzelheiten Punkt für Punkt sorgfältig miteinander vergleicht.

BD: Man hat sich im Christentum bisher eigentlich noch nicht damit auseinandergesetzt, und somit ist das hier ein historischer Anfang. Ich meine nicht unbedingt gerade hier in dieser kleinen Hütte in Waipio, obwohl das vielleicht auch zutrifft. Ich meinte eher, daß unser Gespräch zu einem größeren Prozeß gehört, der noch in seinen Anfängen steckt.

Ich bin sehr froh, daß sich tatsächlich ein Schnittpunkt zwischen unseren Religionen finden läßt. Und wir verraten unser Christsein nicht, wenn wir ihn finden. Mit etwas gutem Willen kann man ihn finden und weiterentwickeln. Ich meine, daß du auch in diesem Punkt recht hast: Er muß entwickelt werden und wird es in der Zukunft zweifellos. Die Christen werden unter anderem unter dem Einfluß der buddhistischen Metaphysik einiges zu überdenken haben.

3
WISSEN, WEISHEIT UND HERZ

Nutzen und Grenzen des Wissens

BRUDER DAVID: Wir haben uns bereits darauf geeinigt, daß eine tiefe religiöse Erfahrung ein Loslassen, eine Hingabe an das Nichtwissen erfordert. Wenn man noch etwas weitergehen will, tut man sicher gut daran, zwischen Wissen und Weisheit zu unterscheiden. Viele aufrichtige Sucher haben sich von ihrem Wissen über das religiöse Leben, die religiöse Lehre und so weiter ablenken lassen. Ihnen sollte man bei aller Sympathie sagen: »Gut, das Lernen macht dir Spaß, aber du suchst Weisheit. Kein noch so umfassendes Wissen wird dir Weisheit verschaffen.«

AITKEN RÔSHI: In diesem Zusammenhang fällt mir Simone Weil[1] ein, besonders ihr Aufsatz »Gedanken über die richtige Verwendung des Schulwissens im Hinblick auf die Liebe Gottes.« in *Das Unglück und die Gottesliebe*.[2] Sie war im Laufe ihres vielfältigen Werdeganges auch einmal Lehrerin und erzählt in ihrem Aufsatz, wie sie ihre Schüler dazu brachte, aufmerksam zu lernen. So beschreibt sie etwa, daß die Schüler zwar ganz ernste Gesichter machten, wenn sie sie zur Aufmerksamkeit aufrief, aber eigentlich waren sie überhaupt nicht aufmerksam – sie spannten einfach nur die Gesichtsmuskeln an. Da sie genau wußte, welche Qualität von

1 Simone Weil, namhafte zeitgenössische katholische Philosophin, Aktivistin und Sozialkritikerin.

2 *Das Unglück und die Gottesliebe*, mit einer Einführung von T. S. Eliot, Kösel-Verlag, 2. Aufl., München 1961.

Aufmerksamkeit der religiöse Weg erfordert, empfahl sie ihren Schülern, diese Art von Aufmerksamkeit auch auf ihr Studium anzuwenden, in der Hoffnung, einige von ihnen würden dadurch vielleicht später zu Tieferem gelangen. Letztlich kann die intensive Aufmerksamkeit des ernsthaften Studiums eine wertvolle Grundlage für die religiöse Übung sein; das will sie offenbar damit sagen. In diesem Sinn kann der Wissensdurst einfach in einem nächsten Schritt wohl auch zum Streben nach Weisheit führen.

BD: Er ist allerdings bestenfalls eine Vorbereitung. Wissen oder eine hervorragende Aufmerksamkeit führen nicht direkt zur Weisheit.

AR: Das stimmt. Aber ich möchte das Wissen dennoch nicht unterbewerten. Wissen kann einen auf dem Pfad der Weisheit ständig durchdringen.

BD: Das ist sicher sehr wichtig. Ich will hier nur betonen, daß Wissen und das Aneignen von Wissen immer nur Vorbereitung ist und nicht beim nächsten Schritt geradewegs zur Weisheit führt. Um Weisheit zu erlangen, ist eine völlige Kehrtwendung nötig, bei der man dem sogenannten Wissen den Rücken kehrt. Da fällt mir gerade eine Stelle aus dem Kommentar über *Das Hohelied* des hl. Bernhard de Clairvaux[1] ein. Ich kann mich nicht an den genauen Wortlaut erinnern, aber übersetzt besagt sie ungefähr folgendes: Was du erfassen kannst, verleiht dir Wissen. Was *dich* erfaßt, macht dich weise.

AR: Genau! Hier haben wir wieder unser Lied der Drossel und den Schrei des Gecko: Wir werden von ihnen erfaßt, und wir verschwinden. Dôgen Zenji sagte: »Daß das Selbst hervortritt und die zehntausend Dinge bestätigt, nennt man Täuschung. Daß die zehntausend Dinge hervortreten und das

[1] Führender französischer Mönch und Reformator des 11. Jh.s, der später heiliggesprochen wurde.

Selbst bestätigen, ist Erleuchtung.« Das ist genau dieselbe Aussage wie die des hl. Bernhard.

BD: Dieses Erfaßtwerden ist auch der Kern einer spezifisch benediktinischen Übungsform, der *Lectio divina* oder spirituellen Lektüre. Dieses Lesen dient nicht dem Aneignen von Wissen, sondern dabei soll man sich vom Text ergreifen lassen. Es wird also empfohlen, nicht so viel und so schnell wie möglich zu lesen, sondern ganz im Gegenteil ganz langsam zu lesen und keinesfalls mehr als unbedingt nötig. Wenn das erste Wort einschlägt, ist das besser, als wenn man einen ganzen Satz lesen muß. Man öffnet sich einfach und läßt sich vom Text ergreifen und dahin tragen, wohin er will.

Noch etwas ist mir aus meiner eigenen Erfahrung und Neigung dazu eingefallen, was du darüber gesagt hast, die Weisheit durch Lernen anzureichern. Eine Lektüre, die mich in meiner eigenen spezifischen Spiritualität am meisten beflügelt, ist die Lyrik – es muß nicht unbedingt religiöse Lyrik sein – und auch naturwissenschaftliche Bücher über Astronomie, Botanik und Zoologie, zum Beispiel das Buch von Lewis Thomas *Das Leben überlebt: Geheimnis der Zellen*.

Die Nahrung für die Seele ist sicher von Mensch zu Mensch verschieden, aber meiner Ansicht nach sind lyrische Werke und Bücher über die Natur eine hervorragende spirituelle Nahrung.

AR: Das sehe ich auch so. Ich mag auch weise Kommentare über die Klassiker, Aufsätze oder Abhandlungen von Menschen, die die alten Texte wirklich verdaut haben. So ist mein Interesse für die Tiefen, die sich im Konfuzianismus auftun, erst recht spät von Tu Wei-ming geweckt worden. Neulich habe ich *The Water of Life* von Rita Knipe gelesen, ein Buch, bei dem es mir mit der hawaiianischen Mythologie genauso ergangen ist. Die Autorin ist Jungianerin und hat etwa zehn Jahre lang die hawaiianischen Mythen studiert und verdaut, um sie dann in ihren Worten aus Jungscher Sicht wiederzuerzählen.

BD: Das finde ich einen guten Hinweis: Man muß nicht immer die heiligen Urtexte selbst lesen. Anfänger wollen in ihrer Begeisterung oft auf die Urtexte zurückgreifen, und dann sind sie enttäuscht, oder – was ebenso gefährlich ist – sie mißverstehen sie und deuten sie falsch. Es ist mir nie so ganz wohl, wenn jemand den christlichen Glauben annimmt oder ihn neu entdeckt und mir sagt: »Ich bin ja so begeistert, ich lese die Bibel jetzt von A bis Z!« Natürlich ist das früher oder später sehr hilfreich und heilsam, aber wenn jemand im Glauben und in der Praxis noch unerfahren ist, entstehen leicht Probleme, wenn er oder sie die Bibel irgendwo öffnet und ohne Kommentar liest.

AR: Da muß ich noch etwas zur Schattenseite des Wissens sagen. Manche Wissenschaftler – nicht alle, aber doch einige – neigen dazu, ihr Wissen in Schubladen zu verpacken und die Fakten in ihre Weltanschauung einzupassen, die sich nach und nach aus ihrer Lektüre ergibt. Das kann zu einem derart eng vernetzten Gedankengebäude führen, daß eine wirkliche Inspiration nicht mehr möglich ist. Das ist sicher eine große Gefahr. Deshalb haben die alten Meister meiner Religion manchmal gesagt: »Lies nicht!« Ich weiß, daß auch einige amerikanische Zen-Meister vom Lesen abraten.

BD: Auch im Christentum hat es in den vergangenen Jahrhunderten zutiefst kontemplative und anti-intellektuelle Gemeinschaften gegeben. Jetzt ist das anders geworden, aber ich glaube, daß die damaligen Gründe dieselben waren wie die erwähnten. Das wirft eine weitere Frage hinsichtlich von Wissen und Weisheit auf: Es ist zwar *möglich*, daß Wissen als Vorbereitung in Richtung Weisheit führt und später die Weisheit durchdringt und fördert, aber ist es notwendig? Braucht man etwas Intellektuelles, um weise zu werden? Wie steht es denn mit der Weisheit der Ältesten in den sogenannten primitiven Völkern?

AR: Der Bauer, der so weise ist wie der Boden und die Jahreszeiten, besitzt zweifelsohne eine kosmische Weisheit. In Amerika denke ich dabei an die Amischen Mennoniten und an die Weisheit, die Schriftsteller und Denker wie Wendell Berry auf ihre ganz bodenständige Art erlangt haben. Was ich eigentlich damit sagen wollte, als ich Simone Weil zitierte, war, daß Gelehrsamkeit nicht unbedingt dem Weg zur Weisheit abträglich ist.

BD: Natürlich nicht. Ich möchte nur für die intellektuelleren und lernbegierigeren Leser, die sich ein Buch wie dieses vornehmen, klarstellen, daß Wissen nicht unbedingt das Tor zur Weisheit ist und auch ein Hindernis sein kann. Das Entscheidende bei der Suche nach Weisheit – ich will lieber nicht vom »Erwerb« der Weisheit sprechen, weil man sie nicht erwirbt, sondern findet – ist, daß man sich öffnet, um zu empfangen, um erfaßt zu werden, um sich von der Drossel und dem Gecko ergreifen zu lassen.

AR: Um von der Drossel und dem Gecko *in Besitz genommen* zu werden.

BD: Um in Besitz genommen zu werden. Und um davon besessen zu werden. Das geschieht nicht dadurch, daß wir die Hand ausstrecken und nach etwas greifen. In der christlichen Terminologie würde eine solche Erfahrung des Ergriffen- oder In-Besitz-genommen-Werdens unter den Oberbegriff des Übernatürlichen fallen. Das hat nichts mit Okkultem zu tun. Grundsätzlich nennt man den göttlichen Bereich übernatürlich; alles andere ist einfach natürlich. Um Vorstellungen wie solche von einer Art zweistöckigem Universums zu vermeiden – wobei das Göttliche oben und das Gewöhnliche unten wäre – und um dennoch diese traditionelle Unterscheidung beizubehalten, betrachte ich alles als natürlich, was wir erfassen können, und das als das Übernatürliche, was uns erfaßt.

Im Alltag haben wir es allermeistens mit Dingen zu tun, die wir irgendwie erfassen können. Natürlich gibt es auch immer Dinge, die wir intellektuell nicht erfassen können, weil wir es nicht gelernt haben. Das ist etwas anderes. Ich bin mechanisch völlig unbegabt und verstehe daher nicht einmal, wie ein Klo funktioniert. Im Augenblick liegt das jenseits meines Fassungsvermögens. Aber ich weiß, daß ich es früher oder später wenigstens theoretisch erfassen könnte. Das gehört zum Bereich des Natürlichen. Das Übernatürliche ist etwas, das wir definitionsgemäß nicht erfassen können und das uns erfaßt. Ich glaube, daß dieses Übernatürliche eine Realität ist, die zum Erfahrungsschatz eines jeden gehört.

AR: Ich denke, daß die Vorsilbe »über« in »übernatürlich« für den Laien schon auf ein zweistöckiges Universum hinweist. Aber ich denke auch, daß wir deine Terminologie akzeptieren und sagen können, daß die Erfahrung der Drossel, die mich ergreift und in Besitz nimmt, übernatürlich ist.

BD: Ich würde sagen, daß du mit der Aussage: »Die Drossel ergreift mich und nimmt mich in Besitz« ausdrückst, wie du mit dem Übernatürlichen in Berührung kommst. Das ist auch alles, was es je zu erhoffen gäbe: Daß wir sagen können, wie wir damit in Berührung gekommen sind.

AR: Um es mit den Worten eines meiner Schüler auszudrücken: »Als ich mich im Bett umdrehte, war überhaupt nichts da.«

BD: Das war eine Begegnung mit dem Übernatürlichen.

AR: Im Buddhismus würden wir sagen, daß das nur natürlich ist.

BD: Nur deutest du übernatürlich als etwas, was über dem Natürlichen liegt, aber das Wort kann auch noch anders verstanden werden. *Über* heißt »über uns«, aber es kann auch einfach eine Verstärkung sein. So sagen wir etwa, daß jemand glücklich und ein anderer überglücklich ist, und damit meinen wir, daß er glücklicher ist als der erste. In diesem Sinn kann auch eine Erfahrung natürlich sein und eine andere übernatürlich. *Natürlich* kommt vom lateinischen *natura*, was abgeleitet ist von *nasci*, geboren werden. In dem Sinn, den ich meine, ist das Übernatürliche näher an der Geburt, der Quelle, aus der alles entspringt, als das Natürliche.

Herzensgegenwart

BRUDER DAVID: Ich glaube, daß es eine Parallele zwischen dem *Übernatürlichen* in diesem Sinn und dem Wort *Intimität* gibt, das du als Synonym für *Erleuchtung* oder *Erkenntnis* im chinesischen Zen-Buddhismus erwähntest. Es ist das Gegenteil von Trennung oder Entfremdung. In diesem Zusammenhang möchte ich eine Frage aufwerfen, von der einer deiner Schüler meinte, wir sollten sie in unserem Gespräch besprechen. Die Frage betrifft das Herz. Er sagte: »In all den Jahren, in denen ich Zen geübt habe, habe ich viele Menschen meditieren sehen, und ich habe festgestellt, daß strenge Übung nicht unbedingt dazu führt, daß sie mit dem Herzen dabei sind. Oft überwiegen Macht, *Hara*[1] oder sonst etwas. Es gibt Meditierende, die überhaupt keine Herzlichkeit ausstrahlen.« Ist Herzlichkeit oder mit dem Herzen dabeisein, nennen wir es einmal Herzensgegenwart, ein Ziel im Zen? Und wo ist es einzuordnen?

AITKEN RÔSHI: Wenn *Herz* in diesem Sinne aufgefaßt wird,

1 Japanischer Begriff (wörtlich Bauch oder Eingeweide), mit dem gewöhnlich die eigene Mitte und Quelle der Kraft bezeichnet wird. Im Zen wird damit besonders der Unterleib als der körperliche Mittelpunkt der Übung bezeichnet.

ist Herzensgegenwart sicher auch ein Ziel der Zen-Praxis, aber in vielen Zen-Zentren wird Hara stärker betont. Hara ist die Macht, die in der tiefen Konzentration frei wird, die entsteht, wenn man sich in die eigene Bauchhöhle versenkt, und wie jede Macht kann sie zum Guten oder Schlechten verwendet werden. Es steht außer Frage, daß diese Macht in bestimmten Zen-Zentren auf den Wettbewerb in der Welt projiziert wird – in den Kriegskünsten auf harmlose Weise oder durch die Manipulation anderer zu deren Schaden. Solche Dinge kommen mir höchst zweifelhaft vor, und ich selbst habe von Anfang an besonders darauf geachtet, aufzunehmen und hinzuhören, zuzulassen, daß das andere mich in Besitz nimmt, nur das Lied der Drossel auf meinem Kissen sitzen zu lassen. Wenn du willst, ist mir Intimität das wichtigste und nicht Macht.

BD: Könntest du bitte näher ausführen, was du unter Herz verstehst. Im Christentum entspricht das Herz auf der höchsten Ebene dem, was wir Zuhause nannten oder den gemeinsamen Boden, den wesentlichen Boden, den Bereich der wahren religiösen Erfahrung.

AR: Roger Corless[1] nennt es den Ort unter dem Baum.

BD: Ja, genau dieser Ort wäre das Herz. Das stimmt mit dem überein, was du eben sagstest, weil das Herz das Organ des innigsten Zuhörens ist. Mit den Ohren hören wir nur die Schallwellen der Drossel. Die Drossel so hören, daß du sie auf deinem Übungskissen hörst, heißt mit dem Herzen hören.

AR: Dadurch bekommt die Drossel eine Stange, auf der sie sich niederlassen kann.

BD: Gut, das Herz ist also die Sitzstange für die Drossel.

[1] Zeitgenössischer englischer Wissenschaftler, der sich aktiv am buddhistisch-christlichen Gespräch beteiligt. Autor des Buches *Vision of Buddhism: The Space under the Tree.*

Wenn wir im biblischen Sinn von Herz sprechen, meinen wir den ganzen Menschen: Intellekt, Willen, Gefühl, Körper und Geist – nicht nur die Gefühle. Im Sinn, der hier gemeint ist, steht das *Herz* für den ganzen Menschen. Dabei schwingen starke emotionale Untertöne mit, weil es den ganzen Menschen betrifft; wenn wir gewöhnlich über jemanden sprechen – und das trifft besonders auf unseren Kulturkreis zu –, lassen wir sämtliche Gefühlsaspekte dabei aus.

Jedenfalls ist unser gemeinsamer Boden, in einen christlichen Begriff gefaßt, das Herz Jesu. Es ist das Herz der Welt, das Herz des Universums, es ist das, was du findest, wenn du in die Tiefen deines eigenen Herzens hinabsteigst. Es ist das innerste im Herzen, das Herz aller Herzen. Wenn wir wirklich das Herz aller Herzen erreichen, sind wir an dem Ort angekommen, wo alle Herzen eins sind, an dem Ort, den wir Herz Jesu nennen und wo unser Herzschlag der Herzschlag des Universums ist. Wenn man es Herz nennt, verändert das die Übung, weil es alles erwärmt. Es kommt oft vor, daß Christen in ein Zen-Zentrum gehen und sich dort sehr wohl fühlen, weil sie in der Übung alles finden, was sie schon lange suchten, aber sie vermissen die persönliche Wärme.

AR: Ja, das trifft wahrscheinlich zu – in manchen Zen-Zentren mehr als in anderen.

BD: Glaubst du, daß das Bedürfnis nach Wärme und einem persönlichen Aspekt in der Übung berechtigt ist?

AR: Sicher. Die Praxis des Zen ist von Natur aus eher karg. Mit solchen Übungen wie dem schweigenden Sitzen und dem Sesshin, das eine Woche dauert, in der nicht gesprochen wird, müssen wir schon darauf achten, etwas einzubauen, was die Intimität fördert. Nach einem Treffen zum Beispiel, bei dem es um geschäftliche Angelegenheiten geht, halten wir einander immer an den Händen. Wenn wir einander grüßen, tun wir das mit *Gassho*.[1] Nach jedem Zusammenkommen zum Zazen in der Gruppe treffen wir uns zwanglos zum Tee und Gespräch.

BD: Das paßt auch gut zu dem, was wir vorhin über den kosmischen Christus sagten. Ich glaube, daß ich deshalb solche Schwierigkeiten mit deiner Frage: »Kann der kosmische Christus sich selbst zerstören? Kannst du diese Vorstellung loslassen?« hatte, weil ich dahinter die Frage hörte (vielleicht habe ich das auch nur projiziert): »Kannst du die persönliche Beziehung zum kosmischen Christus loslassen?« Es fällt mir überhaupt nicht schwer, den Begriff – jeden Begriff – loszulassen, und wie wir auch schon ausführlich besprochen haben, stimme ich dir auch zu, daß der Begriff oder dessen Realität sich selbst zerstören. Damit habe ich keine Schwierigkeiten.

Aber andererseits ist die Idee des kosmischen Christus, die Idee, daß man eine persönliche Beziehung zum Allerhöchsten haben kann, so eminent wichtig! Können wir auch das noch loslassen? In Zusammenhang mit dem Herzen kann ich jetzt sagen, daß wir auch die Vorstellung einer persönlichen Beziehung loslassen können, weil sie immer noch im Kopf stattfindet und eine Spiegelung ist, etwas, was man im nachhinein über die Erfahrung sagen oder fühlen kann.

Trotzdem scheint es mir, daß christliche Begriffe und Bilder wie das Herz Jesu etwas über die Erfahrung aussagen, was in anderen Traditionen – darunter möglicherweise auch im Zen – nicht deutlich wird, nämlich daß die persönliche Beziehung zum Allerhöchsten als eine gegenseitige Beziehung erfahren wird. Das geht weit über irgendwelche durch Nachdenken gewonnenen Vorstellungen, Begriffe oder Termino-

[1] Wörtlich: aneinandergelegte Handflächen. Zen-Begriff für die traditionelle asiatische Geste des Grußes, der Ehrerbietung und Dankbarkeit.

logien hinaus. Das ist einfach eine Erfahrung. Und das Entscheidende dabei ist: Es ist sowohl eine metaphysische Erfahrung (und um diesen Aspekt geht es mir hier eigentlich nicht) als auch eine Erfahrung, die innig mit der Praxis verwoben ist. Ich habe so das Gefühl, daß das in der Frage unseres Freundes über die Herzensgegenwart mitschwingt.

Laß mich noch etwas näher darauf eingehen. Um dieses Gefühl einer persönlichen Beziehung zum Höchsten auszudrücken, bezeichnet man in der christlichen Terminologie die Stille, das ganz Andere als Vater, Mutter, Freund, Gemahl oder Geliebten. Wir drücken diese Beziehung zum Allmächtigen in menschlichen Begriffen aus. Ich weiß nicht, ob das aus deiner Sicht irgendwie dazupaßt, aber wenn wir das Bild der drei Körper des Buddha nehmen und der vielfältige, einmalige Körper den reinen, klaren, leeren Körper als Freund oder Geliebten bezeichnet, dann wird das Ganze durch den glückseligen, harmonischen Körper, den wir den Heiligen Geist nennen, lebendig.

AR: Aus buddhistischer Sicht ist Sambhogakâya, der harmonische Körper, das Bindeglied zwischen dem reinen, klaren Dharmakâya und dem vielfältigen, einmaligen Nirmânakâya. Es besteht hier also tatsächlich eine Übereinstimmung.

BD: Das muß ja so sein, wenn sowohl der Zen wie das Christentum – wie alle anderen Religionen auch – Wege sind, um von unserem elementaren Menschsein zum höchstentfalteten Menschsein zu gelangen. Es ist unmöglich, daß etwas so Tiefes und Zentrales in der einen Religion in der anderen nicht vorhanden wäre. Es muß irgendwie dasein, auch wenn man es anders benennt, und dieses »anders« ist auch sehr gut und wünschenswert.

AR: Zusammenfassend und so einfach wie möglich ausgedrückt, kann man also sagen: Wir haben festgestellt, daß es im Christentum ein viel wärmeres persönliches Gefühl der Beziehung zum Allerhöchsten gibt als im Buddhismus. Das wirkt sich so aus, daß Brüderlichkeit und Schwesterlichkeit, Dienst und Mission im Christentum betont werden. Die andere Seite der Medaille ist die eher metaphysische, man könnte sagen, die kühle Seite, die im Buddhismus sehr stark und viel stärker als im Christentum entwickelt ist.

Im *Pi-yen-lu*[1] geht es in einer aufschlußreichen Geschichte um ebendiese Wärme: Ch'ang-sha, ein chinesischer Zen-Meister aus der Frühzeit, ging in den Hügeln spazieren. Als er zurückkam, empfing ihn der Mönchsälteste am Tor und fragte: »Wo wart Ihr spazieren?«

Ch'ang-sha erwiderte: »Ich bin in den Hügeln herumgestreift.«

»Wohin seid Ihr gegangen?« fragte der Mönch. Die chinesische Redewendung lautet: »Wohin seid Ihr gegangen, von wo kehrt Ihr zurück?«, was im Buddhismus tiefere Bedeutungsebenen hat. Eigentlich geht es dabei um das Kommen und Gehen der ganzen Welt.

Ch'ang-sha sagte: »Zuerst ging ich dem Duft der Kräuter nach; dann kehrte ich zurück, den fallenden Blütenblättern folgend.«

Der Mönchsälteste antwortete: »Das klingt sehr nach Frühling.«

Diese Antwort des Mönchs war eine ziemliche Herausforderung, und Ch'ang-sha beendete das Gespräch mit der vielsagenden Bemerkung: »Es übersteigt wirklich den Herbsttau, der von den Lotosblüten tropft.« Das ist eine poetische Umschreibung der Tatsache, daß im Zen-Buddhismus dem Frühling mit seiner Wärme, mit den Blumen und seinen Düften, mit der Harmonie der Natur und den Menschen in der Natur der Vorzug gegeben wird.

[1] *Pi-yen-lu*, vgl. Fußnote S. 46 , 36. Beispiel.

BD: Mit anderen Worten, dem gesamten Bereich des Herzens. Es gibt ihn also. Würdest du mir beipflichten, daß er – wenigstens in der heutigen Praxis – zuwenig betont oder entwickelt wird?

AR: Ja, das kann man schon sagen.

BD: Ich denke, wir sollten auch die andere Seite betrachten, die christliche Schwäche hinsichtlich des »kühlen« Aspekts. Ich denke, daß man im Rahmen unseres Gesprächs festhalten sollte, daß das, was wir Christen unter Theologie verstehen – was wörtlich Worte oder Lehren über Gott bedeutet –, in Wahrheit beinahe ausschließlich aus Lehren über Gott besteht, die durch Jesus Christus, von Jesus Christus und aus der Sicht Jesu Christi bekannt geworden sind. Im Glaubensbekenntnis wird Gott in der ersten Hälfte des ersten Satzes erwähnt, danach aber nicht mehr: »Ich glaube an einen Gott, Schöpfer des Himmels und der Erde … «, und dann wird Gott nur noch nebenbei erwähnt.

Wir *wenden* uns *an* Gott, aber es wird fast nichts *über* Gott ausgesagt.

Mir scheint, man könnte die buddhistische Metaphysik die fehlende Theologie Gottes nennen, die Theologie der Stille. Du hast vorhin gesagt, man solle nicht fälschlicherweise denken, Zen-Buddhismus – oder auch Buddhismus im allgemeinen – betone ausschließlich die Stille oder Leere und nicht das Wort, Dinge oder Einzelheiten. Das stimmt offensichtlich nicht, aber darin, wie die Buddhisten mit der Stille umgehen und sich innerhalb des Wortes auf die Stille konzentrieren, liegt etwas außerordentlich Wertvolles. Das Wort ist Stille, die zu Wort gekommen ist. Wenn man vergißt, daß das wahre Wort aus der Stille kommt und uns in die Stille zurückführt, wird das Gespräch zu einer Plauderei und – allgemeiner betrachtet – wird das Leben oberflächlich. Darum erscheint mir das buddhistische Augenmerk auf dem Schweigen innerhalb des Wortes außerordentlich wertvoll. Der Buddhismus enträtselt die Stille um die Stille.

AR: Im Zen-Buddhismus liegt das Hauptaugenmerk auf der Stille innerhalb der Worte. In einem langen Gedicht aus der Frühzeit des Zen, dem *Cheng-tao-ke*[1], finden sich folgende Zeilen: »Es spricht in der Stille, im Reden hörst du sein Schweigen.« Das heißt, daß das Wesentliche in der Stille zutage tritt – und ebenso beim Reden. Diese Tatsache offenbart sich besonders beim onomatopoetischen Sprechen, also bei der Lautmalerei, in Worten wie etwa *husch, husch* oder *bauz*, die einen Laut direkt wiedergeben. Im Buddhismus haben wir auch Redewendungen, die man als »Kehrworte« bezeichnet und die etwas direkt benennen. Sie sind selbst der springende Punkt.

BD: Hast du ein Beispiel dafür?

AR: Natürlich. Es gibt eine bekannte Geschichte von Ma-tsu und Pai-chang, die miteinander spazierengingen und eine Wildente aufscheuchten. »Was war das?« fragte Ma-tsu. Pai-chang sagte: »Eine Wildente.«
»Wohin ist sie geflogen?« hakte Ma-tsu nach.

»Sie ist weggeflogen«, antwortete Pai-chang.

Daraufhin kniff Ma-tsu Pai-chang in die Nase. Pai-chang schrie auf vor Schmerz, und Ma-tsu sagte: »Wie wäre sie jemals weggeflogen?«[2]

Das sind die »Kehrworte«, die auf die wirkliche Ente hinwiesen und Pai-chang zur Erkenntnis brachten.

BD: Das stimmt wieder mit dem überein, was wir gestern sagten: Wir sollten Nachdenken nicht mit Leben verwech-

1 »Lied von der Verwirklichung der Wahrheit« (japanisch Shôdôka) des chinesischen Zen-Meisters Yung-chia Hsüan-chüeh aus dem 7. Jahrhundert.

2 Die Geschichte ist das 53. Beispiel im *Pi-yen-lu*.

seln. Denken ist nur eine zweite Phase, in der wir über das Leben nachdenken.

AR: Aber das bis zum Höchsten. Und dieses Höchste ist der Bereich der Verwirklichung.

4
TRENNENDES UND VERBINDENDES ZWISCHEN DEN RELIGIONEN

Verschiedene Schwerpunkte

AITKEN RÔSHI: Als ich nach dem Zweiten Weltkrieg in Japan war, fiel mir auf, daß Japaner gerne Testfragen stellen wie: »Wer ist der berühmteste Amerikaner?« (Wenn ich antwortete: »Henri David Thoreau«, waren sie sehr verblüfft, weil sie offensichtlich jemanden wie George Washington oder Abraham Lincoln erwartet hatten.) Nachdem ich eine ganze Reihe solcher Testfragen gehört hatte, fing ich selbst an, solche Fragen zu stellen, und unter anderem fragte ich: »Was halten Sie vom Christentum?« Die meisten Antworten fielen etwa so aus: »Das Christentum hat uns gelehrt, wie man die Jugend erzieht und wie man sich mit einem öffentlichen Gesundheitswesen und sozialen Dienstleistungen um das Wohl der Menschen kümmert. Aber was das Christentum selbst angeht, davon verstehe ich nichts.«

Mir scheint, daß man aus dieser kleinen Geschichte einiges lernen kann, und zwar sowohl über den Buddhismus wie über das Christentum. Zum einen zeigt sie auf, daß die buddhistische Lehre und Erfahrung im Lauf der Geschichte nur sehr mangelhaft zu einem sozialen Denken geführt hat. Weder in Japan noch in Ostasien generell sind daraus soziale Einrichtungen wie im Westen entstanden. Etwas hat gefehlt, was man ein soziales Evangelium nennen könnte.

Wahrscheinlich gibt es viele Gründe dafür, und keiner von ihnen bietet eine ausreichende Erklärung. In den Anfängen war der Buddhismus in Indien ein jenseitiger Weg. Als er in

Ostasien eingeführt wurde, wurde er in einer Kultur mit einer großen Staatsmacht, wo andere Religionen bereits Fuß gefaßt hatten, gerade nur geduldet. Den buddhistischen Oberhäuptern wurde empfohlen, zu kuschen und das Kaiserhaus zu unterstützen. In den meisten Fällen zogen sich die Buddhisten in ihre klösterlichen Enklaven zurück und traten nur mit großem Mißtrauen über diese Grenzen hinaus, die sie zur Erhaltung der Religion selbst gezogen hatten. Aber wie gesagt, das erklärt noch nicht alles.

Im Christentum hingegen verlangte es die Lehre Jesu, daß Christen das Kreuz aufnehmen und ihrem Erlöser folgen sollten, und das bedeutet, daß sie das Kreuz der Menschheit und der Welt aufnehmen sollten. Wenigstens verstehe ich es so. Unglücklicherweise hat diese ernstliche Verpflichtung zum Dienst am Nächsten dazu geführt, daß der Weg zur tiefen religiösen Erfahrung Jesu, die sicherlich auch einer ganzen Anzahl seiner nächsten Nachfolger zuteil geworden war, darüber beinahe völlig außer Sicht geriet. Dieser Weg war nicht klar ausformuliert worden.

BRUDER DAVID: Ich nehme an, daß deine japanischen Freunde mit der Aussage: »Aber was das Christentum angeht, davon verstehe ich nichts« wohl meinten, daß sie noch nie mit den christlichen Lehren in Berührung gekommen waren. So viele Institutionen sind entstanden, so viele Aktivitäten werden angeboten, und der erzieherische Aspekt wird so sehr betont, daß auch diejenigen, die das Christentum nach Japan brachten, wohl plötzlich wie auf Glatteis gegangen wären, wenn man sie unvermittelt gefragt hätte: »Was hat denn Jesus eigentlich gelehrt?«

Kirchenleute fragen sich nicht oft, was Jesus lehrte. Die Frage, was *über* Jesus gelehrt werden soll, wird viel öfter gestellt. Damit will ich nicht sagen, daß die Christen zweitausend Jahre lang gelebt haben, ohne zu wissen, was Jesus lehrte.

Millionen von Menschen waren bis zu einem gewissen Grad mit seiner Lehre vertraut. Aber seine Lehre war ganz eindeutig nicht das wichtigste. In christlichen Institutionen stand immer das, was über Jesus gelehrt werden sollte, an erster Stelle, und nicht, was Jesus über das menschliche Leben und Gott gelehrt hat. Wie konnten denn dann die Japaner wissen, was das Christentum ist, wenn diese Frage selbst für Christen nicht im Mittelpunkt stand?

AR: Somit gibt es also in beiden Überlieferungen eindeutige Schwächen, aber auch Stärken.

BD: Hast du denn eine klare Vorstellung davon, was Jesus lehrte, im Unterschied zu dem, was die Kirche später *über* Jesus lehrt?

AR: Ja. »Liebe deinen Nächsten wie dich selbst« (Mk 12,31).

BD: Das ist in den letzten zweitausend Jahren der Geschichte des Christentums wohl Millionen von Malen wiederholt worden, aber es ist nur die auf einen kleinen – sehr wichtigen – Punkt ihrer Ethik reduzierte Botschaft Jesu. Es ist auch sehr aufschlußreich, daß das, was die meisten – einschließlich Christen – von der Lehre Jesu kennen, gerade diese moralische Seite ist.

AR: Aber diese moralische Seite ist ein Ideal und eine Überzeugung, die aus der Erfahrung entstanden ist. Die Erfahrung hinter »Liebe deinen Nächsten wie dich selbst« kann nichts anderes sein als die Erfahrung, daß der andere niemand anderer ist als ich.

BD: Genau. Auch in der ausgesprochen theistischen Kultur, in der Jesus lebte und lehrte, wußten die Mystiker, daß der einzelne mit allen andern und mit Gott eins ist, aber die Hauptströmung des Christentums hat diese mystische Überlieferung aus den Augen verloren. Das ist ein weiterer Grund für den Graben zwischen dem Christentum und Zen.

AR: Ist es im Christentum nicht auch ein bißchen ketzerisch, wenn man sagt, Gott sei kein anderer als man selbst? Würde so etwas nicht als höchste Anmaßung verstanden?

BD: Nein, überhaupt nicht. Es ist die größte Demut. Die größte Anmaßung wäre zu sagen: »Ich bin Gott.« Die größte Demut hat Piet Hein im folgenden kleinen Gedicht auf den Punkt gebracht:

Who am I
to deny
that maybe
God is me?[1]

Aufs Wesentliche reduziert kommt das dem sehr nahe, was Jesus lehrte und wie er es lehrte.

Jesus ging nicht hin und sagte: »Hier ist meine Botschaft, die ich euch von Gott bringe.« Er redete nicht wie die Propheten, die sagten: »So spricht der Herr.« Statt dessen lehrte er durch Gleichnisse und fragte: »Wer unter euch weiß das denn nicht?« Mit anderen Worten verlegte er die Autorität seiner Lehre in die Herzen seiner Zuhörer. Er stützte seine Lehre auf die höchste göttliche Autorität, die in den Herzen seiner Zuhörer und in der Tiefe unseres Herzens spricht. »Das weißt du doch schon, nicht wahr? Und jetzt handle danach«, das wollen uns die Gleichnisse im Grunde sagen. Sie erwischen uns gleichsam dabei, daß wir zugeben müssen, die Wahrheit bereits zu kennen. Die Art, wie Jesus lehrte, paßte vollkommen zu seiner Botschaft.

AR: Den Gedanken, daß Gott wir selbst sind, hat Hakuin Zenji folgendermaßen buddhistisch ausgedrückt: »*Dieser* Körper ist der Buddha.«[2]

[1] Etwa: Wer bin ich denn, / in Zweifel zu ziehn, / daß womöglich / Gott ich ist.
[2] Aus seinem *Lobgesang des Zazen*. Siehe Fußnote S. 32.

BD: Ich glaube, ich verstehe, was du meinst, aber so, wie du es sagst, könnten manche meinen, daß du die Begriffe »Buddha« und »Gott« gleichsetzt.

AR: Nein, ganz und gar nicht. Ein Satz wie »Dieser Körper ist der Buddha« ist von der Hauptbotschaft des *Diamant-Sutra* nicht zu trennen: daß der Buddha nicht der Buddha ist und deshalb Buddha genannt wird. Es gibt überhaupt keinen Begriff, keinen Archetypus, keinen Gedanken im Zen-Buddhismus, der sich nicht selbst zerstören würde, einschließlich »Buddha«.

Der Erlöser und der Weise

BRUDER DAVID: Vielleicht sollten wir uns einmal die beiden Begriffe *Erlöser* und *Buddha* vornehmen und die zugespitzte Frage stellen: »In welchem Maße ist der Buddha ein Erlöser und der Erlöser Jesus Christus ein Erleuchteter oder Buddha?«

AITKEN RÔSHI: Im selben Text, den ich im Zusammenhang mit der Stille bereits erwähnte, dem *Cheng-tao-ke*, wird Buddha als König der Ärzte bezeichnet, mit anderen Worten, als der beste Arzt, als einer, der die Leiden aller Wesen behandeln kann. Außerdem gibt es eine unter den verschiedenen Darstellungen des Buddha, auf der er ein Medizinfläschchen in der Hand hält und die man den »heilenden Buddha« nennt. Damit ist gemeint, daß wir den König der Ärzte fragen sollen, wie wir unsere Leiden behandeln sollen, und nicht, daß der König der Ärzte spontan zu uns kommt. Das ist möglicherweise ein Unterschied zwischen den beiden, zwischen dem Erlöser und dem Weisen.

BD: Alles hängt natürlich von der Frage ab, was »erlösen«

heißt. Als ich einst von Eidô Rôshi[1] unterwiesen wurde, unterschied er zwei Verwendungen des Wortes *erlösen* oder retten *[save]*. Einerseits sagen wir, daß wir jemanden vor dem Tod des Ertrinkens retten, wenn wir ihn aus dem Wasser ziehen und sein Leben retten. So fassen es die meisten auf, wenn sie Jesus Christus als Retter oder Erlöser bezeichnen. Andererseits wird das englische Wort *save* in Redewendungen wie etwa: »Wasser sparen«, »Energie sparen« in einem anderen Sinn verwendet, demzufolge nichts vergeudet werden soll oder, positiv ausgedrückt, daß man sich des Wertes eines jeden Wassertropfens und jedes Fünkchens Energie vollkommen bewußt ist und damit kundtut, wie wertvoll diese Dinge sind.

In beiden Bedeutungen scheinen mir sowohl Buddha als auch Jesus Erlöser zu sein. Als Erleuchter und Lehrer retten sie uns im ersten Sinn vor dem Irrtum: Sie ziehen uns aus den Illusionen und Fehlvorstellungen, in denen wir uns verirrt haben. Im Falle Jesu ist es klar – wenn wir die Evangelien betrachten, und zwar nicht das, was wir über Jesus lehren, sondern seine Lehre selbst –, daß er auch ein Erlöser im zweiten Sinne ist. Zum Wesentlichen in seinem Leben hatte es schon immer gehört, schon lange, bevor er am Kreuz starb, daß er den Wert jedes einzelnen Menschen betonte, sehr zum Verdruß der Obrigkeit, die Sünder, Huren und Steuereintreiber gerne herabsetzte. Er bestätigte den Wert aller Menschen als Menschen und erlöste sie dadurch, daß er ihre Selbstachtung rettete und sie dazu brachte, auf eigenen Füßen zu stehen; er befreite sie aus der unausgesprochenen Übereinkunft der damaligen Gesellschaft, aus Vorurteilen, die sich leider bis in die heutige Zeit kaum verändert haben.

[1] Der zeitgenössische Lehrer der Rinzai-Schule Eidô Shimano. Bruder David fing unter seiner Anweisung an, Zen zu üben, als die beiden junge Mönche waren. Siehe dazu auch den Hinweis auf Eidô Shimani (Tai Shimano) im Vorwort.

AR: Der Buddha ist natürlich du und ich, und das erste der vier Gelübde, die überall auf der Welt von Buddhisten wiederholt werden, ist dieses: »Die Lebewesen sind zahllos, ich gelobe, sie alle zu retten.« Wörtlich übersetzt heißt es: »Ich gelobe, sie hinüberzugeleiten.« Damit ist gemeint, sie über den Strom des Leidens hinüberzugeleiten und das Ufer der Erleuchtung erreichen zu lassen. Das ist das Gelübde Buddhas und unser Gelübde, alle Menschen, eigentlich alle Lebewesen, so zu wandeln, daß es ihnen möglich wird, das zu erreichen, was du das Übernatürliche nennen würdest.

BD: Aus was also würde dieser Prozeß des Rettens, Erleuchtens oder Hinübergeleitens allen Lebewesen helfen herauszukommen und wohin zu gelangen?

AR: Aus einer selbstsüchtigen Beschäftigung mit Dingen, die T. S. Eliot[1] in seinen *Präludien* »Gewißheit ihrer selbst gewiß« nennt, bei denen wir »mit dicken Fingern dicke Pfeifen stopfen«, also Tod, Sex, Steuern und so weiter; daraus erwachen wir zur Erkenntnis, daß die Wirklichkeit weit und grenzenlos ist und zahllose Eingänge hat.

BD: Wie du es eben ausgedrückt hast, bezieht es sich nur auf die Errettung der Menschenwesen. Wie drückst du es aus, damit es alle Lebewesen, auch die Spinnen, Usambaraveilchen und alles andere einschließt?

AR: In Hawaii hält im Winter kein Frost die Zahl der Insekten in Schach; wir haben also massenhaft Krabbeltierchen, und in den Tempeln sind wir dazu übergegangen, große Kakerlaken einfach zu packen, sie zur Tür zu tragen und sie mit dem Satz hinauszuwerfen: »Viel Glück!« Ein Freund sagt jedesmal, wenn er sich genötigt fühlt, eine Kakerlake zu erschlagen: »Mehr Glück fürs nächste Mal!«

[1] T. S. Eliot, *Werke 4, Gesammelte Gedichte* 1909–1962, *Prufrock und Weitere Wahrnehmungen*, Suhrkamp Verlag, Frankfurt/Main 1972/88, S. 9 (hier frei übersetzt).

BD: Und das rettet die Kakerlake?

AR: Ganz bestimmt.

BD: Durch den guten Wunsch oder, anders gesagt, die Energie, die ihr zukommt?

AR: Eigentlich ist es im Buddhismus ganz klar – außer vielleicht in der Reine-Land-Schule (und über diesen Zweig kann ich nichts sagen), daß alle von Anfang an gerettet sind. Der Buddha soll zur Zeit seiner großen Erleuchtungserfahrung gesagt haben: »Alle Wesen sind der Tathâgata« (wörtl.: der so Dahingelangte), das heißt, alle sind erleuchtet, und er fuhr fort: »Nur ihre Täuschungen und Vorurteile verhindern, daß sie diese Tatsache erkennen.« Der König der Ärzte nimmt es also auf sich, uns daran zu erinnern, daß wir uns durch unsere Vorurteile begrenzen. Hebe diese Vorurteile auf, und du siehst, daß alle Wesen der Buddha sind.

BD: Wenn wir uns eingehender damit befassen wollen, was Erlösung im christlichen Sinn bedeutet, müssen wir dort beginnen, wo ich eben ansetzte: bei der Aussage, daß Jesus die Menschen rettete, lange bevor das Kreuz in Sicht war. Er rettete die Menschen, indem er sie dazu brachte, auf eigenen Füßen zu stehen. In diesem Sinn verstanden seine Zeitgenossen ihn als Retter. Er gab ihnen ihre Selbstachtung und ihre tiefste Beziehung zurück – die Beziehung zu Gott, zum Allerhöchsten –, indem er sie daran erinnerte, daß sie nie verlorengegangen war. Jesus sagte nicht: »Hier hast du etwas, ich gebe es dir« oder: »Ich vergebe dir deine Sünden.« Jesus sagte: »Deine Sünden sind vergeben«, mit der implizit darin enthaltenen Frage: »Weißt du das denn nicht?« Es waren seine Gegner, die sagten: »Wer ist dieser Kerl, der den Leuten die Sünden vergibt? Nur Gott kann Sünden vergeben.«

Natürlich sahen die politischen und autoritären religiösen Obrigkeiten seiner Zeit nicht gerne, daß er Menschen auf diese Weise rettete, genausowenig, wie ihre heutigen Entsprechungen in Mittelamerika keinen gerne sehen, der den Menschen dort hilft, auf eigenen Füßen zu stehen. Auch wenn man die Evangelien als spätere Berichte über Geschehnisse, die sich eine geraume Zeit davor zugetragen hatten, betrachten muß, so geht doch ziemlich deutlich daraus hervor, daß seine rettende Aktivität zum Kreuz führte und daß Jesus das Kreuz willentlich als ein freies, bereitwilliges Opfer für seine Sache, für das, wofür er einstand, und auch als Geste des Gottvertrauens auf sich nahm.

Nachdem er von der etablierten Gesellschaft aus dem Weg geräumt worden war, erkannten seine Nachfolger – auch wenn sie zuerst tief bestürzt waren und in alle Winde zerstreut wurden –, daß ein solches Leben nicht mehr auszulöschen war. Und das nennen wir die Auferstehung. Sie wird uns in mythischen Bildern überliefert, und wir können den Geschehnissen nicht nachgehen, um festzustellen, was historisch wirklich geschah; um das geht es uns auch nicht. Wichtig ist offensichtlich, daß er starb und dennoch lebt. Wir können das nicht dadurch belegen, daß wir zweitausend Jahre zurückgehen, sondern es ist vielmehr etwas, das heute in zahllosen Lebensgeschichten geschieht und erfahrbar ist: Er hat uns befreit. Christus lebt in denen, die seinem Weg folgen, und sie leben in ihm. Das ist die höchste Art der Rettung. Sie leben durch sein Leben und werden ihrerseits Retter für andere.

Heutzutage ist mir noch keiner begegnet, dem es Schwierigkeiten gemacht hätte, das zu verstehen, aber viele haben enorme Probleme mit der Auffassung, daß »er für unsere Sünden gestorben ist«, wie man im Kindergottesdienst lehrt. Jesus lebte und starb, um der Entfremdung von unserem wahren Selbst ein Ende zu setzen, der Entfremdung von anderen und von der allerhöchsten Wahrheit. Er hat für dieses Ziel gelebt und mußte sterben, weil er entsprechend lebte. In diesem Sinn ist er »für unsere Sünden« gestorben. Unglücklicherweise ist das über die Jahrhunderte hinweg in einer beinahe juristischen Sprache übermittelt worden, als wäre es eine Art von Transaktion oder ein Handel mit Gott: Es gab einen Graben zwischen uns und Gott, und jemand mußte dafür aufkommen. Diese ganzen Geschichten können wir vergessen. Das juristische Bild scheint anderen Generationen geholfen zu haben. Schön und gut. Alles, was hilft, ist in Ordnung. Aber wenn es zum Hindernis wird wie heute, sollten wir es vergessen. Wir brauchen diese Sprache nicht zu sprechen. Wir können die Dinge ruhig so beschreiben, wie ich es eben getan habe.

AR: Deine lebendige Darstellung macht es ganz deutlich, wie die Lebensgeschichte Jesu formgebend für das Christentum war. Genauso hat sich der Buddhismus aus der Lebensgeschichte des Buddha gebildet, und im Leben des Buddha kann man Parallelen zum ständigen Bestreben Jesu finden, die Menschen auf die eigenen Füße zu stellen. Nur hat das große Ereignis im Leben des Buddha zu Beginn seiner Lehre und nicht am Ende seiner Lehre stattgefunden, und die Idee eines Lebens, das letztendlich auf das Kreuz hinausläuft, fehlt im Buddhismus. Im Christentum wird das Kreuz manchmal Baum genannt, aber er unterscheidet sich doch sehr vom Bodhi-Baum, unter dem der Buddha erleuchtet wurde und der selbst mit der Erleuchtung gleichgesetzt wird.

Ich denke, daß sowohl Jesus als auch Buddha von ihrer jeweiligen kulturellen Umgebung, die sie beide größtenteils ablehnten, stark beeinflußt waren und ihre Richtung dementsprechend einschlugen. Buddha wuchs in einer Umgebung auf, die nicht monotheistisch war, und wo Ideen von großen, zyklischen Weltsystemen – immensen Zeit- und Seinszyklen – selbstverständlich waren. Dieser Rahmen hat ihm und späteren Buddhisten unter anderem den Weg bereitet, die vielleicht außergewöhnlichste Metaphysik aller Weltreligionen zu entwickeln, eine Metaphysik, die sich nicht auf ein einziges Zeitkontinuum beschränkt. Ich vermute, daß man anhand von ähnlichen kulturellen Faktoren ebenfalls erklären könnte, weshalb die Erfahrung des Buddha die Erleuchtung in den Mittelpunkt rückte, während das Leben Christi die Erlösung in den Mittelpunkt rückte. Diese beiden Worte sind gewichtig. Sie bedeuten nicht genau dasselbe.

Kulturelle Wurzeln und Religionswechsel

BRUDER DAVID: Ich denke, wir haben uns schon darüber geeinigt, daß Kulturen oder Sprachen religiöse Überlieferungen formen und wir uns besser auf die Erfahrung und Praxis konzentrieren sollten, anstatt zu versuchen, die Bildersprache unserer beiden Religionen zu vergleichen und auseinanderzuhalten. In diesem Sinn würde ich gerne wissen, was es wohl dazu geführt hat, daß du dich für eine asiatische Religion entschieden hast, ebenso wie die Schüler, mit denen du arbeitest und die einem westlichen kulturellen Hintergrund entstammen, also, was ihre Religion betrifft, wahrscheinlich vorwiegend einer jüdischen oder christlichen Tradition.

AITKEN RÔSHI: Im Westen zieht der Buddhismus zweierlei Menschentypen an. Die erste Gruppe sind Menschen, deren Gefühl für westliche Archetypen so verblaßt ist, daß diese Archetypen ihre Bedeutung für sie fast oder ganz eingebüßt haben. Sie übernehmen die Archetypen einer neuen Religion relativ schnell. Sie haben einen leichten Zugang dazu, weil das Verblassen der Archetypen ihrer eigenen Kultur ein Vakuum in ihrer Psyche erzeugt hat, eine Leere, die der Suchende gerne und eifrig füllen möchte. Das kommt oft in Familien vor, wo jemand nahezu religionslos aufwächst, oder in Familien, in denen jemand als Jugendlicher von seiner Religion enttäuscht wurde.

Die zweite Gruppe setzt sich aus Menschen zusammen – meist sind es Katholiken, aber es gibt auch Juden darunter, seltener auch Protestanten –, die ihre eigene Religion beibehalten möchten, aber die Ansätze und Archetypen des Buddhismus übernehmen, um ihre ursprüngliche Religion zu vertiefen und zu klären, um also ein besserer Christ oder ein besserer Jude zu werden. Das war das Ziel, das mein eigener Meister Yamada Rôshi[1] in seiner Arbeit mit Christen verfolgte. Er sagte immer: »Ich will bessere Christen aus ihnen machen.«

BD: Das hätte er wohl nicht gesagt, wenn er nicht das Christentum als einen Weg anerkannt hätte, der zu dem hinführt, was letztlich wichtig ist. Das Ziel ist weder buddhistisch noch christlich, sondern es geht – wie wir übereingekommen sind – vielmehr um das Vertiefen der menschlichen Erfahrung, die ständig und das ganze Leben lang durch die Übung ausgelotet wird.

Das erinnert mich daran, daß ich Thomas Merton einmal fragte, ob er glaube, er hätte die christliche Lehre auf die neue, tiefere und umfassendere Weise, die ihm eigen war, vorbringen können, wenn er nicht mit dem Buddhismus in Berührung gekommen wäre. Gewöhnlich lachte er einfach über solche Fragen und antwortete gar nicht darauf, aber in diesem Fall wurde er ganz still und sagte: »Ich muß darüber nachdenken.« Nachdem er eine Viertelstunde oder zwanzig Minuten lang mit anderen gesprochen hatte, kam er auf die Frage zurück und sagte:

»Weißt du, ich habe über deine Frage nachgedacht, und

[1] Yamada Kôun war Aitken Rôshis hauptsächlicher Meister, der sehr häufig auch mit christlichen Zen-Schülern arbeitete. Siehe Vorwort.

ich glaube, daß ich die christliche Lehre nur so verstehen kann, weil ich sie aus der Sicht des Buddhismus sehe.«

AR: Im weitesten Sinn ist es ja auch nicht so, daß einige Pilger eine andere Religion annehmen oder es wie Merton bereichernd finden, andere Religionen kennenzulernen. Die Religionen *selbst* verändern sich. Der Buddhismus hat sich bereits verändert, seit er in den Westen gekommen ist, und wird sich zweifelsohne in den nächsten Jahren noch mehr ändern. Ich denke, daß ein Japaner bereits ziemlich erstaunt darüber wäre, welchen Stellenwert bestimmte asiatische Archetypen in der westlichen Sicht des Buddhismus eingenommen haben.

BD: Liegt das an der Begegnung mit anderen Religionen?

AR: Es liegt an der Akkulturation des Buddhismus im Westen, der Begegnung des Buddhismus mit der westlichen Kultur, die natürlich das Christentum mit einbegreift.

BD: Ich habe in den letzten zwei Jahrzehnten am buddhistisch-christlichen Dialog teilgenommen, und dabei ist mir eine interessante Veränderung aufgefallen, die möglicherweise mit dem zu tun hat, was du gerade sagtest. Etwa in den ersten zehn Jahren waren Christen die einzigen, die wirkliche Fragen stellten. Sie stellten brennende Fragen, und die Buddhisten waren in der Lage, Antworten darauf zu geben. Jetzt fragen Buddhisten mindestens ebensooft wie die Christen. Ich denke, daß diese Verschiebung sehr bemerkenswert ist.

AR: Ich glaube, daß sich darin die Veränderungen innerhalb des Buddhismus selbst spiegeln. Diese Buddhisten fühlen sich jetzt in ihrem veränderten Buddhismus ganz wohl und können ohne ein Gefühl der Bedrohung mit der Suche nach ihren eigenen Wurzeln beginnen.

BD: Um auf die Ausübung einer Religion aus einem anderen Kulturkreis zurückzukommen, möchte ich hier eine Frage von

Bruder Kieran[1] aufwerfen. Er akzeptiert, daß unsere Religionen auf dieselbe Quelle zurückgehen und zum selben Bereich führen, daß sie verschiedene, aber parallele und gleichermaßen gültige Wege sind. Obschon er sich zum Buddhismus hingezogen fühlt, führt diese Einsicht, daß die beiden Religionen gleichermaßen gültig sind, dazu, daß er lieber nicht zum Buddhismus überwechselt, weil ein solcher Wechsel zum Buddhismus – oder einer anderen Religion – wenigstens implizit besagen würde, daß die neue gültiger ist als diejenige, der er den Rücken kehrt. Ich denke, daß dieser Punkt Beachtung verdient.

Natürlich könnte man auch sagen: »Die Religionen sind alle gleich gültig, aber diese hier hilft mir mehr.«

AR: Wo fühle ich mich wohl? Wozu fühle ich mich am meisten hingezogen? Ich denke, das sind die Grundfragen, die der Sucher sich stellen muß. Fragen einer gleichen oder ungleichen Gültigkeit kann man fallenlassen.

BD: Das ist etwas ganz Persönliches, und nicht etwas Objektives oder Äußerliches. Sehr lange waren die Christen von ihrer Einmaligkeit, von der Richtigkeit des christlichen Glaubens und den Irrtümern aller anderen Religionen ganz besessen. Es war wohl eine Art Stammesmentalität, die sie von den jüdischen Stämmen geerbt hatten und die bis vor ganz kurzem – bis zum Zweiten Vatikanischen Konzil oder noch später – aufrechterhalten wurde. Inzwischen und unter dem Einfluß von Leuten wie Thomas Merton haben unzählige Menschen ganz andere Religionen kennengelernt. Umgekehrt nehme ich auch an, daß es vielleicht einige Buddhisten gibt, die möglicherweise auch sagen, sie würden den Buddhismus nicht so gut verstehen, wenn sie ihn nicht im Licht der christlichen Botschaft sähen.

[1] Bruder Kieran O'Malley. Siehe Vorwort.

AR: Ich kenne tatsächlich Bibelstellen, die mein Verständnis fördern.

BD: Du hast, wie mir scheint, dem Zen-Buddhismus im Westen einen großen Dienst erwiesen, indem du besonders in deinem Buch *Ethik des Zen*[1] auf die traditionellen buddhistischen Regeln hingewiesen hast. Soviel ich weiß, werden diese Grundsätze im Zen nicht so stark beachtet, und daß du auf dieses ethische Element aufmerksam gemacht hast, ist, wie ich meine, außerordentlich wichtig. Ich kann mir vorstellen, daß es gewissermaßen einem Ungleichgewicht entgegenwirkt, das im Zen-Buddhismus aus sozialen und geschichtlichen Gründen entstanden ist. Wurde das denn irgendwie auch durch die Begegnung mit dem Christentum ausgelöst?

AR: Es wäre nicht möglich gewesen, wenn ich nicht als Christ aufgewachsen wäre. Es wäre nie dazu gekommen. Es gibt in dem Buch nichts speziell Christliches, aber weil ich mit einer solchen Weltanschauung aufwuchs, habe ich sie im Buddhismus gesucht und gefunden.

Da fällt mir noch etwas ein. Weißt du, daß es im Chinesischen und Japanischen bis ins 19. Jahrhundert kein Wort für Religion gab? Das Wort wurde geprägt, weil es immer deutlicher wurde, daß ein solches Wort im Umgang mit dem Christentum notwendig war. Im Japanischen heißt es *Shûkyô*, und wörtlich bedeutet es »überlieferte Lehre«, ein passendes Synonym für *Religion*, wie du wahrscheinlich findest, ebenso wie einige andere Christen. Aber ich glaube, daß die meisten Christen andere Wörter ausgesucht hätten, etwa *Glaube* oder *Überzeugung*, was eine hingebungsvollere Haltung zum Ausdruck bringt. Ich denke, daß die Buddhisten einiges von diesem Ansatz lernen könnten. Als »Lehre« betrachtet, ist Religion wohl etwas trocken. Wir Buddhisten wären gut

1 Siehe Literaturhinweise.

beraten, uns unsere Religion etwas mehr zu Herzen zu nehmen.

Der Buddhismus ist in Japan beinahe selbstverständlich. Er gehört zur Kultur, und wahrscheinlich betrachten ihn die Japaner als ein *ausschließlich* kulturelles Phänomen. Ein Tempel wird meist hauptsächlich als ein Ort geschätzt, an dem man die Anordnungen für eine Beerdigung trifft oder Totenfeiern abhält. Ich kann mich an eine Untersuchung aus den frühen sechziger Jahren erinnern, in deren Verlauf Studenten der Universität Sendai gefragt wurden: »Welchen Stellenwert hat die Religion in Ihrem Leben?« Sie hatten fünf Antwortmöglichkeiten, die von »einen sehr hohen« bis zu »überhaupt keinen« reichten. Ich habe das genaue Ergebnis der Umfrage inzwischen vergessen, aber ein unglaublich hoher Prozentsatz der Studenten, etwa 85%, hatte »überhaupt keinen« angekreuzt.

Mir scheint also, daß dem Buddhismus, so wie er sich im Westen entwickelt, ein Schuß der hingebungsvolleren religiösen Haltung des Christentums guttun würde. Anderseits müßte das Christentum sich vielleicht in Richtung einer Auffassung bewegen, daß seine Religion auch eine Lehre ist.

BD: Hier würde ich gerne das Gegensatzpaar *statisch* und *dynamisch* verwenden – den statischen und dynamischen Aspekt der Religion. Ursprünglich ist jede spirituelle Überlieferung rein dynamisch. Je älter sie wird, desto statischer wird sie, und dieser Erstarrungsprozeß setzt schon sehr früh ein. Wenn wir vom Christentum oder der christlichen Überlieferung sprechen, klingt das bereits so statisch wie etwas Verfestigtes. Ursprünglich hießen die Christen nicht einmal Christen. Als man sie zum ersten Mal Christen nannte, wurde das als großes Ereignis in der Apostelgeschichte festgehalten. Obschon sie damals bereits recht zahlreich waren, nannte man sie einfach nur »Nachfolger auf dem Weg«. Heute wären wir dazu aufgerufen, aus den Christen wieder »Nachfolger auf dem Weg« zu machen.

So lange wir »unterwegs« sind, sind wir alle »Nachfolger auf dem Weg«. Es gibt keine große Trennung zwischen Menschen, die auf dem Weg sind, auch wenn sie verschiedenen religiösen Überlieferungen angehören. Wichtig ist, daß sie auf dem Weg sind. Wir gehen verschiedene Wege in verschiedenen Gewändern und mit verschiedenen Fahrzeugen – das ist der kulturelle Anteil –, aber es gibt nur eine Art, auf dem Weg zu sein: in Bewegung zu sein.

AR: Aus den Worten und Lebensgeschichten großer Meister spricht eine große Gemeinsamkeit. Ich habe schon immer das Gefühl gehabt, daß Meister Eckhart Chao-chou die Hand geben könnte.

BD: Damit hast du einen ganz wichtigen Punkt angeschnitten. Große Meister verschiedener Richtungen, die nach dem Maßstab ihrer eigenen Überlieferung vollendet sind, scheinen einander trotz ihrer kulturellen Hindernisse sehr gut zu verstehen. Die Betonung von Verschiedenheiten und der Widerstand gegen ein interreligiöses Verständnis kommen nicht von den Vollkommenen, sondern von den nicht ganz so Vollkommenen. Sie ziehen den statischen Aspekt dem dynamischen vor, folgen lieber diesem oder jenem Weg, als auf dem Weg zu sein.

5
DIE RELIGION LEBENDIG ERHALTEN

Gefahr und Notwendigkeit religiöser Institutionen

BRUDER DAVID: Ich sehe Institutionen im gesamten Gebiet der Religion und Spiritualität als notwendiges Übel an. Dabei betone ich beides: Notwendigkeit und Übel. Wie übel sogar die besten Institutionen sein können, ist mir so sehr bewußt, daß es mir zutiefst widerstrebt, irgendeiner Institution Macht zu verleihen oder eine solche zu gründen, wo es noch keine gibt. Wenn ich aber einen Schritt zurücktrete und das Ganze neutral zu betrachten versuche, weiß ich auch, daß Institutionen dem Leben dienen. Das ist ihre erste Funktion, und um diese zu erfüllen, sollten sie ständig angepaßt und rechtzeitig wieder aufgehoben werden. Wir sollten uns am *Leben* orientieren und dieses fördern und ihm stets den Vorzug vor dem festen Gefüge einer Institution geben.

Das Bild, das mir dabei vorschwebt, sind Knospen im Winter. Als wir noch zur Grundschule gingen, holten wir jedes Frühjahr im Februar oder Anfang März Roßkastanienzweige ins Schulzimmer. Sie haben große, glänzende Knospen, die etwa so groß sind wie ein Kinderdaumen; wir sahen zu, wie die Knospen ganz langsam wuchsen und sich einige grüne Linien abzeichneten. Eines Tages sprangen sie dann auf, und die winzigen, samtenen Händchen der Roßkastanienblätter kamen ans Licht, entfalteten sich, und die harte Schale, die die Knospe geschützt hatte, fiel ab. Das Leben braucht solche schützenden Einrichtungen, aber es weiß sich auch laufend davon zu befreien, wenn sie nicht mehr nützlich sind.

Leider fallen Institutionen selten ab, wenn ihr Nutzen vorbei ist. Sie neigen zur Selbsterhaltung und dienen oft der besten Absicht zum Trotz eher sich selbst als dem Leben, zu dessen Dienst sie gegründet wurden. Deshalb meine ich, daß wir im Umgang mit ihnen sehr achtgeben und sowohl Autoritäten als auch unsere Institutionen ständig hinterfragen sollten, um sicherzugehen, daß sie dem Leben und nicht sich selber dienen.

Natürlich gibt es auch große Unterschiede im Ausmaß, in dem eine Religion institutionalisiert ist. Ich bewundere den Zen-Buddhismus schon lange wegen seiner Fähigkeit, sich der Institutionalisierung immer wieder zu entziehen und sich vom fatalen Einfluß zu befreien, den eine Institution auf eine Religion ausüben kann. Kannst du aus deiner eigenen Erfahrung etwas dazu sagen?

AITKEN RÔSHI: Ich denke, daß man sich dem im Zen-Buddhismus leichter entziehen kann, aber es geschieht nicht immer. Mein erster Meister, Senzaki Nyogen Sensei, war besonders japanischen Zen-Einrichtungen gegenüber äußerst kritisch, die selbsterhaltend, selbstherrlich und sozusagen zum Zentrum jeglicher Rechtfertigung geworden waren.

Aber wir können uns ihnen dennoch leichter entziehen, und wahrscheinlich liegt es daran, daß Institutionen, Rituale, Priestergewänder und diese ganzen formalen Elemente innerhalb der Religion selbst so verstanden werden, daß sie zum metaphorischen Bereich gehören. Und eine Metapher, auch wenn sie einen selbst und den andern aufs intimste miteinander verbinden kann, ist dennoch nicht das, worum es an sich geht.

BD: Versteht man das immer so?

AR: Absolut und von Anfang an. Es ist das Herz und die Seele des *Diamant-Sutra*, das Herz und die Seele der Kôan-Übung, der Lebenssaft der Lehre.

BD: Gibt es denn innerhalb der religiösen Überlieferung auch ein ausgesprochenes Gewahrsein, daß es zwar nötig, aber sehr gefährlich sein könnte, eine Institution einzusetzen?

AR: Ich glaube schon. Ein sehr schönes Beispiel dafür sind die Meister, die ihren Pflichten als Äbte großer Tempel den Rücken gekehrt haben und dafür verehrt werden. Typisch dafür ist etwa Ikkyû Zenji. Er war ein japanischer Zen-Meister des 15. Jahrhunderts und ein bekannter Dichter, der fand, in den großen Klöstern seiner Zeit gebe es zu viel Heuchelei. Er ist dafür berühmt geworden, daß er die Institutionen verachtete und sie in seinen Gedichten angeprangert hat – und nicht nur die Korruption der Institutionen im allgemeinen, sondern auch einzelne Vertreter derselben.

Zum Beispiel kritisierte Ikkyû Zenji unter anderem, daß im Kloster weiterhin Keuschheit vorgeschrieben, Geschlechtsverkehr in Wahrheit aber gebilligt wurde. Er ist in dieser Hinsicht allerdings ein problematisches Vorbild, weil er nicht nur in Wirts- und Freudenhäuser ging wie Jesus, sondern wahrscheinlich dort auch Stammkunde war.

BD: Auch im heutigen Christentum gibt es große Menschen, die außerhalb der institutionalisierten Kirche standen. So fällt mir beispielsweise gleich Steve Biko ein, der sich für die Rechte der schwarzen Südafrikaner eingesetzt hat. Den Sonntagschristen fällt es vielleicht schwer, ihn als Heiligen anzuerkennen, aber er hat das, was Jesus lehrte und wofür er einstand, so getreulich wie nur irgend jemand in unserer Zeit verwirklicht – er ist ein großer Heiliger. Ein weiteres näherliegendes christliches Beispiel ist Martin Luther King.

Die Auffassung, die in der Art, wie Jesus lehrte, ganz

deutlich zutage tritt, nämlich daß nicht das Mittel, sondern die Botschaft wichtig ist, gibt es auch im Christentum.

Allerdings ist die Institution an sich im Katholizismus heutzutage derart bedrückend geworden, daß sie größtenteils kontraproduktiv wirkt. Anstatt die Verbreitung der Botschaft zu erleichtern, erschwert sie.

AR: Obwohl die Hierarchie im Zen-Buddhismus bei weitem nicht mit derjenigen der römisch-katholischen Kirche vergleichbar ist, will ich doch nicht den Eindruck erwecken, als gebe es keine. In Japan haben die verschiedenen Schulrichtungen ihre Hierarchien mit jeweils einem Haupttempel, Untertempeln und Untertempeln der Untertempel. Dennoch sind die Leute in den Untertempeln ziemlich autonom und können ihre eigenen Meister und Äbte frei wählen. Es kommt nicht vor, daß ein Abt vom Haupttempel bestimmt wird. Die Haupttempel sind eher so etwas wie Zentren zur Verbreitung des Glaubens. Sie empfangen Scharen von Touristen, veröffentlichen Bücher, halten Seminare ab und ähnliches mehr.

In der Sôtô-Schule bekleiden zwei Priester den Rang, der sich mit dem eines Bischofs vergleichen ließe, und je einer von ihnen lebt in einem der beiden Haupttempel. In der Rinzai-Schule gibt es kein solches Amt. Gewöhnlich wird ein Mönch nicht länger als acht Jahre in einem Kloster unterwiesen, und dann geht er hinaus und ist in einem kleineren Tempel sein eigener Meister. Einige bleiben, sei es als Älteste oder weil sie vielversprechende zukünftige Meister sind, aber die Einrichtungen sind doch alle eher verstreut als zentralisiert, eher horizontal als pyramidenförmig. Und gewöhnlich ist das im westlichen Zen noch mehr der Fall.

BD: Die Klosterbewegung innerhalb der Kirche – und ich vermute, daß das auch auf die eigentlichen klösterlichen Bewegungen anderswo zutrifft – ist eine bewußte Bemühung, sich der Institution und allen Etikettierungen zu entziehen und selbst ganz zu befreien. Daß das klösterliche Leben oft so institutionalisiert erscheint, ist eigentlich eine Anklage gegen die Form des heutigen Klosterlebens. Wie Thomas Merton so deutlich und beredt sagte, ist ein Mönch ein Mensch ohne Etikett, eine Randfigur, ein Mensch, der »außerhalb und unterhalb« steht.

Die Klostergemeinschaft sieht sich nun der Herausforderung gegenüber, die Institution in Schach zu halten und sie dem Leben dienstbar zu machen. Und die einzelnen Mönche und Nonnen sind dazu aufgerufen, sich von der Beschäftigung mit der Institution zu lösen und sich auf das gelebte Leben zu konzentrieren.

Das einzige Klostermodell, das beispielhaft und vielversprechend dem Institutionalismus Grenzen setzt, ist bei den Kamaldulensern (einer beschaulichen Ordensgemeinschaft, die Benediktinerregel und Einsiedlerleben verbindet) zu finden. Hier steht das klösterliche Leben auf drei Pfeilern: Im Mittelpunkt steht das gewöhnlich in einem Kloster vorherrschende gemeinschaftliche Leben; dazu kommt auf der einen Seite die Einsiedelei, wo der Mönch oder die Nonne auf eigenen Füßen steht und die eigentlich an keinerlei institutionelle Einschränkungen gebunden ist; und auf der anderen Seite gehen die Mönche in die Welt außerhalb des Klosters und stehen wiederum auf eigenen Füßen. Mit anderen Worten gibt es hier innerhalb der Institution zwei Möglichkeiten, in denen die Mönche größtenteils von der Institution entbunden sind.

Das ist natürlich ideal. In der Praxis gibt es immer noch etliche Probleme, aber wenigstens ist das eine Institution, die sich zugunsten des Lebens einige ganz gesunde Beschränkungen und Ausgleichsmöglichkeiten auferlegt.

AR: Um fair zu sein, sollten wir hier noch erwähnen, daß der Nachteil einer lockeren Organisation wohl darin zu sehen ist, daß in Krisensituationen keiner die nötigen Mittel zur Abhilfe hat. Wenn die vielen verschiedenen Tempel und Trainingszentren so unabhängig sind wie im westlichen Zen-Buddhismus, gibt es keine anerkannte Autorität, die auf den Plan treten und zur Problemlösung beitragen kann. Dieser Nachteil macht sich vor allem dann bemerkbar, wenn Probleme an der Spitze auftreten, beispielsweise wenn der Meister ein Gauner ist.

Tradition und Traditionalismus

BRUDER DAVID: Vielleicht könnten wir das damit in Verbindung bringen, was ich vorhin über den statischen und dynamischen Aspekt der Kirche sagte. Institution, Dogma, Ritual – diese mehr oder weniger statischen Faktoren sind wie ein Leitungsrohr, durch das die dynamische Überlieferung fließt. Im Rohr entstehen – leider – Ablagerungen, und es wird möglicherweise so verstopft, daß nichts mehr hindurchfließen kann. Wir müssen den dynamischen Aspekt der Religion ständig fördern und dem statischen Aspekt weniger Gewicht geben.

Es mag widersprüchlich erscheinen, von einer »dynamischen Überlieferung« zu sprechen, wie ich es eben getan habe. Im allgemeinen Sprachverständnis gehört der Begriff *Überlieferung* doch scheinbar auf die statische Seite und wäre eher wie ein Leitungsrohr. Aber Überlieferung meint ja eigentlich den Prozeß, in dem etwas weitergegeben wird, und das ist etwas Aktives.

Die Christen stellen sich oft vor, daß die Überlieferung sozusagen als Paket weitergegeben wird, wie eine Mitgift. Aber Überlieferungen ändern sich, wenn sie weitergegeben werden. Die Herausforderung dabei ist, der Überlieferung oder Tradition treu zu sein, ohne dem Traditionalismus zum Opfer zu fallen.

AITKEN RÔSHI: Neulich habe ich die Briefe von Gerard Manley Hopkins gelesen, und ich erinnere mich da an einen Kommentar gegenüber seinem Dichterfreund Robert Bridges: »Die Wirkung, die Meisterwerke auf mich haben, ist nämlich derart, daß ich sie aufs höchste bewundere und dann ganz andere Wege einschlage.«[1] Mit anderen Worten sollten wir uns von der Überlieferung inspirieren lassen, sie aber nicht imitieren; wir sollten ihr treu sein, aber unseren eigenen Weg gehen.

BD: Es macht einen Riesenunterschied, ob wir in der Tradition verwurzelt sind oder darin feststecken. Man kann manchmal zu bestimmten Zeiten nicht auf Anhieb sagen, ob ein Mensch oder eine bestimmte Gemeinschaft in der Tradition feststeckt oder darin verwurzelt ist, ebensowenig wie man sagen kann, ob dieses kleine Etwas, das da mitten unter abgefallenen Blättern aus dem Boden ragt, ein verwurzelter Setzling ist oder ein lebloser Zweig, den jemand da hineingesteckt hat. Man muß den Frühling abwarten. Wenn der Frühling gekommen ist, sieht man, ob Blätter wachsen oder gar nichts und er einfach nur feststeckt.

Wenn Blätter wachsen, sind es natürlich neue Blätter – grundsätzlich die gleiche Art von Blättern, wie sie andere Pflanzen dieser Art immer schon hatten, aber in einem wirklichen Sinn sind sie auch neu und weisen andere Einzelheiten auf. Bewundere die Vergangenheit und schlage dann neue Wege ein, wie eben in deinem Zitat von Hopkins. Das ist die

[1] Englischer Jesuitenpater aus dem 19. Jh., der heute vor allem für seine Lyrik bekannt ist. Das Zitat stammt aus Gerard Manley Hopkins, *Gedichte, Schriften, Briefe*, herausgegeben und ausgewählt von Hermann Rinn, Kösel-Verlag, München 1954, S. 600.

große Herausforderung an jede Überlieferung: immer etwas völlig Neues hervorzubringen, und dennoch gewissermaßen dasselbe. Der Untergang jeder Überlieferung ist die Ritualisierung dessen, was ursprünglich lebendig war.

AR: Thich Nhat Hanh sagt: »Jede Handlung ist ein Ritual.«[1] Das Ritual selbst hat viele Vorzüge. Nur müssen wir vermeiden, ein starres Ritual daraus zu machen.

BD: Die Frage ist also: Was ist der Unterschied zwischen einem Ritual und einem zum starren Ritus gewordenen Ritual? Oder zwischen einem guten und einem starr ritualisierten Ritual? Ich würde meinen, daß das Ritual an sich etwas sehr Positives ist, das aus der tiefinnersten Erfahrung entsteht, weil wir diese Erfahrung feiern wollen, und das auf vielerlei Arten. Jede Art, sie zu so feiern, daß die Gefühle, der Schönheitssinn und so weiter angesprochen werden, ist eigentlich in diesem Sinn ein Ritual. Aber wenn das Ritual erstarrt, geht die Verbindung zur ursprünglichen Erfahrung verloren, und dann steht es für sich selbst, muß aus irgendeinem inneren oder äußeren Zwang wiederholt werden und wird zum starren Ritus. Das bedeutet nicht, daß durch die Wiederholung an sich etwas ritualisiert wird. Solange sozusagen die Nabelschnur zwischen der inneren Erfahrung und dem Ritual nicht gerissen ist, wird das Ritual gespeist und fördert es uns.

AR: Im Zen-Buddhismus gibt es das Ritual, in dem wir uns zu Boden verneigen; man nennt es *Raihai*. Gewöhnlich verneigen wir uns vor dem Bild des Buddha, aber die Verneigung gilt nicht dem Buddha selbst, sondern findet nur *vor* dem Buddha statt. Zu Beginn des Golfkriegs waren wir eines

[1] Thich Nhat Hanh ist ein zeitgenössischer vietnamesischer buddhistischer Lehrer, der in Frankreich im Exil lebt und eine große Anhängerschaft im Westen hat. Der Satz stammt aus *Das Wunder der Achtsamkeit*, einem seiner zahlreichen Bücher, Theseus-Verlag, 5. Aufl., Berlin 1995, S. 27 ff.

Abends zusammengekommen, um über den Angriff zu reden, und unter den Anwesenden entstand ein tiefes Gefühl der Verbundenheit. Am Ende des Treffens wiederholten wir wie sonst unsere Gelübde, und danach verneigen wir uns gewöhnlich vor dem Buddha. Diesmal sagte ich aus einer momentanen Eingebung heraus: »Verneigen wir uns voreinander.« Und wir verneigten uns alle in einem Kreis voreinander. Es war eine Art spontanes Ritual, in dem wir unsere Gemeinsamkeit feierten, nicht nur die Gemeinsamkeit der Gruppe, sondern die Gemeinsamkeit aller Wesen.

BD: Das ist ein Beispiel für ein lebendiges Ritual, das deshalb auch geändert werden kann.

AR: Ja, man kann damit spielen. In diesem Zusammenhang denke ich an den großen Meister des Rituals, Sôen Rôshi[1], der ständig alles erneuerte. Ich nenne ihn den Ballettmeister des Zen, weil er die Leute ständig choreographierte. Er konnte Kaffeetrinken im Handumdrehen zu einer Kaffeezeremonie in der Art der Teezeremonie mit dem ganzen reichhaltigen Ritual machen. Er konnte eine Gruppe von kichernden Mittelschulmädchen, die auf einem Ausflug in sein Kloster gekommen waren, so choreographieren, daß sie sich richtig freuten, an den Ritualen des Klosters teilzunehmen, zur Meditation zu sitzen und Sutras zu wiederholen. Er setzte einfach alles sofort mit ihnen in Aktion um und machte einen Witz, wenn jemand beispielsweise nicht gerade dastand. Die Kinder mochten das alles sehr und ihn auch. Leider mochten ihn viele seiner eigenen Mönche nicht. Sie hielten ihn für einen ketzerischen Sonderling.

BD: Ich glaube, das haben viele Zeitgenossen über viele große Meister gedacht. Das dachten sie jedenfalls sicher auch über Jesus.

[1] Nakagawa Sôen, der verstorbene Abt des Klosters Ryûtaku-ji, war sowohl Aitken Rôshis als auch Bruder Davids Meister. Siehe Vorwort.

[illegible]

[illegible]

[illegible]

[illegible]

[illegible]

TEIL II

DIE ALLTAGSPRAXIS

6
PRAXIS GROSSGESCHRIEBEN

Praxis und Praktiken

BRUDER DAVID: Du sprichst als Haushälter und ich als Mönch, aber worüber wir sprechen, betrifft ebenso Haushälter wie Mönche. Ob man privat wohnt oder in einem Kloster, sollte für die Praxis keinen großen Unterschied machen.

AITKEN RÔSHI: Das meine ich auch, obschon der historische Buddha es offenbar für Haushälter als unmöglich erachtete, das Höchste und Beste zu erlangen. So war denn die Bezeichnung *Der-das-Haus-verläßt* zu Buddhas Zeiten – und sogar heute noch trifft das in einigen asiatischen Sprachen zu – ein Synonym für Mönch. Der Buddhismus hat die wahrscheinlich vorbuddhistische Auffassung angenommen, daß Haushälter zur moralischen Lebensführung verpflichtet sind, um genügend Tugenden anzusammeln, damit sie in einer künftigen Wiedergeburt Mönch oder Nonne werden können. Diese Auffassung und die daraus resultierende Trennung von Mönchen und Laien ist heute sowohl in ostasiatischen buddhistischen Ländern anzutreffen, wo Mahâyâna und Vajrayâna verbreitet sind, als auch im südlichen Theravâda-Zweig. Seit der Kamakura-Reformation im 13. Jahrhundert ist der Laienbuddhismus immer stärker geworden, aber viele asiatische Buddhisten halten immer noch an einer rigorosen und grundsätzlich unrichtigen Unterscheidung zwischen Laien und ordinierten Mönchen fest.

Ich sage meinen Schülern jeweils, es sei unsere Pflicht, eine

Möglichkeit zu finden, von zu Hause wegzugehen, ohne von zu Hause wegzugehen – mit anderen Worten, die Praxis innerhalb unseres Haushalts möglich zu machen. Das ist eine ziemliche Herausforderung, weil die formale Seite der Zen-Praxis sehr streng ist und viel Zeit sowie gewöhnlich ein gewisses Maß an physischer Trennung von den übrigen Mitgliedern des Haushalts erfordert. Niemand kann in einem Zimmer voller Kinder leicht Zazen üben. Wie man damit umgehen soll, ist ein ständiges Problem, das wir oft besprechen. Wir versuchen immer wieder, Mittel und Wege zu finden, um junge Eltern mit Kleinkindern zu interessieren, aber die meisten erweisen sich als unzureichend. Wenn wir also über die Praxis reden, so ist ein ganzer Bereich der Praxis für Mönche und Laien anders geartet, obwohl sie in anderer Hinsicht dieselbe ist.

BD: Diesen Bereich würde ich *Praktiken* nennen, um ihn von der Praxis im allgemeinen abzugrenzen. Praktiken sind als Übungshilfen da. Alles hängt davon ab, diese Praktiken in einer gegebenen Situation – egal ob im Kloster oder privat – so umzusetzen, daß die Übung insgesamt gewinnt. Man verfällt allzuleicht dem Mißverständnis, das Ganze habe eigentlich nur mit Gebeten und Gelübden und derlei zu tun, während die Ungeduld, die sich regt, wenn man die Kinder zur Schule bringt, oder der Streit mit Freunden, Geliebten oder Ehegatten irgendwo jenseits der Grenze des spirituellen Lebens stattfindet und eine Art Entgleisung aus der richtigen Spur des Gebets und der Meditation darstellt. Wir sollten es vermeiden, die Praktiken zu stark hervorzuheben – sie sind Mittel zum Zweck. Der Zweck ist die Übung, unser ganzes Leben ist eine einzige Übung.

AR: Praktiken sind Mittel zu einem Zweck, und dennoch sind sie, wie Dôgen Zenji sagte, der Zweck an sich.

BD: Wie soll man das verstehen? Ich verstehe es so, daß die

Übung alles ist, was wir tun und erleiden. Offensichtlich sind die Praktiken in dieser Sicht ein Teil der Übung. Alles, was wir tun, ist ein Zweck.

AR: Ja, und die andere Seite dieser ganz allgemeinen Feststellung ist die, daß Praktiken wie Zazen es uns ermöglichen, wirkliches Zazen, die wirkliche Übung, zu entdecken. Ohne spezifische Praktiken gibt es keine Praxis.

BD: Ich verstehe. Vielleicht kann ich eine Parallele dazu in christlichen Begriffen ziehen, indem ich zwischen Gebet und Gebeten unterscheide, eine Unterscheidung, die zu treffen ich oft sinnvoll fand. Alles, was wir tun, sollte Gebet im Sinne der Kommunion mit der göttlichen Realität sein. Zähneputzen sollte Gebet sein. In diesem Sinn ist *Gebet* ein anderes Wort für Praxis – wenn du willst, die großgeschriebene PRAXIS. Das Gebet sollte ständig weitergehen, auch im Schlaf. In diesem Sinn sind Gebete nicht die Mehrzahl von *Gebet*, sondern ein Mittel zu diesem Zweck. Gebete beinhalten Meditation und andere Techniken und eine besondere Zeit, die nur für die Kommunikation mit dem Allerhöchsten reserviert wird.

AR: Wenn es also Kommunikation mit dem Allerhöchsten ist, gibt es keine Mittel mehr und keinen Zweck. Praxis ist kein Mittel.

BD: Nein, es ist ein Zweck an sich. Aber was die Gebete als Mittel zu einem Zweck betrifft, insbesondere Gebete als Mittel zu einer ständigen Gebetshaltung, stimmt das, was du gesagt hast: Wenn man keine Gebete hat und keine Zeit nur zum Beten reserviert, ist das Leben auch kein Gebet. So betrachtet könnte man sagen – manchmal sind Christen schockiert, wenn ich das tue –, daß der Betende sich nicht durch die Zeit auszeichnet, die er sich für Gebete oder Meditation nimmt, sondern durch die richtige Verwendung der Gebetszeit. Wahre Betende brauchen weniger zu beten als andere, weil ihr Leben *an sich* Gebet oder Übung ist. Die

Auffassung, es sei desto besser, je mehr Zeit man mit Beten oder Meditieren verbringe, ist falsch. Ich behaupte, daß es um so besser ist, je weniger man braucht.

AR: Wahrscheinlich stimmt beides: Je weniger man braucht, desto besser, und um so weit zu kommen, brauchen wir sehr viele Gebete.

BD: Ja, damit bin ich einverstanden. Nur ist die Aussage, daß man viele Gebete braucht, um so weit zu kommen, einfach eine realistische Feststellung und etwas ganz anderes als die falsche Vorstellung, Gebete seien das Wesentliche und nicht Mittel zu einem Zweck.

Ich vergleiche Gebete oder Praktiken gerne mit Futter. Man schätzt eine Kuh auch nicht danach ein, wieviel Heu sie frißt, sondern danach, wieviel Milch sie gibt. Die beste Kuh ist die, die am wenigsten Heu braucht und am meisten Milch gibt, und nicht die, die am meisten Heu frißt. Ebenso sollte das religiöse Leben sich nicht an der Anzahl der Stunden messen, die wir mit bestimmten Verrichtungen wie Beten oder Meditieren verbringen, sondern vor allem daran, wie wir leben.

AR: Wahrscheinlich ist es nützlich, zwischen Schulung – den formalen Elementen der Zen-Schulung wie Zazen und Dokusan – und der Praxis allgemein zu unterscheiden. Die Schulung gehört zur Praxis. Die Praxis beinhaltet Schulung. Ohne Schulung wäre die Praxis in meinen Augen unvollständig. Aber die Schulung allein ist keineswegs der Weg der Religion.

BD: Das ist sehr wichtig! Ich glaube, daß die Bedeutung des Wortes *Praxis* sich in vielen Kreisen darauf beschränkt, einfach auf dem Kissen zu sitzen. Wenn wir unsere Praxis auf die Schulung beschränken, dann ist sie nicht das, was wir eigentlich unter Praxis verstehen.

AR: Nein, dann ist es ein Hobby oder eine Art Kult.

BD: Die Unterweisung in der Form ist gewissermaßen ein *Üben* der Praxis.

AR: Und wie können wir die Leute nun ermutigen, in dem Sinn zu üben, den wir meinen?

BD: Die erste Antwort darauf ist wohl notgedrungen immer die: sie stets wieder zu ihrer eigenen Erfahrung von dem zurückzuführen, das weit über das hinausgeht, was sie jetzt erkennen.

AR: Es scheint mir übrigens auch, daß der Buddha und der Christus empfahlen, nach ihrem eigenen Beispiel zu üben. Vielleicht hätten sie keine einzige Predigt zu halten brauchen.

BD: Das stimmt, aber ich will es nicht dabei bewenden lassen. Wichtiger, als es einfach auf seine Weise zu tun und ein gutes Beispiel zu sein, ist die Tatsache, daß der Christus die Menschen darauf aufmerksam machte, daß alles in ihnen war. Das ist das Entscheidende. Wenn man sich dessen bewußt ist – und daran muß ich mich auch immer wieder erinnern –, gelingt es. Es gibt einen Weg. Auf diese innere Kraft sollte man vertrauen. Dann kann man über die Grenzen hinausgehen, die man sich selbst gesetzt hat und innerhalb derer man sich beschränkt. Es ist eminent wichtig, andere daran zu erinnern, daß alle diese Fähigkeit haben – daß die Erfahrung des Allerhöchsten und die wahre Form der Praxis allen zugänglich sind.

»Fern vom Sitzkissen« üben

AITKEN RÔSHI: Vielleicht ist das der richtige Moment, uns die Praxis einmal anzusehen, die nicht auf dem Meditationskissen stattfindet. Ich denke, sie besteht in Aufmerksamkeit. In Achtsamkeit, und zwar nicht in dem Sinn, ständig abzuwägen, was wir gerade tun, sondern eher im Sinn der vollen, rigorosen

Aufmerksamkeit. In der Kommunikation mit andern ist Aufmerksamkeit Liebe. Wenn man mit gesenkten Augen redet oder zum Fenster hinausschaut, läßt man es an Liebe fehlen.

BRUDER DAVID: Diese Aufmerksamkeit oder nichtreflektierende Achtsamkeit, die du als das Wesen der Praxis betrachtest, ist also eigentlich Liebe. Man könnte auch sagen, daß das Gebet Achtsamkeit ist, daß ein Leben in Gebet ein achtsames Leben ist, wiederum auf die nichtreflektierende Art, auf die du hingewiesen hast. Jeder wirklich achtsame Mensch erkennt, daß alles ein Geschenk ist. Niemand schuldet es uns, wir haben es nicht gekauft und haben nicht dafür bezahlt. Es ist kostenlos, und wir reagieren mit Dankbarkeit auf diese kostenlose Wirklichkeit. Das ist eigentlich die Essenz, das Wesen der Praxis, und darin begegnen wir einander.

Es hängt auch mit dem Hörenlernen zusammen, und zwar nicht einfach mit dem Hören auf Geräusche oder damit, anderen Leuten zuzuhören, sondern im weitesten Sinn auf die Botschaft zu hören, die das Universum uns jeden Augenblick übermittelt. Auf dieser Ebene meine ich, daß es hilft, täglich wenigstens eine Überraschung wahrzunehmen, irgend etwas, was überraschend und unvorhergesehen ist. Vielleicht ist es das Wetter, vielleicht ein Anblick, auf den wir aufmerksam werden. Es kann ein angenehmes oder ein unangenehmes Ereignis sein. Wenn wir unser Herz öffnen, um etwas Überraschendes einzulassen, wird es uns immer klarer, wie viele Überraschungen jeder Tag enthält, und mit der Zeit erkennen wir, daß wir in einem Universum leben, das irgendwie zu uns spricht. Wenn wir das erst einmal erkannt haben, hören wir ganz selbstverständlich hin, weil wir die Botschaft hören wollen.

AR: Das meine ich auch. Aber ich habe eine Frage zur Unterscheidung, die du zwischen den Geräuschen und Lauten von Dingen oder Menschen und dem Ton des Universums getroffen hast. Ich glaube nicht, daß ich je den Ton des Universums gehört habe. Wir hören das Lied der Drossel und das Geräusch des Windes in den Bäumen oder das Rauschen des Flusses hier in Waipi'o. Man kann sagen, daß das Universum durch den Vogel oder die Winde spricht, aber ich finde das etwas abstrakt.

BD: Einverstanden. Andererseits gibt es eine Ebene der Aufmerksamkeit, wenn man das Lied der Drossel hört, die ein Gewahrsein beinhaltet, in dem man nicht mehr nur diese eine Drossel hört, in dem man in dieser einen Drossel eigentlich die Stimme des Universums oder die Stimme der Erde hört.

Ich will dir ein Beispiel geben. Rilke hat in seinen *Sonetten an Orpheus* ein Gedicht über einen Brunnen geschrieben, wie sie oft in Italien zu sehen sind und wo das Wasser aus den Mündern von Menschengesichtern in das Becken darunter fließt. Er beschreibt, wie er ihn betrachtet und sich des langen Weges bewußt ist, den das Wasser zurückgelegt hat – von der Quelle über Aquädukte –, bis es schließlich durch diesen Mund hervorschießt und zurück in die Erde fließt. Und er hört, wie das Wasser ins Becken rauscht und sagt, es klinge für ihn wie ein Monolog der Erde.

Die entscheidenden Zeilen sind:

… Nur mit sich allein
redet sie also. Schiebt ein Krug sich ein,
so scheint es ihr, daß du sie unterbrichst.

Ich finde, daß diese Dimension des großen Klangs des Universums in allem, was man hört, wertvoll und inspirierend ist.

AR: Gibt es hier vielleicht zwei Inspirationen?

BD: Meinst du die Inspiration des Universellen und die Inspiration des Bestimmten? Ja, sicher, und sie steigern einander.

AR: Für mich findet Inspiration dann statt, wenn das gesamte Universum verschwindet und nur noch das Lied der Drossel hier auf diesem Stuhl sitzt.

Die tägliche Askese

BRUDER DAVID: Im Zusammenhang mit der täglichen Übung ist es vielleicht auch wichtig, etwas über die Askese zu sagen. Ich meine damit nicht die klösterliche Askese, sondern einfach, der Selbstverleugnung Raum zu geben. *Askese* bedeutet wörtlich »Training«, wie das Training eines Sportlers, und meint generell das Festsetzen einer Ordnung, die für den Fortschritt des spirituellen Lebens eine Hilfe sein soll; eine Schulung, in der die Zeiten und die Art und Weise, wie man schläft, ißt, sich anzieht, Sex hat, sich unterhält und so weiter, klar und absichtsvoll geordnet sind. Es ist sehr schwierig, in unserer Gesellschaft einem solchen Training Raum zu verschaffen. Es geht unserer Gesellschaft gegen den Strich.

AITKEN RÔSHI: In einem Zen-Kloster oder während eines *Sesshins* in einem Laienkloster wie dem unseren wird so ein Trainingsplatz angeboten. Da lernt man beispielsweise, beim Herumgehen nicht mit den Armen zu schlenkern, und wenn man Mönch ist, das nirgendwo zu tun. Es gibt viele solche Einschränkungen zur Unterstützung des Trainings.

BD: Die meisten dieser Praktiken – wie etwa die, nicht mit den Armen zu schlenkern oder die Sandalen beim Ausziehen parallel nebeneinander zu stellen, die rechte rechts, die linke links – sind alle dazu da, die Achtsamkeit zu fördern. Wichtig ist die Achtsamkeit. Worum es in der jeweiligen Praktik geht, ist bestenfalls zweitrangig. Diese kleinen Einschränkungen zu akzeptieren und getreulich mit ihnen zu arbeiten fördert die Achtsamkeit und drückt auch immer wieder aufs neue aus, daß die Hingabe darin besteht, sich ändern zu wollen. Es bestätigt diese Hingabe wenigstens einem selbst gegenüber und vielleicht auch anderen gegenüber, aber das ist nicht so wichtig. Die Bereitschaft, sich zu ändern und das in kleinen Dingen zu äußern, ist ein sehr wichtiger Bestandteil der Übung.

AR: Ja, das meine ich auch. Diese Bereitschaft gehört zu den Dingen, die einen Übenden von einem Nicht-Übenden unterscheiden.

BD: Die Askese, um die es uns geht, unterscheidet sich natürlich ziemlich stark von der Askese, wie man sie gemeinhin versteht. Im Christentum herrschte oft eine negative Haltung allem Guten im Leben gegenüber – der Sinnlichkeit und so weiter –, was den Sinn für Schönheit, Lust und das Ja zum Leben unterdrückte. Diese Tendenz war natürlich ursprünglich nicht christlich und auch nicht universal. So kommt sie beispielsweise in der benediktinischen Überlieferung nicht vor, die das Leben voll und ganz bejaht und voller Dankbarkeit ist. Diese unterdrückende Haltung war aber dennoch in der Kirche weit verbreitet.

Jetzt hat das Pendel auf die andere Seite ausgeschlagen, und es ist den besten jungen Mönchen, die ins Kloster gehen, vollkommen klar, daß sie nicht nur ein Leben des Gebets pflegen müssen, wenn sie die Fülle des Lebens finden wollen, die sie anstreben, sondern auch ihre Talente in sämtlichen Gebieten, von der Musik angefangen über Lyrik und Freude an Filmen bis hin zur guten, gesunden Kochkunst. Ihnen fällt es sehr schwer, zu verstehen, daß es überhaupt Raum dafür gibt, sich selbst etwas zu versagen. Sie glauben, das sei nur Zwang. Ich will diese Lebensbegeisterung nicht zerstören, im Gegenteil, ich möchte sie fördern. Aber ich meine, daß wir ein Gleichgewicht zwischen der Würdigung des Sinnlichen und der Würdigung dessen brauchen, was man durch Grenzensetzen lernen kann. Ich spreche jetzt nicht nur von Mönchen.

Das bezieht sich auf alle, die im spirituellen Leben wirklich vorankommen wollen.

AR: Jeder, der ein Leben der Übung und ständigen Praxis auf sich nimmt, kennt die schöpferische Spannung zwischen Maßlosigkeit und Askese. Wir müssen uns stets bemühen, den Mittelweg zu finden. Und wie ich gerne sage, ist der Mittelweg nicht einfach die Mitte zwischen den Extremen oder ein Kompromiß, sondern eigentlich ist er eben ein schöpferischer Weg, der aus dieser Spannung entsteht.

Allzuoft führt Askese zu ziemlich üblen Kompromissen statt zur schöpferischen Lösung dieser Spannung. In Zen-Klöstern bekommen alle Mönche ein einfaches vegetarisches Essen, und alle halten sich streng daran. Doch außerhalb der Klostermauern essen sie Fisch und Fleisch und trinken Bier wie alle andern auch – aber eigentlich eher mehr als alle andern, um Versäumtes nachzuholen. Im Kloster, in dem ich unterwiesen wurde, gab es einmal im Monat ein »heimliches« Fest im Unterstand benachbarter Bauern, den diese errichtet hatten, um sich vor schweren Regengüssen zu schützen. Die Mönche drängten sich hinein, kochten die verschiedensten Gerichte, die auf dem klösterlichen Speiseplan nicht zulässig waren, und der Abt sollte nichts davon wissen. Da er selbst dort Mönch gewesen war, wußte er natürlich Bescheid. Außerdem veranstalteten sie einmal im Jahr ein ausgelassenes Fest mit einem wüsten Trinkgelage, lasziven Tänzen und so weiter.

Das alles paßte zum japanischen Charakter mit seiner vollen Anerkennung des Körpers und dessen Funktionen und Bedürfnissen. Das Problem dabei war nur, daß sie versuchten, neunzig Prozent der Zeit streng asketisch zu leben, und in den übrigen zehn Prozent die Askese völlig fallenließen, um die Bedürfnisse des Körpers zu befriedigen.

BD: Im Christentum hat man versucht (und nur selten ist es

auch gelungen), eine Art der Askese zu entwickeln, die am besten in einer Geschichte der Wüstenväter aus dem 5. oder 6. Jahrhundert beschrieben wird. Der Schlüsselsatz lautet, man solle lernen, »Herr des Körpers statt Peiniger des Körpers« zu sein. Das wäre wohl auch für uns das Richtige: Herr des Körpers zu sein und auf ihm zu spielen wie auf einem edlen Instrument.

Eine richtig verstandene Askese verstärkt das Lebensgefühl. Der hl. Bernhard, einer der großen Meister der klösterlichen Askese, hat ein Buch über das Fasten geschrieben, in dem er dessen Vorteile auflistet. Der erste Vorteil des Fastens, den er aufführt, ist der, daß die Speisen nach dem Fasten viel intensiver schmecken. Das ist Askese. Sie verleugnet das Leben nicht. Sie verstärkt das Lebensgefühl durch Einschränkungen und das Setzen von Grenzen. Das scheinen sogar sonst ernsthafte und hingebungsvolle Menschen nicht zu würdigen, und wie gesagt scheint das Pendel heute aus einer ganz ungesunden Selbstverleugnung zu einer ungesunden Maßlosigkeit umzuschlagen. Kannst du aus deiner Erfahrung etwas über Selbsterfüllung durch Selbstverleugnung sagen?

AR: Dazu muß ich auf das zurückgreifen, was wir bereits über das Selbst und unsere Erfahrung als multizentrisches Selbst sagten. Wenn sich jemand als das große multizentrische Selbst verwirklicht hat – nicht nur intellektuell, sondern durch eine tiefe Erfahrung –, wird er ganz selbstverständlich das üben, was du »Selbstverleugnung« nennst. Aber nur aus der Perspektive des begrenzten Selbst ist es Selbstverleugnung. Aus der Perspektive des multizentrischen Selbst ist es eigentlich Selbsterfüllung. In Verbindung mit dem multizentrischen Selbst macht es uns Freude, immer neue Arten und Weisen zu finden, wie wir beispielsweise einseitig bedrucktes Papier wiederverwenden oder Benzin sparen können. Als multizentrisches Selbst finden wir darin Selbsterfüllung.

Es gibt in diesem Zusammenhang ein passendes Haiku von Bashô:

Reisen durch die Welt,
hin und her, her und hin,
während man ein kleines Feld bestellt.

Dieses Haiku erinnert mich an die Amischen Mennoniten, die der Auffassung sind, eine Grundschulausbildung, einige Morgen Land und technologisch einfache Werkzeuge würden genügen. Innerhalb dieser Grenzen sind – wenistens die Reifsten unter ihnen – frei und können in ihrer Lebensweise und in dem, was sie erreichen, Erfüllung finden. Eng und tief. Den Gegenpol stellt der vielseitig begabte und interessierte Renaissancemensch dar. Wer kann sagen, welcher von beiden der Glücklichere ist?

BD: Ich würde gerne ein Leitprinzip finden, das sich sowohl auf den erfüllten Amischbauern als auch den erfüllten Renaissancemenschen anwenden ließe. Es müßte ein objektives Prinzip sein, das aber auch individuellen Unterschieden – Begabungen, Unzulänglichkeiten und so weiter – gerecht wird. Vielleicht können wir uns dazu einen Rat zur Armut von Hubert van Zeller ausleihen, einem Benediktiner und Schriftsteller, dessen Bücher über das spirituelle Leben Mitte dieses Jahrhunderts sehr verbreitet waren. Er schrieb: »Wenn du ohne etwas auskommst, dann laß es beiseite.« Richtig verstanden ist das ein objektives Prinzip, aber es beinhaltet auch ein persönliches Element, wenn er sagt: »Wenn *du* ohne etwas auskommst …« Möglicherweise kommt jemand anderer nicht ohne es aus.

Die Anwendung dieses Prinzips erfordert viel Klarheit. Man muß sich darüber im klaren sein, daß es vieles gibt, ohne das wir nicht auszukommen *glauben*, was aber sehr wohl möglich wäre. Viel wichtiger ist mir die Kehrseite: Es gibt Dinge, ohne die man auszukommen glaubt, aber eigentlich nicht kann. Dazu gehören beispielsweise die Schönheit und Poesie des Alltagslebens. Das richtet sich an die alte Deutung der Askese, die ihr so viel Lebenskraft entzogen hat. Als Mensch kann man nicht ohne Schönheit auskommen.

AR: Und was ist das Wesen der Dinge, die ich vielleicht haben möchte, aber ohne die ich auskommen kann? Es sind Dinge, die mein Selbstbild erhöhen und glorifizieren.

BD: Nicht das multizentrische Selbst, sondern das andere, kleine Selbst.

AR: Genau. Anderseits sind die Dinge, ohne die ich auskommen möchte, die ich aber eigentlich brauche, Dinge, die das multizentrische Selbst erhöhen, die mein Selbst als den Buddha erhöhen.

BD: Das hast du schön ausgedrückt. Das ist eine Ergänzung des Satzes: Wenn du ohne etwas auskommen kannst, dann laß es beiseite. Es verdeutlicht auch, daß ein solches Leitprinzip sehr sorgfältig aufgefaßt und gedeutet werden muß.

AR: Ja, wir können in diesem Problem der Wünsche, Anhaftungen und Nicht-Anhaftungen nicht vereinfachend verfahren. In den späten sechziger und frühen siebziger Jahren wurde oft leichtfertig und oberflächlich über die Nicht-Anhaftung geredet. Katsuki Sekida, ein sehr ernsthaft übender Laie, der damals aus Japan zu uns kam, um in unseren Klöstern zu leben, hat es mir ganz klar gemacht, daß man ohne Anhaftungen nicht mehr lebt. Eine absolutistische Haltung der Nicht-Anhaftung – etwa an Nahrung oder Unterkunft – bedeutet den Tod. Weniger wörtlich genommen, bedeutet die Nicht-Anhaftung an Freunde, Musik und gute Bücher einen inneren Tod.

7
VERÄNDERUNG DES CHARAKTERS

Ausbildung und Charakterschulung

AITKEN RÔSHI: Im Buddhismus gibt es die Erkenntnis, daß alle Bestandteile, aus denen sich das Selbst zusammensetzt, leer sind, grundsätzlich leer – man könnte sagen, daß es von vornherein kein Selbst gibt oder daß das Selbst, so wie es ist, leer ist. Im Zen wird erwartet, daß diese Erkenntnis ständig durch die Übung bestärkt wird und Zen-Schüler dadurch selbstlos werden, und zwar im Sinne von bereit, sich selbst uneingeschränkt hinzugeben. Allerdings gibt es keine vorgegebenen Strukturen, die das Zustandekommen eines solchen Prozesses sicherstellen würden. In diesem Bereich müssen wir Buddhisten, wie ich meine, uns öffnen und uns vom christlichen Weg inspirieren lassen.

BRUDER DAVID: Das, was du den christlichen Weg nennst, wird eigentlich überall in gesunden Kulturen ausgeübt. Jetzt habe ich einige Tage mit dir verbracht, und ich stelle fest, daß du bestimmte Elemente dieser natürlichen und gesunden Disziplin in dein Leben integriert hast. Daß du beispielsweise zwischen den Mahlzeiten nichts ißt, verlangt zuerst einmal eine bestimmte Selbstbeherrschung. Wie siehst du das?

AR: Ich finde Essen zwischen den Mahlzeiten undiszipliniert.

BD: Aber sicherlich bist du auch der Ansicht, daß es für deine Übung förderlich ist, zwischen den Mahlzeiten nicht zu essen.

AR: Ja, es *ist* meine Übung – und beinahe unbewußt.

BD: Das ist es mittlerweile geworden. Genau daran denke ich gerade – an eine bestimmte Verfeinerung oder Kultivierung der Lebensart (im Gegensatz zu einer ungehobelten oder unkultivierten Art). Glaubst du, daß eine solche Verfeinerung für die Übung wichtig ist, oder spielt sie keine Rolle?

AR: Ich glaube, daß sie ziemlich wichtig ist. Verfeinerung entsteht durch Aufmerksamkeit. Jemand, der sich ungehobelt benimmt, achtet nicht darauf, wie er oder sie auf andere Menschen oder die Umgebung wirkt.

BD: Diese Aufmerksamkeit ist die Verbindung zur Übung. Leider sind Mönche manchmal wirklich unkultiviert, im Verhalten oder was Tischmanieren, Kleidung und so weiter angeht. Man kann natürlich nicht verallgemeinern, und es gibt viele ausgezeichnete gegenteilige Beispiele. Mich stört dabei nur, daß viele Mönche, denen eine solche Verfeinerung abgeht, dann sagen: »Was hat denn das mit Heiligkeit zu tun?«

AR: Es hat unbedingt mit Heiligkeit zu tun! In den *Fünf Graden (der Erleuchtung)*, einer klassischen Formulierung der Zen-Grundsätze des großen chinesischen Meisters Tung-shan Liang-chieh findet sich die folgende Zeile: »Für wen badest du und machst du dich zurecht?« Wenn dieser Körper der Buddha ist, dann ehre ich den Buddha, wenn ich mich zurechtmache. Das zu tun ist ein Ausdruck der Achtung mir als dem Buddha gegenüber.

BD: Das paßt wunderbar zu den alten Leitsätzen der christlichen Einsiedler, denen aufgetragen wurde: »Wenn du ißt, nimm nicht einfach irgend etwas Eßbares und iß es. Bereite dir ein Mahl, decke den Tisch, stelle vielleicht eine Blume oder Kerze darauf, als würdest du einen Gast erwarten. Dann iß deine Mahlzeit, wasche danach das Geschirr ab und räume alles säuberlich, nicht schlampig und unordentlich, auf.« Aber wo ziehst du nun die Grenze zwischen guten Manieren, die bloß eine gesellschaftliche Konvention sind, und guten Manieren, die Ausdruck einer Herzensverfeinerung sind?

AR: Mir scheint, daß es davon abhängt, woher das Verhalten kommt. Ist es echt oder aufgesetzt? Kommt es aus einem liebevollen Herzen, oder wurzelt es im Wunsch nach Anerkennung? Gewöhnlich ist es ganz offensichtlich. Man kann es an der Körpersprache eines Menschen ablesen. Ich denke in diesem Zusammenhang an meinen Meister Yamada Rôshi. Niemand konnte liebenswürdiger sein. Er vergaß nie, mir auch für die kleinste Kleinigkeit zu danken, die ich für ihn getan hatte, und gab sich Mühe, sich auch dann, wenn es ihm nicht besonders gut ging, nach meinem Befinden zu erkundigen.

Das erinnert mich wiederum daran, wie wichtig Adel in den frühen buddhistischen Lehren war.

BD: Und was bedeutet hier *Adel*?

AR: Diese Art von Adel hat nichts mit der ungerechten sozialen Hierarchie zu tun, die in jeder Gesellschaft zu finden ist (und wahrscheinlich auch in jedem Kloster und jedem Zendo). Das Wort *adelig* oder *edel* wurde verwendet, um die Vortrefflichkeit und Tugend des Weges zu benennen, wie beispielsweise in den Bezeichnungen einiger der wichtigsten Lehren Buddhas, etwa den »Vier edlen Wahrheiten« oder dem »Achtfachen edlen Weg«. Ein gesellschaftlich gesehen gemeiner Mensch konnte in diesem Sinne adelig sein. Yamada Rôshi pflegte zu sagen: »Ich möchte wie ein großer Baum werden, der allen Wesen Schatten spendet.« Diese Art von Adel ist es, meine ich, die Zen-Schülern als Ideal vorschweben sollte. Leider erreichen nicht alle diese Ebene.

Das bringt mich auf meine ursprüngliche Frage zurück: In einem buddhistischen Zentrum gibt es einen Grundbestand von Regeln, die das Gemeinschaftsleben ordnen und die Übung unterstützen, aber als ich vorgegebene Strukturen erwähnte, dachte ich eher an die Charakterschulung und Ausbildung, die man im Christentum in bestimmten Bereichen der Tradition findet. Dazu gibt es keine Entsprechung im Buddhismus. Könntest du etwas über diese Art der Ausbildung sagen?

BD: Im engeren Sinn ist diese Charakterschulung der Prozeß, in dem man innerhalb eines religiösen Ordens oder einer religiösen Gemeinschaft ausgebildet wird, aber sie bezeichnet manchmal auch die Arbeit von Laien mit ihrem spirituellen Führer. Wir sprechen von einer ständiger Ausbildung, weil es uns klar ist, daß dieser Prozeß ein Leben lang währt.

AR: Ist es nicht im Grunde ein geführter Prozeß der charakterlichen Veränderung?

BD: Das sollte es sein. Es zielt auf eine vollkommene Bereitschaft zur Veränderung ab. Ist diese Bereitschaft zur Veränderung nicht auch Teil der Zen-Übung?

AR: Ja, ich denke schon. Aber der eigentliche Veränderungsprozeß ist in der Zen-Übung nicht so klar formuliert wie im Christentum. Das entspricht der unterschiedlichen Bewertung der Moral in den beiden Religionen – die in der christlichen Praxis sehr betont wird und der in der buddhistischen Praxis gewöhnlich allzuwenig Aufmerksamkeit geschenkt wird, wenigstens im japanischen Buddhismus. In Japan hat man schon in den Anfängen die Regeln und Vorschriften nicht besonders ernst genommen. Im Rahmen des Zen werden die Regeln als Kôan-Material behandelt, als Werkzeuge zur Erkenntnis oder Verwirklichung, die im eigenen Leben umgesetzt werden sollen. Aber wie diese Regeln umgesetzt werden, wird den Schülern beinahe vollständig überlassen, und sie übernehmen dann eher die moralischen Grundsätze des Konfuzianismus und Shintoismus als die buddhistischen.

Jede Charakterschulung in einem Zen-Kloster ist zufällig und eher beiläufig. Ich habe mehr als einen Abt das Bild eines

Fasses voller Steine verwenden hören, um die günstige Wirkung des Klosterlebens auf den Charakter eines Mönchs zu beschreiben. Im täglichen Klosterleben wird man über lange Zeit zusammengeworfen, reibt sich sozusagen an den andern, und dabei wird der Charakter genauso poliert, wie Steine in einem Rollfaß durch Aneinanderreiben glatt werden. Das ist alles, was es an Charakterschulung im Zen gibt, und es ist kein bißchen strukturiert.

BD: Im Christentum wird der Prozeß weniger als *Veränderung* verstanden als mit dem Begriff *Transformation* bezeichnet, wie in Dietrich von Hildebrandts ausgezeichnetem, wenn auch etwas altmodischem Buch über die Transformation in Christus. Am Anfang des Buches trifft der Autor die wichtige Feststellung, daß wir, wenn wir uns zur Transformation verpflichten, nicht annehmen sollten, daß nur unsere negativen Seiten korrigiert würden. Das ist ziemlich offensichtlich. Was weniger zutage tritt, ist, daß *alles* transformiert wird, besonders auch die guten Seiten.

AR: Yamada Rôshi sagte: »Die Praxis des Zen ist die Vervollkommnung des Charakters.« Aber er hat das nie weiter ausgeführt. Da ich das Bedürfnis hatte, das etwas zu untermauern, habe ich neulich Vorträge über die Vollkommenheiten gehalten, die *Pâramitâs*, wie man die Tugenden im klassischen Buddhismus nennt. Ich möchte mit der Zeit ein Büchlein zusammenstellen, das auf die »innere Befragung« abzielt – wie die christlichen Handbücher zur Charakterbildung –, das beispielsweise jeden Monat eine der Vollkommenheiten behandelt und für jede einzelne Fragen formuliert.

BD: Es ist bedauerlich, daß gerade jetzt, wo der westliche Buddhismus feststellt, wie wichtig diese Dinge sind, und einige Modelle im Christentum entdeckt, die von Nutzen sein könnten, daß gerade jetzt das Christentum selbst das Vertrauen in diese Modelle weitgehend verloren hat. Heute gibt es wahrhaftig hinsichtlich der Charakterschulung in katholischen Gemeinschaften nichts zu prahlen. Viele Oberhäupter unserer Gemeinschaften haben im Laufe ihrer Ausbildung eine unvernünftige, enge, trockene und tote Deutung der Askese und des Gehorsams erlebt. Einige haben auch tatsächlich Schaden genommen und das Ausbildungskonzept, wie sie es kennenlernten, abgelehnt, ohne etwas Positives dafür anbieten zu können. Vielleicht könnten Buddhisten und Christen gemeinsam einen neuen Weg der Ausbildung und Charakterschulung erfinden.

Vom Dämon zum Daimon

BRUDER DAVID: Das griechische Wort *daimon* bedeutet »Trennender« und hat mit der Zeit die Bedeutung des *Dämon* bekommen, eines Menschen oder Geistes, der Menschen entzweit und Unfrieden stiftet, indem er sie gegeneinander aufhetzt. Aber ursprünglich hatte *daimon* diesen negativen Beigeschmack nicht. Es bezog sich auf die ganz normale Trennung von Dingen, um sie zu verteilen. Hier sieht man ganz deutlich, wie die negative Bedeutung wahrscheinlich aus der positiven entstanden ist.

In der Praxis kehren wir das um und verwandeln unsere Dämonen, die bösen Neigungen, in positive Eigenschaften. Dämonen sind einfach fehlgeleitete Kräfte. Wie gehen wir vor, um sie in schöpferische und konstruktive Kräfte zu verwandeln? Der erste und wahrscheinlich wichtigste Schritt besteht darin, sie als zerstörerisch zu erkennen, aber was dann?

AITKEN RÔSHI: Nehmen wir einmal an, daß der Dämon Machthunger ist. Wenn ich zurückblicke, stelle ich fest, daß meine vielversprechendsten Schüler diesen Hunger hatten. Er bereitete ihnen am Anfang die größten Schwierigkeiten. In der Sangha mochte man sie gar nicht leiden, weil sich die anderen unterdrückt fühlten, aber mit der Zeit hat sich das umgekehrt. Mir scheint, daß der unreife Machthunger mit dem Anerkennungswunsch vermischt ist. Mit der Übung und zunehmender Reife braucht man nichts mehr zu beweisen, und das positive Machtpotential bleibt übrig.

Mit anderen Worten kann man den Machthunger in etwas verwandeln, was die Japaner *toku* nennen und die Chinesen *te* wie in *Tao Te King*, was wörtlich »Das Buch vom Weg und seiner Kraft« bedeutet. Das Wort ist zweideutig und bedeutet nicht nur Kraft oder Macht, sondern auch Tugend, und Paul Carus nannte seine [englische] Übersetzung des *Tao Te King* »Kanon der Vernunft und Tugend«. Genau diese Eigenschaften haben sich die Oberhäupter traditioneller Gemeinschaften nach und nach durch gute Führung und weise Entscheidungen angeeignet.

Mit der Charakteränderung, die mit der Zuversicht des inneren Friedens einhergeht, wird die Macht zur Macht eines Gandhi, eines Martin Luther King, eines Jesus oder eines Buddha.

BD: Eigentlich heißt das lateinische Wort *virtus* – worauf das englische Wort *virtue* für Tugend zurückgeht – sowohl Mannhaftigkeit, Kraft und Stärke als auch Tugend und Tugendhaftigkeit. Die Tugend kann die Anlage bezeichnen, Gutes sowohl im moralischen als auch in einem anderen Sinn zu tun. So ist die Tugend einer Pflanze beispielsweise ihre Heilkraft oder aber ihre Schönheit. Es besteht also eine vollkommene Parallele zwischen dem chinesischen, dem lateinischen und dem englischen Wort.

Was die Konversion des Dämons Machthunger zu einem Daimon angeht, würde ich sagen, daß die Macht, die sich dämonisch gebärdet, nur deshalb dämonisch ist, weil sie einem Denken entspringt, es sei nicht genug für alle da; daher entzweit sie und führt zu Streit. Dieselbe Macht kann eine Macht des Dienens und des Verteilens sein, wenn sie mit jenem tiefen inneren Frieden einhergeht, in dem man vollkommen gewahr ist, daß genug für alle da ist; dann können die Dinge verteilt statt ergriffen werden.

Ich denke, daß das auch für andere Dämonen gilt. Grundsätzlich würden wir also, wenn wir einen Dämon in einen Daimon verwandeln wollen, so vorgehen, daß wir an jenen inneren Ort des Friedens zurückkehren.

AR: Und üben. Die Übung dehnt den Frieden aus.

Transformation aus der Tiefe

AITKEN RÔSHI: In Zen-Kreisen erzählt man sich oft die Geschichte eines Mannes aus der Rinzai-Schule, der in einen Tempel der Sôtô-Schule ging, um Zazen zu üben. In der Rinzai-Schule sitzt man mit dem Gesicht zur Mitte des Raumes, während man in der Sôtô-Schule zur Wand hin sitzt. Dieser Mann setzte sich nach Art der Rinzai-Schule zur Mitte des Raumes hin, nahm seine Brille ab, legte sie vor sich auf den Boden, machte es sich bequem und fing an, Zazen zu üben. Als er gerade ins *Samâdhi*[1] eintauchte, kam der Aufsichthabende zu ihm, klopfte ihm auf die Schulter und sagte, er solle sich zur Wand hin setzen. Er drehte sich also um und setzte sich zur Wand hin. Als er so dasaß, empfand er, daß er nie zuvor so sehr in seiner Mitte gewesen sei, nie einen so tiefen Frieden gefunden habe. Als die Glocke am Ende des Sitzens erklang, drehte er sich zum *Kinhin*[2] um, stand auf, trat

[1] *Samâdhi* ist der Sanskrit-Ausdruck für tiefe Versunkenheit.

[2] *Kinhin* ist die Übung des Zen im Gehen, gewöhnlich zwischen den Sitzzeiten (Zazen).

auf seine Brille und hub an, laut zu schimpfen. Das war also sein Samâdhi.

Ich erzähle diese Geschichte, um klarzumachen, wie leicht man sich über seinen Zustand täuschen kann. Sie zeigt auch, wie relativ Samâdhi ist. Ein solcher Zustand der relativen Ruhe kann eintreten, aber er unterscheidet sich grundlegend von jenem Frieden und jener Ruhe und Verwurzelung, die mit der wirklichen Erfahrung der Leere und des Einssein einhergehen.

BRUDER DAVID: Willst du damit sagen, daß die Erfahrung dieses Mannes keine wirkliche Erfahrung des Friedens war, obwohl er es glaubte?

AR: Genau. Er hatte seinen Geist zeitweilig zur Ruhe gebracht, aber es war einfach ein extremer Punkt im gewöhnlichen Hin- und Herschwingen der geistigen Verfassung zwischen ruhig und laut gewesen.

BD: Schön. Willst du damit auch sagen, daß wir nicht sicher sein können, diesen tiefen Frieden wirklich erlangt zu haben, selbst wenn wir meinen, wir hätten ihn erlangt, solange wir ihn nicht in der Praxis auf die Probe gestellt haben?

AR: Ganz genau. Der Beweis wird nur durch Tatsachen erbracht.

BD: Wie du sagst, kann man sich unglaublich leicht über die eigene Übung, Motivation und den eigenen Charakter täuschen. Kann man sich auch »ent-täuschen« und die Augen öffnen?

AR: Ich glaube, daß jeder zur Selbsttäuschung neigt. Wenn der historische Buddha keine Neigung zur Selbsttäuschung gehabt hätte, hätte er keine so lange Schulung gebraucht. Wenn Jesus nicht zur Selbsttäuschung geneigt hätte, hätte er nicht 40 Tage in der Wüste zu verbringen und in Versuchung geführt zu werden brauchen. Das Wesentliche dabei ist, daß wir uns unserer Selbsttäuschung stellen und eine Möglichkeit finden, sie zu isolieren und ihr ebenso gerade ins Auge zu blicken wie Jesus.

BD: Die größte Versuchung ist immer Selbsttäuschung. Erinnerst du dich, daß in T. S. Eliots Drama *Mord im Dom*, seinem Stück über Thomas à Becket, drei Versucher auftreten, die die landläufigen Versuchungen wie Macht und so weiter darstellen. Danach erscheint ein vierter, und Becket ist erstaunt. Er sagt: »Ich erwartete Besucher drei, nicht vier.« Es stellt sich heraus, daß er selbst der vierte ist. Und am Ende überwindet er seine Selbsttäuschung mit den berühmten Zeilen: »Die letzte Lockung ist der Hochverrat: Aus falschem Trieb tun rechte Tat.«[1] Das ist eigentlich die größte Versuchung und größte Selbsttäuschung. Wie kommt man darüber hinweg? Alleine?

AR: Mir scheint, daß man nicht allein darüber hinwegkommt. Der andere erscheint dir vielleicht in einer Vision oder einem Traum oder spricht als dein Gatte, Freund oder Meister zu dir. Wenn ich lehre, verwende ich den Ausdruck *den Spiegel hinhalten* und sage allen – und mir selber auch –, daß es unsere Pflicht ist, anderen den Spiegel hinzuhalten und zu sagen: »Schau, so wirkst du auf andere.« Ich möchte, daß auch andere mir den Spiegel so hinhalten.

BD: Du brauchst den anderen also, aber du brauchst eine Art von anderem, der so tief im gemeinsamen Boden oder wie man es immer nennen will – im Herzen Jesu, am Ort unter dem Baum – verwurzelt ist, daß du dein wahres Selbst siehst, wenn der Spiegel hingehalten wird. Du begegnest deinem wahren Selbst im anderen. Wenn das geschieht, kann die »Ent-Täuschung« auch stattfinden. Selbstverständlich geht weder diese noch eine andere Charakterveränderung schnell vonstatten.

[1] T. S. Eliot, *Werke 1*, *Die Dramen*, a.a.O., S. 45 und 52.

AR: Sie geschieht ganz, ganz langsam, über viele Jahre hinweg. Nahestehende merken vielleicht nicht einmal, daß sich etwas verändert hat, aber es geschieht die ganze Zeit, und wenn alles gutgeht, kommt es am Lebensabend zu einer zweiten Kindheit im besten Sinn des Wortes, einer Kindheit, in der man, wie Jesus sagt, ins Himmelreich eingeht. In diesem Zusammenhang fällt mir Pater Lassalle[1] ein. Ich habe ein Foto von ihm als 85jährigem, auf dem sein Gesicht wie das eines Kindes aussieht.

BD: Es gibt ein Buch mit vier Fotos von ihm auf dem Einband – eins mit sechs Jahren, eins in den Zwanzigern, eins in den Vierzigern oder Fünfzigern und eins als alter Mensch. Mit über achtzig sieht er fast genauso aus wie als kleines Kind! Wie erklärst du dir dieses Phänomen?

AR: Sicherlich liegt unser wahres Leben im Allereinfachsten. Thich Nhat Hanh sagt, daß es nicht lohnt, etwas über den Buddhismus zu erklären, wenn du es nicht so tun kannst, daß ein Kind es versteht. Es gibt eine lange Zwischenphase in der Praxis, auf die das nicht zutrifft und in der der Schüler wahrscheinlich Erklärungen braucht, die für ein Kind zu kompliziert wären, aber die grundlegenden Dinge sind alle im Herzen eines Kindes vorhanden und können dort angesprochen werden. Wir fördern sie ein Leben lang und bringen sie, wie mir scheint, in später Reife zur vollen Blüte.

BD: Auch wenn es viel Zeit braucht, wie du sagst, so nähren wir dieses Kind im Inneren doch ständig. Unter den Eigenschaften, die wir fördern, sind Vertrauen, Unmittelbarkeit, ein naher Kontakt zur Welt und so weiter. Das sind positive Seiten. Aber in der Kindheit gibt es auch negative Eigenschaften. Was wäre denn der Unterschied zwischen kindlich und kindisch?

[1] Der verstorbene katholische Pater Enomiya Lassalle hat viele Jahre in Japan Zen studiert.

AR: Mir fällt da die berühmte Stelle im ersten Brief an die Korinther ein: »Als ich ein Kind war, redete ich wie ein Kind. Seit ich ein Mann geworden bin, habe ich die kindische Art abgelegt« (1 Kor 13,11).

BD: Genau das ist der springende Punkt. Als Erwachsene müssen wir zu den guten Eigenschaften des Kindes noch eine weitere hinzufügen, die ihm fehlt: die Verantwortung. Ohne Verantwortung werden wir kindisch. Mit Verantwortung können wir gar nicht kindlich genug sein.

AR: Du hast den Nagel auf den Kopf getroffen. Ein kindischer Mensch ist jemand, der Bedürfnissen und Pflichten aus dem Weg geht und nicht angemessen darauf reagiert.

BD: Eine sehr ansprechende kindliche Eigenschaft ist seine spontane Reaktion auf alles; bei einem Kind ist das nur Ansprechbarkeit und nicht Verantwortung. Das erwartet man auch gar nicht von einem Kind. Wenn wir aber als Erwachsene in die zweite Kindheit hineinwachsen, sollten wir ebenfalls fähig sein, unmittelbar und mit der Direktheit eines Kindes auf alles, auf Schönheit, eine Tragödie, auf Bedürfnisse zu reagieren, und das mit Verantwortungsbewußtsein. Wenn wir unsere Verantwortung nicht akzeptieren und die nötige Mühe dafür nicht aufbringen, sind wir letztendlich nur noch kindisch.

8
SICH WOHL FÜHLEN

Die Vollkommenheit einüben

BRUDER DAVID: Wie so viele ernsthaft Übende bin auch ich ein Perfektionist. Ich habe mein Leben lang gegen diese Neigung gekämpft, jetzt allerdings weniger als früher. Ich habe herausgefunden, wie ich damit umgehen kann, aber ich möchte dich doch fragen, was du rätst, wenn jemand in diese Falle gegangen ist.

AITKEN RÔSHI: Ich erinnere mich an ein Gespräch mit Yamada Rôshi über einen Mitschüler. Ich sagte: »Ich glaube, dieser Schüler neigt zum Perfektionismus«, und er antwortete: »Ich finde, es ist wunderbar, wenn jemand Perfektion anstrebt.« Ich habe lange darüber nachgedacht und seine Worte im Licht der sechs buddhistischen Vervollkommnungen, der *Pâramitâs* – Gebefreudigkeit, Sittlichkeit, Geduld, Energie in der moralischen Entfaltung, Meditation und Weisheit – betrachtet. Die Vervollkommnung einer dieser Tugenden ist die Vervollkommnung aller Tugenden.

Interessanterweise bezieht sich *Vervollkommnung* auf einen Prozeß, beispielsweise wenn man das Spielen eines Musikstücks vervollkommnet oder einen bestimmten Schlag beim Tennis. In diesem Sinn bedeutet es, etwas immer besser zu machen und nicht, einen absoluten Zustand der Vollkommenheit zu erreichen. Ähnlich das Wort *praktizieren*: Ein Anwalt praktiziert die Jurisprudenz, ein Arzt praktiziert Medizin. Das bedeutet, daß der Anwalt oder Arzt das einfach tut, nicht, um irgendwohin zu gelangen, sondern er tut es einfach. Wenn wir diesen Sinn des Wortes begreifen, können wir uns weiterhin vervollkommnen.

BD: Das ist sehr hilfreich. Das würde dann beispielsweise bedeuten, daß ich mir als Perfektionist sagen könnte: »Konzentriere dich nicht darauf, die Vollkommenheit zu erlangen. Konzentriere dich darauf, vollkommen danach zu *streben*.«

AR: Das ist die Lektion, die wir alle zu lernen haben. Als Kind neigen wir zum Perfektionismus: »Ich will es aber richtig machen.« Es liegt dann an den Eltern, dem Kind zu versichern, daß seine Bemühungen bestens sind, daß es Oma nicht stört, wenn die Zeilen im Brief krumm sind. Wir sind dabei, es ständig besser zu machen. Wenn Eltern ihren Kinder nicht helfen, das zu verstehen, wächst das Kind mit dem Gefühl auf: »Das ist zu schwierig für mich, also versuche ich es besser gar nicht. Ich kann's nicht richtig machen, also mache ich es gar nicht.«

BD: Wahrscheinlich haben die meisten zweierlei erlebt: Eltern und Lehrer, die Perfektion verlangten, und das ist sehr entmutigend, und andere, die einem dadurch, daß sie nicht mehr Perfektion als nur ein perfektes Streben verlangten, viel mehr Mut machten. Letztere helfen eigentlich am meisten, denn wir können kaum verleugnen, daß wir auf Schritt und Tritt den Unvollkommenheiten der Realität begegnen.

Ich gehe mit den Unvollkommenheiten der Realität jeweils so um, daß es zu einem Durchbruch kommt, den ich nur so formulieren kann: Die Realität muß einfach vollkommen sein. Darunter geht es nicht. Und wenn sie wenigstens vollkommen *un*vollkommen ist, kann ich es akzeptieren. Es ist kein Wortspiel, und ich trickse mich da auch nicht aus. So kann ich die Beklemmung und Angst, mit der ich es jeden Tag zu tun habe, und auch den Durchbruch, der mich davon befreit, ausdrücken.

AR: Dieser Durchbruch, wie du ihn nennst, ist für die Erkenntnis eminent wichtig: Alles ist genauso, wie es ist, grundsätzlich in Ordnung. Damit verleugnen wir keineswegs eigene Fehler oder Armut, Krieg und andere Greuel der Welt, auch wenn man es, wörtlich genommen, wahrscheinlich so verstehen kann.

BD: Wir müssen gewissermaßen lernen, uns »mit uns selbst wohl zu fühlen«, aber in welchem Maß? Ein zu großes Wohlgefühl mit sich selbst führt zu Selbstzufriedenheit. Wo würdest du hier die Grenze ziehen?

AR: Ich würde folgendes sagen: Ich bin noch nicht so, wie ich meiner eigenen Auffassung nach sein sollte. Wenn ich mich damit wohl fühle, habe ich den Weg – den Mittelweg – gefunden.

BD: Was du sagst, beinhaltet zweierlei: Erstens erkennst du die Unvollkommenheit so an, wie sie ist, und setzt voraus, daß du sie überwinden kannst, und zweitens akzeptierst du sie momentan als den Ort, an dem du stehst.

AR: Es beinhaltet auch, daß ich mein Leben als Leben der Übung akzeptiere und es mir wohl dabei ist. Übung beinhaltet immer auch ein Element des »Noch nicht, es genügt noch nicht«.

BD: Prozeß ist das Schlüsselwort, wie du vorhin erwähntest – Perfektionieren, Vervollkommnen als Prozeß. Im Christentum haben wir lange den Fehler gemacht, die Vollkommenheit als etwas Statisches anzusehen und gedacht, nur das Unveränderbare sei wirklich vollkommen und Veränderung lasse sich nicht mit Vollkommenheit vereinbaren. Aber das stimmt gar nicht. In der Musik, im Tanz, in unserem eigenen Reifungsprozeß liegt die Vollkommenheit in der Veränderung, im Prozeß. Im täglichen Leben und in der täglichen Übung müssen wir das Noch-Nicht als eine Seite der Vollkommenheit schätzen lernen.

Wettbewerbsgeist

BRUDER DAVID: Mir fehlt jeder Wettbewerbsgeist. Es war sogar so, daß die Lehrer mir als Junge ins Zeugnis schrieben, mehr Wettbewerbsgeist wäre äußerst wünschenswert. Es gibt allerdings eine Eigenschaft, die man gewöhnlich mit Wettbewerbsgeist assoziiert und die ich sehr schätze: das Streben nach Vortrefflichkeit. Als Perfektionist schätze ich Vortrefflichkeit natürlich. Das ist die Lichtseite meines Schattens, die Tugend meines Lasters.

Mir schwebt vor, daß man vielleicht im Erziehungswesen und in der eigenen spirituellen Suche das Gute daran – das Streben nach Vortrefflichkeit – nehmen und den Rest beiseite lassen könnte. Wenn man das Streben nach Vortrefflichkeit nicht so versteht, daß man jemanden übertreffen muß, sondern sich selbst übertrifft, dann könnte ein wenig Wettbewerbsgeist ja nur gut sein.

AITKEN RÔSHI: Im religiösen Bereich kann ein scheinbarer Wettstreit tatsächlich dazu führen, daß man sich selbst übertrifft. Bei meinem ersten Besuch im Ryutakuji fragte mich ein Mönch auf japanisch: »Bist du schon hineingegangen, um mit dem Rôshi zu kämpfen?« Das ist Tempeljargon für ein Gespräch mit dem Meister; tatsächlich sieht ein solcher Dialog zwischen Zen-Meister und Zen-Schüler – oder zwischen zwei Zen-Schülern oder Zen-Meistern – oberflächlich wohl wie ein Wettstreit aus, in Wahrheit aber werden die Schwerter des Verständnisses gewetzt, was nicht möglich wäre, wenn es nur einen allein gäbe oder diese intensive Zweierbegegnung nicht stattfände.

Jeder hat den Gipfel seiner Vortrefflichkeit erreicht und fordert den anderen heraus, es besser zu machen, und das kann einen der beiden zu einer Erkenntnis verhelfen, die allein nicht zu erlangen wäre.

BD: Das nennt man doch gemeinhin »Dharma-Gefecht«. Ist das nicht ein mißverständlicher Begriff?

AR: Er ist nur so mißverständlich wie die Frage meines Freundes über den Kampf mit dem Rôshi. Eine genaue Übersetzung des japanischen Wortes *hossen* lautet sogar »Dharma-Kampf« oder »Dharma-Krieg«. Wörtlich verstanden ist es natürlich mißverständlich, aber hier wird *sen* (Krieg, Kampf, Gefecht) in einem besonderen Sinn verwendet, wie so viele Wörter im Buddhismus und Christentum auch.

BD: Ja, wir haben auch solche Begriffe im Christentum, etwa *Religionskrieg*, und ich würde sie gerne nicht mehr verwenden. Es sind nicht nur Worte. Ein Bild wird heraufbeschworen, und dieses Bild ist zerstörerisch und in unserer Gesellschaft ohnehin schon weit verbreitet. Hier und jetzt, in diesem Augenblick, sind wir dazu aufgefordert, ein Bild zu finden, mit dem das Bild des Kampfes ersetzt und deutlicher ausgedrückt werden kann, worum es geht. Was mir dabei einfällt – und es ist noch nicht genau das, wonach ich suche –, ist das Bild eines Trainingspartners. Beim Lauftraining läuft manchmal jemand mit, nicht als Konkurrent, sondern um einen anzufeuern und zu ermutigen.

AR: Ja, aber die Beziehung ist hier nicht ausgewogen. Die Beziehung im Dokusan-Raum oder der Situation, in der ein sogenanntes Dharma-Gefecht öffentlich ausgetragen wird, ist meistens nur äußerlich unausgeglichen (weil in der Regel Meister und Schüler daran beteiligt sind), aber was das Gespräch angeht, ist sie ausgeglichen. Beide kämpfen darum, direkt und feinsinnig auszudrücken, wie die Dinge sind.

Aber ich glaube auch, daß solche Begriffe und Bilder, und sogar der öffentliche Dialog, eine Gefahr enthalten. Ich verwende den Begriff Dharma-Gefecht selber nicht, sondern brauche lieber das weniger vorbelastete *shôsan*, was wörtlich »kleine Arbeit« bedeutet, im Gegensatz zu *daisan*, der

»großen Arbeit« in der Einzelunterredung von Meister und Schüler. Ich habe auch meine Zweifel der Veranstaltung gegenüber, weil sie leicht den krankhaften Wettbewerbsgeist weckt, auf den du angespielt hast und den auch ich vermeiden möchte. Die Teilnehmer bedauern es dann, wenn sie in diesem öffentlichen Rahmen vor ihren Freunden und Mitschülern nicht besser abgeschnitten haben. Oder sie sind stolz, daß sie es gut gemacht haben, oder eifersüchtig, weil ein anderer gut war, oder sauer auf sich, weil sie den Mut nicht hatten, aufzustehen und es selber zu versuchen. Wenn es gutgeht, sehe ich die Vorteile schon, aber oft geht es nicht gut.

BD: Ich frage mich immer noch, ob dieser krankhafte Wettbewerbsgeist, wie du es nennst, mit einem anderen Bild nicht weniger oder gar nicht geweckt würde. Wenn beispielsweise Musiker ein Duett spielen, versuchen sie nicht, einander zu übertönen, sondern jeder versucht, ständig besser zu spielen, und inspiriert und feuert den andern damit an, auch immer besser zu werden, damit sie gemeinsam schöne Musik machen können. Wir könnten auch ein Bild aus dem Theater nehmen. Da sagen wir, daß jemand einem andern die Schau stiehlt – das ist die Art Wettbewerbsgeist, die wir vermeiden wollen. Aber wenn zwei ausgezeichnete Schauspieler wirklich miteinander spielen, spornen sie einander an, und beide spielen besser.

AR: Richtig. Und sie spornen einander nicht nur an, sie bauen auch Spannung auf. Genau darum geht es. Das passiert in einer wirklichen Begegnung der Zen-Praxis, ob sie nun öffentlich oder in der Intimität des Dokusan-Raumes stattfindet: Das *Dharma*[1] wird aufgebaut. Die beiden Ausführenden verschwinden.

[1] *Dharma* ist ein Sanskritbegriff, der (natürliches, staatliches oder religiöses) »Gesetz« bedeutet. In diesem Fall bezieht er sich auf das buddhistische Gesetz, d.h. auf die Weisheit der Buddhas.

BD: Mit anderen Worten, auf die Herausforderung kommt es an. Nicht in dem Sinn, daß ein Ritter einen anderen zum Duell herausfordert, sondern in einem Sinn, in dem jeder dazu herausgefordert wird, in der gegebenen Situation Vortrefflichkeit zu beweisen.

AR: Die Herausforderung ist das Zündungsmoment, aber worum es eigentlich geht, ist die Begegnung.

BD: Und die Begegnung besteht darin, mit einer Situation so gut wie möglich umzugehen.

AR: Genau. Dazu muß man auf seinen eigenen Füßen stehen und sich nicht vom andern umwerfen lassen.

BD: Gibt es hierbei etwas, was den Wettstreit adelt oder rettet? Oder ist es das Gegenteil von Wettstreit? Vielleicht könnten wir sagen, daß Wettstreit Kräfte weckt, die an sich wünschenswert sind wie der Impuls, sich selbst zu übertreffen. Die sollten gefördert werden, ohne daß der Wettstreit als solcher gutgeheißen wird.

Wenn ich mit einer kleinen Gruppe an einem Projekt arbeite und sehe, daß Wettbewerbsgeist entsteht, sage ich: »Moment mal. Wir sind doch nicht wie Kinder, die mit Murmeln spielen, und einer muß Murmeln verlieren, damit der andere welche gewinnen kann. Dies ist ein anderes Spiel. Wir sind wie Kinder, die ein Sandschloß bauen, und die Murmeln rollen wie in einer Berg-und-Tal-Bahn in kleinen Bahnen von zuoberst hinunter. Bauen wir gemeinsam.« So versuche ich, den Wettbewerbsaspekt zu vermeiden.

AR: Und was geschieht in einer Situation, in der zwei Menschen ganz selbstlos völlig verschiedene, aber widersprüchliche Gedanken zum allgemeinen Nutzen einer Institution vorbringen? Ich weiß nicht, ob ich das Wettstreit oder Auseinandersetzung oder was sonst nennen soll, aber sicherlich kann ein solcher Prozeß von These und Antithese auch zu einer guten Synthese führen.

BD: Ja, sicherlich. Wettbewerbsgeist entsteht nur, wenn man selbstsüchtig an Einfällen festhält: »Das ist *seine* Idee, und das ist *meine* Idee.« Dann gewinnt einer, und der andere verliert. Ich würde mir also die Mühe machen, die Idee von der Person zu trennen und zu sagen: »Wir haben hier verschiedene Ideen, wie wir am besten vorgehen könnten. Jeder gibt sein Bestes und achtet die Beiträge der andern.« Wir wollen eine Situation, in der jeder zum Besten des Projekts oder der Institution gewinnt, und keine, in der es Gewinner und Verlierer gibt und die nur einzelnen dient.

DIE FÄHIGKEIT ZU SAGEN: »ICH WEISS ES NICHT.«

BRUDER DAVID: Unter den vielen Dingen, die mich beim Dalai Lama so beeindrucken, steht ganz oben auf der Liste seine Fähigkeit zu sagen: »Ich weiß es einfach nicht.« Ich habe mir oft gewünscht, daß andere prominente Persönlichkeiten nicht wie unter dem Zwang stehen würden, eine Antwort auf alles zu haben, sondern genauso freimütig sagen könnten: »Ich weiß es nicht.«

Zu wissen, daß man nicht weiß, zeugt von Weisheit, und zu glauben, man müsse alles wissen, zeugt von Dummheit. Das bewundere ich sehr an ihm, und ich frage mich manchmal, weshalb so wenige in leitenden Stellungen einen solchen Stand erreichen.

AITKEN RÔSHI: Mir scheint, die Besorgnis, eine Antwort parat zu haben, habe zwei Seiten. Die eine ist: »Ich will dieser Frage gewachsen sein.« Besonders bei jemandem in einer leitenden Stellung, von dem erwartet wird, daß er auf alles eine Antwort hat, wird es als Mißerfolg gewertet, wenn er keine Antwort oder Lösung hat. Wir möchten, daß das, was wir über die Welt wissen und empfinden, ein einigermaßen kohärentes Netz bildet, das Fragen standhält. Auf der anderen Seite besteht das Problem darin, daß es den meisten sehr schwer fällt, jene Stille zu erlangen, in der der Geist des »Ich weiß nicht« angesiedelt ist. Der innere Monolog geht ständig und unablässig weiter, und wenn jemand eine Frage stellt, sprudelt einfach nur dieser innere Monolog heraus und wird in das Gespräch geworfen.

Im chinesischen *Buch des Gleichmuts* kommt die berühmte Geschichte des Mönchs Fa-yen vor, der seinem Dharma-Onkel Ti-ts'ang einen Besuch abstattet.[1] Ti-ts'ang fragte: »Was für eine Reise hast du vor?«

Fa-yen sagte: »Ich will auf Pilgerschaft gehen.«

»Was erhoffst du dir von der Pilgerschaft?« fragte Ti-ts'ang.

»Ich weiß nicht«, sagte Fa-yen.

Ti-ts'ang sagte: »Nichtwissen ist ganz intim.« Und damit erfuhr Fa-yen seine große Erkenntnis.

Nichtwissen ist äußerst intim. Intimität ist die Erkenntnis selbst, wie ich schon sagte. Wenn du mit etwas ganz intim, ganz vertraut bist, dann bist du damit eins. Wenn der Dalai Lama sagt: »Ich weiß es nicht«, zeigt er sich und zeigt die Wahrheit.

BD: Das ist hilfreich. Die eigentliche Erfahrung der Einheit, des Einsseins mit einem Objekt, einer Handlung oder einem Menschen, ist gleichsam ein inneres Wissen. Das ist etwas ganz anderes als die Art, wie wir gewöhnlich wissen, nämlich durch Nachdenken. Durch Nachdenken weiß man erst dann,

[1] Das 20. Beispiel im *Tsung-jung-lu* (»Buch des Gleichmuts«), einem Klassiker des chinesischen Zen aus dem 12. Jh. Engl. Übersetzung von Thomas Cleary, *The Book of Equanimity*, New York 1985. »Dharma-Onkel« bedeutet, daß Fa-yens Lehrer und Ti-ts'ang beide die Lehrerlaubnis vom selben Lehrer erhielten.

wenn ein Teil beiseite tritt und über eine Erfahrung nachdenkt.

AR: Nachdem sie geschehen ist.

BD: In der Dynamik des Tuns gibt es kein Wissen durch Nachdenken.

AR: Als der Buddha seine große Erfahrung unter dem Bodhi-Baum hatte, blickte er einfach auf und sah den Morgenstern. Da hatte er seine große Erkenntnis, und *dann* sagte er: »Jetzt sehe ich, daß alle Wesen der Buddha sind.« Zuerst kommt die Erfahrung, dann das Nachdenken über die Erfahrung in Gedanken, Worten und Taten.

BD: Zu sagen: »Ich weiß nicht« kann also sehr viel mehr sein als die Feststellung, nicht zu wissen. Es kann die Äußerung sein, daß man im Leben ist, Teil davon und eins mit ihm ist.

AR: Das kann sein, muß es aber nicht. Jedenfalls erfordert es schon wirkliches Vertrauen, offen zuzugeben, daß wir etwas nicht wissen – jenes Wohlfühlen mit sich und der eigenen Unvollkommenheit, von der wir vorhin sprachen.

Eitelkeit und Selbstachtung

BRUDER DAVID: Und wie steht es mit der Eitelkeit? Ist denn ein bißchen Eitelkeit so schlimm? Ich denke gerade an einen Jugendlichen, bei dem gewöhnlich ein Kamm aus der Tasche guckt und der ständig die Locke auf seiner Stirn zurechtzupft oder so was, solche kleinen Eitelkeiten. Vielleicht sollte man sie als Teil eines notwendigen Zustands oder Stadiums auf dem Weg zur Reife betrachten, etwas, was Menschen in verschiedenen Altersstufen erleben. Was den meisten als Teenager passiert, erleben andere – vielleicht als eine Art Wiederholung – in den Dreißigern, Vierzigern oder Fünfzigern. Wenn man es so sehen kann, ist es ganz wichtig, viel Geduld mit ihnen und ihren Eitelkeiten zu haben.

AITKEN RÔSHI: Als ich vor langer Zeit einmal Berater in einer Strafanstalt für Jugendliche war, fiel mir auf, wieviel die Jungs auf ihr Äußeres gaben. Sie putzten ständig ihre Schuhe, bügelten ewig ihre Jeans und blauen Gefängnisarbeitshemden. Aber ich hatte nicht den Eindruck, daß diese Jugendlichen eitel waren. Das, was ich da sah, kam mir so vor wie ein Kampf um die Selbstachtung. Ich denke, daß wir Eitelkeit in diesem Licht mit Nachsicht betrachten sollten, als möglicherweise fehlgeleitete Bemühung um Selbstachtung. Wenn jemand völlig ungepflegt herumläuft, hat er sicherlich nicht viel Selbstachtung.

BD: Hier ergibt sich, wie ich meine, eine Parallele zum Wettbewerbsgeist: Die helle Seite des Wettbewerbsgeistes ist das Streben nach Vortrefflichkeit. Die dunkle Seite des Wettbewerbsgeistes ist, andere herabzusetzen. Die dunkle Seite der Eitelkeit oder des Stolzes ist ebenfalls, andere herabzusetzen. So lange man niemanden herabsetzt, kann es nicht schlecht sein, sich in ein gutes Licht zu setzen.

AR: Oder sich in ein präsentables Licht zu setzen. Natürlich kann etwas, was wie Eitelkeit aussieht, auch einfach ein Zeichen von Verlegenheit sein.

BD: Stimmt. Und was sagst du jemandem, der unter Verlegenheit leidet? Wenn man jemandem sagt, er solle nicht verlegen sein, wird er höchstens noch verlegener.

AR: Selbstverständlich sagt man niemandem, er solle nicht verlegen sein. Das ist wie die alte Geschichte, in der jemand gesagt bekommt, er solle nicht an ein Nilpferd denken: Der Betreffende wird die größten Schwierigkeiten haben, an etwas anderes zu denken als: Nilpferd, Nilpferd und noch einmal Nilpferd. Nein. Wenn jemand unter Verlegenheit leidet, zeigt man ihm oder ihr Übungen, die die Verlegenheit vermindern, ohne jemals direkt darauf einzugehen. Man legt ihnen nahe, sich jeder Aufgabe ganz hinzugeben, ganz darin aufzugehen. Yamada Rôshi sagte: »Die Praxis des Zen besteht darin, das Selbst im Akt der Vereinigung mit etwas zu vergessen.« In der wahren Übung gibt es keine Verlegenheit oder Befangenheit.

Gleichzeitig sollten wir anerkennen, daß Verlegenheit oder Befangenheit nicht schlecht ist. Am rechten Ort ist sie eigentlich sehr gut. Aber wenn die Befangenheit überwiegt, lähmt sie.

BD: Ja, dann ist sie hinderlich. Genau das nennen wir gewöhnlich Befangenheit.

AR: Psychoanalytisch ausgedrückt ist sie eine abnorme Unterwerfung unter das Über-Ich. Und diese hängt mit dem Bedürfnis nach einem starken Ich-Gefühl zusammen.

BD: Inwiefern?

AR: Wir brauchen ein starkes Gefühl dessen, was »ich bin«, bevor wir uns selbst, unsere Selbstbilder und die Beschäftigung mit uns fallenlassen können. Ein Beispiel für jemanden mit einem schwachen Ego wäre: Ein Mann geht in eine Bar, und der Barmann begrüßt ihn: »Na, und wie geht's dir heute?«, worauf der Mann antwortet: »Warum fragst du mich so was? Sehe ich krank aus oder was?« Wenn man nicht sagen kann: »Mir geht's gut, und dir?«, ist man noch nicht bereit, mit dem Üben zu beginnen. Man muß bis zu einem gewissen Grad das Gefühl haben, eigentlich ganz in Ordnung zu sein.

BD: Ich erinnere mich, daß ich mich einst mit einem jungen Mann anfreundete, der mir plötzlich ziemlich schockiert über eine Entdeckung, die er gerade gemacht hatte, sagte: »Was tust du denn da? Du baust mein Ego auf! Ich versuche doch gerade, mein Ego loszuwerden.« Worauf ich antwortete: »Ich muß es aber zuerst aufbauen, weil du kein Ego hast, das du loslassen kannst.« Das ist schon viele Jahre her, aber ich kann mich noch gut daran erinnern. Das entspricht mehr oder weniger dem, was du gerade sagtest.

AR: Genau. Es ist allerdings keine Schwarzweißgleichung und nicht der einzige Faktor für die Praxis, aber ich stelle jedenfalls fest, daß es Menschen mit einem starken Selbstgefühl oft ganz leicht fällt, eine Erfahrung der Erkenntnis oder Verwirklichung zu machen. Danach müssen sie daran arbeiten, dieses Ego-Gefühl zu bändigen, weil es sich allzu leicht zum spirituellen Stolz auswächst oder zu etwas, was Chögyam Trungpa[1] »spirituellen Materialismus« nennt.

BD: Spiritueller Stolz kann natürlich vielerlei und manchmal ganz subtile Formen annehmen; der Umgang damit ist sehr heikel, besonders wenn es einfach stimmt, daß jemand etwas Bestimmtes besser kann als andere. Sagen wir mal, jemand beherrscht die richtige Lebensführung besser als andere. Das zu sehen birgt zumindest die Versuchung der Selbstgefälligkeit in sich. Ich glaube, Menschen, die sehr sensibel in bezug auf ihre Integrität sind, reagieren oft etwas betroffen, wenn sie merken, daß sie in dieser oder jener Hinsicht tatsächlich besser sind als andere.

Das einzige, was ich in einem solchen Fall empfehlen kann, ist Dankbarkeit. Wenn ich der Erfüllung meiner Ideale näherkomme als andere, ist das nicht in erster Linie mein eigenes Verdienst, sondern ein Geschenk. Es wird mir gegeben, und darauf besinne ich mich: Wo wäre ich, wenn ich diesen Lehrer, jene Erziehung, diese Freunde und so weiter nicht gehabt hätte? Ich könnte viel schlechter dran sein.

Ich denke, daß es nur gut ist, sich klar und ehrlich einzuschätzen und selbst dafür anzuerkennen, daß man in einem

[1] Chögyam Trungpa ist ein verstorbener Meister des tibetanischen Buddhismus und Gründer des Naropa-Instituts in Boulder, Colorado. Siehe auch *Spirituellen Materialismus Durchschneiden*, Theseus-Verlag, Berlin, 2. Aufl. 1993.

bestimmten Punkt vielleicht etwas weiter ist als andere. Aber wir sollten uns nicht nur daran erinnern, daß wir es den Umständen verdanken, die uns gegeben wurden, und der Hilfe, die wir bekommen haben, sondern auch, daß wir auf anderen Strecken des Weges oft weit zurückgeblieben sind. Mit anderen Worten: Es ist wichtig, daß wir uns außer unseren Stärken auch die Schwächen eingestehen.

AR: Das Problem beginnt damit, daß man den eigenen Stolz zuerst einmal entdecken muß. Es ist schwer, ihn aufzuspüren, wenn man sich nicht darauf besinnt. Manchmal merke ich, wie mir eine kleine Begebenheit, bei der Stolz im Spiel war, beim Einschlafen einfällt, und dann wird mir klar: »Oh, da habe ich wohl ein wenig geprahlt.«

BD: Wie unterscheiden wir denn zwischen dem negativen Stolz und einem gerechten Stolz, dem Stolz, der uns erfüllt, wenn wir etwas Echtes und Wertvolles erreicht haben? Ich denke da an diese Jugendlichen im Gefängnis, die für ihre Kleidung Sorge trugen, um ihre Selbstachtung zu bewahren. Einerseits kommt Stolz der Selbstachtung sehr nahe, und das ist positiv. Andererseits ist er negativ, wenn dabei jemand herabgesetzt wird und man sich auf Kosten anderer rühmt. Das läßt sich wieder auf einen gewissen Wettbewerbsgeist zurückführen. Ohne Wettbewerbsgeist ist Stolz einfach Selbstachtung oder aber die ehrliche Einschätzung einer gegebenen Situation.

AR: Stolz im negativen Sinn ist ein »scheinheiliges« Gefühl.

BD: Der Kern des Problems ist also nicht nur der Wettbewerbsgeist, sondern eigentlich das Vergleichen. »Vergleichen ist abscheulich«, könnte man sagen. Letztlich kann man nie zwei Menschen oder Situationen wirklich miteinander vergleichen. Wir sind alle verschieden und haben einen völlig verschiedenen Hintergrund. So gesehen, muß ich wenigstens teilweise zurücknehmen, was ich über die Einsicht sagte, man sei weiter auf dem Weg als andere. Wenn solche Vergleiche wegfallen, fällt der falsche Stolz von selbst ab.

AR: Wenn du dich in dir vollkommen wohl fühlst, fallen alle Vergleiche ab.

9
KERNFRAGEN DER PRAXIS

Die Angst einbeziehen

BRUDER DAVID: Was sagst du deinen Schülern über Angst und Glauben? Ist Angst mit Glauben vereinbar?

AITKEN RÔSHI: Ja, ich denke schon. Angesichts der Angst, besonders jener abgrundtiefen Angst, der wir in der »dunklen Nacht der Seele« begegnen, fürchten wir wohl manchmal auch, den Glauben zu verlieren, aber mit der Ermutigung und der Unterstützung von Freunden auf dem spirituellen Weg einerseits und eines guten Meisters anderseits halten wir durch. Wir halten durch im Vertrauen, daß diese Angst, in der die Angst enthalten ist, den Glauben zu verlieren (die sich aber nicht darauf beschränkt), tatsächlich zum Weg dazugehört. Ich glaube, daß fast jeder echte Schüler eines religiösen Weges eine Glaubenskrise durchmacht. Das gehört einfach dazu, und wenn jemand sich in der religiösen Literatur gut auskennt, kann sie oder er es tatsächlich als Schritt der Ermutigung verstehen: »Jetzt erlebe ich die Krise auch, die meine fortgeschritteneren Vorgänger vor mir durchgemacht haben, also gehe ich weiter, auch wenn es ganz dunkel ist und ich große Angst habe.«

BD: Mit der gewöhnlichen Angst wäre es natürlich etwas anderes. Wenn man auf einer gefährlichen Bergstraße unterwegs ist, ist Angst ganz angezeigt, weil man dann vorsichtiger fährt. Diese Angst ist angemessen, aber davon ist hier nicht die Rede. Wir reden hier über eine existentielle Angst, und wenn ich dich richtig verstanden habe, sagst du, diese Angst sei mit dem Glauben vereinbar, obwohl sie im Gegensatz dazu steht. Mit anderen Worten gehören die beiden zusammen und werden als Polarität zusammen erfahren; in diesem Sinn gehören sie als Gegensätze zusammen.

Ich erinnere mich, daß Suzuki Rôshi[1] in einem Vortrag einmal ausführlich über diese existentielle Angst und den Glauben im Buddhismus sprach. Was er sagte, läßt sich vollkommen auf den Begriff des Glaubens im Christentum übertragen. »Es ist in Ordnung, diese Angst zu haben, solange der Glaube eine Nasenlänge voraus ist – je größer die Angst ist, desto größer ist dann der Glaube.«

Aber vielleicht sollten wir die Begriffe zuerst klären, bevor wir fortfahren. Unterscheidet sich der Begriff des Glaubens im Buddhismus vom christlichen Begriff? Reden wir vom selben Glauben?

AR: In der Rinzai-Schule gehört ein großer Glaube zu den Voraussetzungen einer guten Zen-Praxis, aber nicht ein Glaube an etwas, und keinesfalls ein Glaube an einen Gott oder an Götter.

BD: Das ist etwas ganz anderes, würden die meisten Christen sagen. Aber ich bin der Frage sorgfältig nachgegangen und habe festgestellt, daß die ursprüngliche Bedeutung von Glauben sowohl im Christentum als auch im Buddhismus Vertrauen ist und nicht Überzeugung. Die meisten Christen sagen *Glauben* und meinen *Überzeugungen*. Sicherlich haben Überzeugungen mit Glauben zu tun, nur sollten wir sie nicht verwechseln. Im Buddhismus werden Überzeugungen kaum erwähnt, nicht wahr?

AR: Überzeugungen sind eindeutig relativ; sie haben keine

[1] Shunryû Suzuki, der verstorbene Abt des Zen-Zentrums in San Francisco, war einer von Bruder Davids Meistern. Siehe auch Vorwort.

grundlegende Basis. Aber grundsätzlich und im ursprünglichen Sinne gibt es auch überhaupt nichts, an das man glauben könnte.

BD: An dieses Nichts zu glauben ist viel schwieriger, als an etwas – an irgend etwas – zu glauben.

AR: »Nichts« klingt wie etwas, wenn du es so sagst! Stellen wir eines klar: Ich rede nicht über etwas, was man im Zen einfach »Nichts« oder »Leere« *nennt*. Ich meine wirklich *nichts*.

BD: Kannst du das Gefühl des Glaubens im Buddhismus vermitteln, ohne dich auf Überzeugungen zu beziehen?

AR: Ich habe bereits den Satz von Hakuin Zenji zitiert: »Dieser Körper ist der Buddha.« Welche Wörter du auch benützt und wie du es auch immer ausdrückst, das ist der Angelpunkt des Glaubens.

BD: Das ist eigentlich eine Überzeugung. Nicht, daß ich etwas dagegen hätte, aber was du gerade gesagt hast, könnte man zu Recht eine Überzeugung nennen.

AR: Wenn ein Schüler die Wahrheit hinter der Tatsache, daß dieser Körper der Buddha ist, nicht erahnt, hast du ganz recht: Es ist eine Überzeugung, und jede Zuversicht ist hohl, die daraus abgeleitet wird. Mit anderen Worten kannst du nicht nur annehmen, daß »dieser Körper der Buddha« ist, weil Hakuin es gesagt hat; du mußt vielmehr irgendwie *erfahren*, daß es so ist.

BD: Ich glaube, daß das Schlüsselwort, das sich in deine letzte Anwort eingeschlichen hat, die *Zuversicht* ist. So verstehst du offensichtlich den Glauben, als Zuversicht, als Vertrauen. Rein sprachlich sind beide eng verwandt: Im Lateinischen heißt *fiducia* Vertrauen, Zuversicht und *fides* Glaube. Der Glaube kann also – wenn er sich nicht direkt auf Überzeugungen bezieht – nur Vertrauen, ein existentielles Vertrauen, oder Zuversicht bedeuten. In diesem Sinn decken sich die christliche und buddhistische Auffassung des Glaubens. Der Glaube ist die Erfahrung des Vertrauens, eines äußersten Vertrauens; wenn du willst, könnte man sagen, eines mutigen Vertrauens in das Leben.

AR: Vertrauen in gar nichts.

BD: So würde ein Christ es natürlich nicht ausdrücken.

AR: Ein Vertrauen, daß sogar der Abgrund eigentlich in Ordnung ist.

BD: Zu dieser Aussage gibt es immerhin Parallelen im Christentum. So bezeichnet beispielsweise C. S. Lewis[1] Gott im Rahmen des Glaubens als einen Abgrund des Schweigens, in den du deine Gedanken in alle Ewigkeit werfen kannst, und nie hörst du ein Echo. Das ist ein Glaubensakt bei uns: Man wirft sich hinein.

Aber du seufzt, und ich glaube zu wissen weshalb – weil das Bild aus einer ganz anderen Richtung kommt. Das stimmt, aber wir sind uns darin ja schon einig, daß alle Religionen dasselbe existentielle Gebiet erforschen; es ist also nur natürlich, daß die Christen mit ihrer spezifischen Sprache ähnliche Entdeckungen wie die Buddhisten machen. Du siehst nicht sehr überzeugt aus. Ich bin einverstanden, daß der Schüler im Zen-Buddhismus mit einer viel direkteren, unmittelbareren, ausdrucksvolleren und zielgerichteteren Methode diesem Abgrund begegnet als der Christ. Wie wir zu Beginn dieses Gesprächs übereinkamen, sind die verschiedenen religiösen Überlieferungen dennoch nur verschiedene Wege, um ganz Mensch zu werden, und auf der Suche nach der vollen Menschwerdung, denke ich, daß Menschen jeder Glaubensrichtung an diesen Abgrund des Glaubens gelangen und dort mindestens einigermaßen ähnliche Erfahrungen machen.

[1] C. S. Lewis kennt man eher als Romanschriftsteller, aber er war auch ein sehr angesehener Laientheologe.

AR: Mir scheint, daß wir uns jetzt einige Tage lang um einen Kernpunkt bewegt haben: Es ist unvermeidlich, daß die Art und Weise, wie wir das Allerhöchste ausdrücken, auf dieses Allerhöchste abfärbt.

BD: Und es färbt auch auf unsere Übung und Praxis ab, weswegen es uns so wichtig ist.

AR: Ja, es färbt auch auf die Praxis ab. Das sind doch Unterschiede, die wir achten und vielleicht sogar feiern sollten, anstatt sie zu beschönigen.

Schmerz und Leiden

BRUDER DAVID: Ich nehme an, daß alle Sucher wünschten, es gäbe eine schmerzlose Erlösung aus dem Leid. Bist du nicht auch der Ansicht, daß es so etwas nicht gibt?

AR: Ja. Yamada Rôshi pflegte zu sagen: »Schmerzen in den Beinen sind ein Vorgeschmack von Zen« – mit anderen Worten sind sie ein natürlicher Bestandteil des Prozesses. Im allgemeinen kann der leichte bis mittlere Schmerz, der sich beim Zazen einstellt, ganz hilfreich sein, wenn die Sitzzeiten im Zazen von vernünftiger Dauer sind (wir empfehlen nicht mehr als 25 Minuten) und bei Beinbeschwerden Zugeständnisse gemacht werden. Es kann die physische Dimension der »dunklen Nacht der Seele« sein, durch die man so oder so gehen muß. Die dunkle Nacht selbst ist eine schmerzhafte psychische und emotionale Erfahrung, und manchmal nimmt sie physische Form an und äußert sich in einer angeschlagenen Gesundheit, die in Extremfällen so angeschlagen sein kann, daß man buchstäblich stirbt.

BD: Oder zumindest eine Krise durchmacht, in der es um Leben und Tod geht.

AR: In vielen westlichen Zen-Zentren wird der Schmerz

richtiggehend geweckt, was in gängigen Sprüchen wie: »Was mich nicht umbringt, macht mich stark« und »Ohne Schweiß, keinen Preis« zum Ausdruck kommt. Allerdings meine ich, daß das im Zen zu weit getrieben wird. Sogar D. T. Suzuki, den ich sehr mag und verehre, vertritt in seinen Schriften die Auffassung, daß beim Zen immer wieder Hindernisse den Weg verstellen müssen, bis man aus purer Verzweiflung die Schranken durchbricht.

Ich halte das für ein ebenso unglückliches Bild wie die Einstellung dahinter. Eigentlich müssen sich alle Hindernisse zuerst *auflösen*, bevor man sich an jenem Ort unter dem Baum niederlassen kann, und diese Hindernisse gehören ganz organisch zur betreffenden Person. Das kriegerische Bild des Durchbruchs und so weiter sollte nur ganz vorsichtig verwendet werden. Es ist – wie alle Metaphern – nützlich, aber man muß darauf achten, die Metapher nicht zu weit zu treiben oder sie zu eng zu deuten. Vielleicht schwingt bei mir das Pendel etwas zu weit in die andere Richtung, aber ich gehe lieber dieses Risiko ein.

BD: Im Christentum sind solche Bilder auch ziemlich platt getreten worden. Da geselle ich mich gerne zu dir und erkläre meine völlige Abneigung gegen künstliche Schmerzerzeugung. Es gibt schon genügend Schmerz in der Welt, ohne daß man noch künstlich welchen herbeizuführen bräuchte.

Was die natürlichen Schranken angeht, denke ich da an das zweite der *Vier Quartette*[1] von T. S. Eliot, an den Abschnitt über den verletzten Arzt, wo Eliot von »jener absoluten Vaterliebe« spricht, »die nimmermehr / Von uns abläßt und uns einpfercht überall«. Er verwendet das englische Wort *prevent* in einem doppelten Sinn – dem gewöhnlichen, heutigen Sinn, nämlich behindern, aber auch im alten, früheren Sinn: vor uns

[1] T. S. Eliot, *Werke 4, Gesammelte Gedichte* 1909–1962, a.a.O., S. 301.

dazusein, vor uns zu gehen und anzukommen und uns den Weg zu bereiten. Mir scheint, daß er damit die Frage des Schmerzes auf ganz gesunde Weise behandelt. In der Bibel ist das Bild, das man allgemein mit Schmerz assoziiert, das Bild der Geburtswehen: Es ist ein Sackgassen- und gleichzeitig ein Durchbruchserlebnis.

AR: »Wir wissen ja, daß die gesamte Schöpfung bis zur Stunde seufzt und in Wehen liegt« (Röm 8,22).

BD: Genau. Das ist eine von vielen Stellen, wo dieses Bild aufgegriffen wird. Meine Antwort darauf wäre, daß jeder Schmerz, den wir verspüren, das Signal für eine Herausforderung und eine Gefahr ist. Handelt es sich um einen ernstzunehmenden Schmerz, dann ist es die Aufforderung zur Einsicht, daß uns eine neue Geburt abverlangt wird. Das macht den Schmerz zu einem Wachstumsschmerz, der Reife fördert. Ich denke doch, daß das ein sehr positiver Aspekt des Schmerzes ist.

AR: Das ist sehr aufschlußreich für mich, und ich kann nur bestätigen, wie sehr das zutrifft. Ich nehme an, daß die nächste Frage nun lautet, wie man mit dem Schmerz umgehen soll, wie man mit ihm arbeitet. Wie du sagst, bedeutet der Schmerz eine neue Herausforderung, und das ist positiv, aber vorläufig tut es weh! Nach jedem Schock braucht man Erholung, also sollte man wohl nicht perfektionistisch sein und meinen, daß der Schmerz uns nicht aus dem Gleichgewicht werfen sollte. Möglicherweise muß man sich auch eine Weile lang etwas zurückziehen, um sich damit den Raum für die Heilung zu verschaffen.

BD: Wenn ich dich richtig verstehe, willst du damit sagen, daß manchmal ein gewisser Rückzug notwendig ist, um den Schmerz zu überwinden und um Kraft zu schöpfen, durch ihn hindurchzugehen. Dazu habe ich nichts hinzuzufügen.

AR: Natürlich gibt es auch eine andere Art von Rückzug, die

auf Weglaufen hinausläuft. Das ist etwas anderes und kontraproduktiv.

BD: Das wollen wir auch nicht unterstützen. Wir wollen Menschen Mut machen, sich so viel Raum zu nehmen, wie sie brauchen, um *hindurch*zugehen.

Das Leid der Welt

BRUDER DAVID: Ich bin schon vielen begegnet, die den Problemen in ihrer Umgebung gegenüber völlig blind sind. »Alles um mich herum bricht zusammen«, sagen sie dann, »aber ich weiß nicht, woran das liegt.« Wir haben bereits von der fehlenden Bereitschaft gesprochen, dem eigenen Schmerz ins Auge zu blicken, und mir scheint, daß wir es hier mit demselben Problem in einer anderen Form oder Ausdrucksweise zu tun haben. In diesem Fall, meine ich, ist das Nichtsehen einfach die Folge dessen, nicht sehen zu wollen, und wahrscheinlich ist dieses Nichtsehen-Wollen so tief vergraben, daß man sich nicht einmal bewußt ist, daß es das Sehen behindert. Man kann einfach nicht sehen. Hast du es auch mit solchen Menschen zu tun?

AR: Ich gestehe, daß dieses Problem möglicherweise bei Menschen auftaucht, die, wie du sagst, sich selbst daran hindern, andern gegenüber offen zu sein. Aber es gibt auch das umgekehrte Phänomen, nämlich tragische Umstände, die völlig überraschend über die offensten Menschen hereinbrechen, wenn beispielsweise ein Freund sich das Leben nimmt oder ein Geschäft pleitegeht und man nicht im geringsten vermutete, daß so etwas passieren könnte. Es gibt Zeiten, wenn Gefühle wie solche, die du eben erwähntest, gerechtfertigt sind: »Alles bricht zusammen, und ich hatte keine Ahnung, daß das passieren könnte.« Vielleicht kann man es nicht ändern. Jedenfalls ist es wichtig, alles zu tun, damit sich Menschen des Schmerzes anderer bewußter werden und auch bereiter werden, ihn als ihren eigenen anzusehen.

BD: Während du eben geredet hast, ist mir die Antwort auf meine eigene Frage – wahrscheinlich zum ersten Mal – aufgegangen. Niemand will leiden, weder selber, unmittelbar, noch durch Offenheit dem Leiden anderer gegenüber. Alle wollen sich freuen und leben. Wenn wir nun dazu aufrufen, lebendiger zu sein – herauszufinden, in welchem Bereich jemand begeisterungsfähig ist, und diesen Bereich dann zu pflegen –, dann kann auch die Vitalität größer werden und damit auch die Fähigkeit, mit dem Schmerz und Leid fertig zu werden, die zum Leben gehören.

AR: Auf jeden Fall können wir Menschen, die sich im Schmerz abgekapselt haben, das Gefühl vermitteln, daß sie in Ordnung sind, damit sie sich nicht selber ständig vor ihrem eigenen Schmerz schützen müssen. Wenn ich es mit solchen Schülern zu tun habe, versuche ich ihnen klarzumachen, daß ich an ihrem Leid teilnehme.

BD: Dabei bin ich überzeugt, daß das Beste, was man für einen Schüler tun kann, nicht das ist, was man sagt, sondern einfach die Haltung, die vermittelt: »Du bist in Ordnung.« Wenn ich mit dir zusammen bin, kommt diese Botschaft sehr stark von dir bei mir an, du tust also genau das, was du eben sagtest.

AR: Mit gelegentlichen Unterbrechungen.

BD: Das nehmen wir auch gerne in Kauf! Wie gesagt, ist es sicher gut, anderen mitzuteilen, daß der Schmerz geteilt wird und daß nicht nur unaufgeklärte oder hochgradig gefühlsbetonte Menschen Schmerz empfinden. Hast du übrigens auch schon die T-Shirts mit dem Aufdruck »Leiden ist freiwillig« gesehen?

AR: Das darf ja nicht wahr sein! Nur wenn wir uns irgendwie

betäuben, können wir uns heutzutage vom Leiden abschotten – und das ist nur eine andere Form des Leidens.

Schauen wir uns doch einmal das Wort *leiden* an. Heute wird es meistens in der Bedeutung »Schmerzen leiden« verwendet. Aber es bedeutet auch *zulassen*. An einer Krankheit leiden bedeutet also eigentlich, eine Krankheit zuzulassen, sie zu leiden. Das wird umgedreht, weil niemand krank sein will. Die Krankheit wird abgewehrt, und dadurch geht es einem möglicherweise nur noch schlechter. Leiden ist eigentlich Leben an sich. Wir lassen zu, daß das Leben stattfindet. Wir erlauben es.

BD: Das ist sehr schön. Anders ausgedrückt, gibt es zwei Arten, zu leiden: mit dem Strom des Lebens und gegen den Strom. Mit dem Strom des Lebens ist auch Leiden, ist auch schmerzhaft, aber es ist ein Schmerz, der zum Wachstum beiträgt und somit lebensspendend. Sich gegen den Strom des Lebens zu stellen heißt, gegen den Strom zu leiden, und ist fruchtlos. Es ist wichtig, diesen Unterschied wahrzunehmen und uns aufzumachen, um mit dem Leben zu leiden. Im Lateinischen heißt leiden *sufferre*, das wiederum von *sub-ferre* kommt und unter anderem »darunter halten, emportragen« bedeutet, also im Sinn von unterstützen und tragen.

Ich war einmal in einer Audienz bei seiner Heiligkeit dem Dalai Lama, als man ihn fragte, welcher Unterschied im Umgang mit dem Leiden zwischen dem Buddhismus und dem Westen bestehe. Das war eine von vielen Fragen, die ihm von sehr negativ zu ihrem eigenen Kulturerbe eingestellten Westlern gestellt wurden und die darauf hinausliefen, daß der Buddhismus auf Kosten der christlichen oder im weitesten Sinne biblischen Überlieferung überhöht wurde: »Ihre Heiligkeit, im Buddhismus wird eine wunderbare Art der Überwindung des Leidens gelehrt. Was können Sie zu den westlichen Überlieferungen sagen, die zweitausend Jahre lang im

Schmerz gewatet haben?« Diese Frage konnte ich noch nachempfinden, weil ich, wie gesagt, selbst auch denke, daß Schmerz und Leiden im Christentum übermäßig betont werden, und das für einen ziemlich ungesunden Zug halte.

Wie der Dalai Lama diese Frage und andere herabsetzende Fragen beantwortete, hat mich tief berührt; er hat sorgfältig darauf geachtet, keine überlegene Stellung des Ostens zu beanspruchen. Ich kann seine Antwort nicht wörtlich wiedergeben, aber sie war für mich so wichtig, daß ich sie dem Sinne nach auswendig kenne. Zuerst sagte er etwas wie: »Moment mal, Augenblick mal!«, um die Frage zu mildern. Dann sagte er: »Im Buddhismus wird das Leiden nicht dadurch überwunden, daß man es hinter sich läßt. Das Leiden wird dadurch überwunden, daß der Schmerz um der anderen willen ertragen wird.« Das ist das Ideal des Bodhisattvas, und meiner Meinung nach ist das auch das letzte Wort, das Christen oder sonst jemand über den Schmerz sagen könnten.

AR: Den Schmerz um der anderen willen ertragen. Und wie wäre »den Schmerz *mit* den anderen tragen?«

BD: Mit den anderen. Den anderen, die nicht einmal »andere« sind.

AR: Eben!

Entmutigung und Geduld

BRUDER DAVID: Man kann sich leicht sowohl in unserer Übung als auch durch den Zustand der Welt entmutigen lassen. Und manchmal entmutigt es uns sogar, daß wir entmutigt sind.

AITKEN RÔSHI: Ja, dieses schreckliche Gefühl des Fallens: »Ach Gott, schon wieder. Jetzt hab ich's vermasselt. Ich habe wieder zu scharf reagiert.« Schlimmstenfalls, denke ich, regt sich die Entmutigung, wenn man eine krankhafte oder zumindest negative Neigung in sich erkennt und nicht weiß, wie man davon loskommen soll. Es ist ein Gefühl, in sich festzustecken oder von sich selbst begrenzt zu werden: »Wie kann ich nicht wütend sein? Wie kann ich nicht deprimiert sein?«

G. K. Chesterton sagte einmal, daß die Engel deswegen fliegen können, weil sie sich selbst so leicht nehmen; sicher kann eine Lachtherapie dabei helfen; Norman Cousins hat uns ja schießlich bewiesen, daß Lachen tatsächlich Krebs heilen kann. Aber ich glaube, daß es sehr schwer ist, den Teufelskreis der Entmutigung allein zu durchbrechen. Ich glaube, daß man dann nicht so sehr eine Schulter braucht, an der man sich einmal ausweinen kann, als vielmehr einen guten Freund, der mit einer Nadel die eigene Blase der Verzweiflung zum Platzen bringt.

BD: Oder einen zumindest in den Hintern sticht! Ich denke auch, daß es sehr hilfreich sein kann, aus sich selbst herausgeholt zu werden, um aus der Entmutigung herauszukommen, wie du sagst. Aber ich glaube, daß wir auch Geduld als Haltung pflegen sollten. Und wie lernt man Geduld?

AR: Tja, das ist eine interessante Frage. Das chinesische Schriftzeichen für *Geduld* besteht aus zwei Teilen. Der eine bedeutet *Schwert*, der andere *Herz*. Das Schwert über dem Herzen. Wie verhältst du dich mit einem Schwert über dem Herzen?

Kommentare über die *Pâramitâ* (Vollkommenheit) der Geduld (oder Ausdauer) erwähnen zehn Arten von Geduld, die von der qualvollen Ausdauer, die in der Etymologie des chinesischen Wortes enthalten ist, bis zur innerern Geduld reichen, die auf der Erkenntnis beruht, daß alles leer ist. Um diese tiefste Form der Geduld persönlicher auszudrücken: Es ist eine Geduld, die ihre Wurzeln an dem Ort hat, der sich nicht bewegt, am Ort des wahren Gleichmuts. Von diesem

Ort aus können wir sagen: »Es macht nichts. In hundert Jahren spielt das keine Rolle mehr.«

BD: Ich behelfe mir mit kleinen Andachtsobjekten, um die Geduld zu fördern, genauso, wie die Perlen am Rosenkranz Hilfsmittel zur Förderung der Achtsamkeit sind. Meine Hilfsmittel zum Üben von Geduld sind Versteinerungen, die ich von Freunden geschenkt bekommen habe. Ich habe einen kleinen Trilobiten, einen fossilen Gliederfüßler aus dem Meer, und einen anderen, der eine Frühform der Nautilusmuschel sein könnte, und neulich habe ich einen winzigen Fisch bekommen, der 600000 Jahre alt ist. Ich schaue sie einfach an und halte sie in der Hand, und das hilft mir. Du hast gerade »in hundert Jahren« gesagt. Stell dir mal 600000 Jahre vor!

Ich denke da auch an ein Sonett von Hopkins über die Geduld, das mit den Worten endet: »Er ist geduldig. Gedulden füllt ihm / Die spröden Waben, und dies geschieht auf jene Weise, die wir kennen.«[1]

AR: Die Waben sind natürlich Bienenwaben, und wir wissen, wie eine Bienenwabe sich füllt – ganz, ganz langsam, und Tausende von Bienen tragen dazu bei.

BD: *Das* ist Praxis, das ist Übung. Bei Rilke gibt es auch eine Stelle, die genau darauf zutrifft und eine andere Seite der Geduld beleuchtet. Er spricht vom Menschsein im allgemeinen, und dann sagt er: »Wir sind die Bienen des Unsichtbaren. Nous butinons éperdument le miel du visible, pour l'accumuler dans la grande ruche de l'Invisible.«[2] Wir sammeln die

[1] Gerard Manley Hopkins, *a.a.O.*, S. 153.

[2] Im Original z.T. französisch. Übers.: »Wir tragen leidenschaftlich den Honig des Sichtbaren ein, um ihn im großen goldenen Bienenstock des Unsichtbaren anzuhäufen.« Aus *R. M. Rilke. Briefe in 2 Bänden*, hrsg. V. Horst Nalewski, 2. Bd., 1919–1926, Insel-Verlag, Frankfurt/Main und Leipzig 1991, S. 128.

vielgestaltige Welt in die Leere ein. Die Waben müssen leer sein, bevor Honig darin gesammelt werden kann. So besteht also unsere Aufgabe darin, von der Fülle in die Leere zu gehen, um diese Süße einzusammeln. Da gibt es nur noch eins hinzuzufügen, nämlich daß dieser Prozeß ein genauso langsamer und tropfenweiser ist wie das Nektarsammeln der Bienen.

10

EROS, VORSTELLUNGSKRAFT UND SENTIMENTALITÄT

Die Sexualität in der Praxis

BRUDER DAVID: Ich glaube, daß in der Kirche und ganz allgemein bei den Gläubigen eine ziemliche Verwirrung in bezug auf Sexualität herrscht. Ich hoffe, daß wir diese Frage als eine Frage der Praxis betrachten können – wie lenkt man die sexuelle Energie, damit sie der Übung förderlich ist? Aber am Ende ist es immer eine persönliche Frage, also will ich mit meiner persönlichen Ansicht als Zölibatär beginnen.

Im gegenwärtigen Zustand des christlichen religiösen Lebens beklage ich es besonders, daß bei der religiösen Ausbildung so wenig darauf eingegangen wird, wie man als Zölibatär mit seiner Sexualität umgehen soll. Es gibt keine Gebote und keine Verbote. Dieses Problem ist auch nicht erst in jüngster Zeit entstanden. In der Klostergeschichte des Christentums gibt es sehr wenige Unterweisungen über die Sexualität. So gibt es beispielsweise unter den Hunderten von Aussprüchen der Wüstenväter nur ganz wenige, die sich direkt mit sexuellen Fragen auseinandersetzen. Die Sexualität wird mehr oder weniger übergangen, und wenn sie nicht übergangen wird, wird sie doch fast immer nur mit einem negativen Unterton behandelt. In den letzten zweihundert Jahren galt wahrscheinlich allgemein, was ein älterer Mönch mir einmal sagte: »Wenn wir ins Kloster gingen, sagte man uns einfach, daß wir dem Sex den Rücken kehren sollten.« Das war alles. Damit war das Thema abgeschlossen. Von da an sollte Sex keinen Platz mehr im Leben der Mönche haben.

Glücklicherweise hat in den letzten zwei Jahrzehnten eine Wiederentdeckung des Körpers und der Körperlichkeit im Kloster stattgefunden. Dem stimme ich hundertprozentig zu. Selbstverständlich bedeutet ein Leben als Zölibatär nicht, daß man sich von der Sexualität abschneidet, sie einfriert oder hinter sich läßt. Als ich noch Kind war, gab es bei uns ein Rätsel: »Welcher Hund bellt mit seinem Schwanz?« Die Antwort war: »Alle Hunde«, weil kein Hund seinen Schwanz abnimmt, um zu bellen. Genauso nimmt auch keiner seine Sexualität ab, um im Chor mitzusingen oder zu meditieren. Alles, was wir tun, tun wir immer als ganzer Mann und als ganze Frau.

Ich verstehe die Sexualität als eine Form von Lebenskraft, der Kraft, die einfach da ist, und ich meine, daß sie in allem mitspielt, was wir tun, und besonders in jeder zwischenmenschlichen Beziehung. Sie ist der körperliche Ausdruck des Bezogenseins auf andere. Das will nicht heißen, daß wir uns in den meisten Interaktionen wirklich bewußt sind, daß etwas Sexuelles mitspielt. Es ist einfach da wie der Schwanz eines bellenden Hundes, aber der Hund ist sich dessen nicht besonders bewußt. Die Sexualität drückt auch aus, daß man eine Beziehung zu sich selbst hat, was mir außerordentlich wichtig erscheint, aber in der Gesellschaft gewöhnlich übersehen wird.

Deshalb stellt die Frage, wie man im Zölibat mit der Sexualität umgehen soll, jetzt eine gewaltige Herausforderung für die christlichen Klostergemeinschaften dar. Die meisten Lehrer, die ich kenne und hochachte, wären mit mir einig, daß es unverantwortlich ist, Mönche in unserem Klima und unserer Gesellschaft ins Kloster aufzunehmen und sie angeblich auf ein zölibatäres Leben vorzubereiten, ohne ihnen Anleitungen zu geben, wie sie ihre Sexualität zum spirituellen Fortschritt nutzen sollen.

AITKEN RÔSHI: Oder sie überhaupt erst einmal anzuerkennen.

BD: Das ist natürlich der erste Schritt, und ich denke, daß er inzwischen allgemein doch getan wird. Aber nur Meister mit dem größten Weitblick sagen auch, daß wir den nächsten Schritt tun und methodisch lehren müssen, Sex so einzusetzen, daß er mit dem zölibatären Leben vereinbar ist oder vielmehr ein zölibatäres Leben überhaupt ermöglicht.

Durch die Begegnung mit den östlichen Religionen stehen wir nun an einer Schwelle, an der wir Nutzen aus einer jahrhunderte-, ja vielleicht jahrtausendealten Überlieferung ziehen können, die in einem religiösen Rahmen direkt und positiv mit der sexuellen Energie umgeht. Manche haben schon begonnen, mit diesem östlichen Kulturerbe zu arbeiten, darunter besonders mit Tantra.[1] In einem Gespräch, das ich neulich mit Bede Griffiths[2] hatte, einem hervorragenden Vertreter des Ost-West-Dialogs, fragte ich ihn, wie er bei seinen Novizen mit Sexualität umgehe, und er sagte: » Wir geben natürlich Anleitungen, wie man mit Kundalini[3] umgeht. Selbstverständlich tun wir das ganz systematisch.« Es war nicht möglich, weitere Einzelheiten zu besprechen, aber er

[1] *Tantra* ist ein Sanskritbegriff und heißt wörtlich »Gewebe«, was sich auf den hochentwickelten sexuellen Symbolismus und die vielfältigen Praktiken, die sich in der buddhistischen Vajrayâna-Schule entwickelt haben, bezieht.

[2] Bede Griffiths, der inzwischen gestorben ist, war ein katholischer Mönch aus England, der 38 Jahre lang in Indien gelebt und in der dortigen Religion »die andere Hälfte seiner Seele« gefunden hatte.

[3] *Kundalini* ist ein Sanskritbegriff für die Energie, die gewöhnlich an der Wirbelsäulenbasis ruht. Im Kundalini-Yoga lernt man, diese Energie zu meistern und zu spirituellen Zwecken zu verwenden.

sagte, die östlichen Meister, die jetzt in den Westen kommen, arbeiteten meistens mit dem Aufsteigen der Kundalini. Er meinte, das sei für westliche Menschen als Ausgangspunkt nicht besonders hilfreich: »Ich glaube, daß man dem Menschen im Westen zuerst helfen muß, nach unten zu gehen, um dann die Energie hochzubringen.«

AR: Etwas weniger konkret ausgedrückt, denke ich, daß das auch der Weg des Zen ist: sich in dieser Energie niederzulassen und sie zu sammeln, damit sie ausgerichtet und konzentriert und nicht dem Zufall überlassen wird.

BD: Ich bin ziemlich sicher, daß er das gemeint hat.

AR: Beim Gedanken an das Aufsteigen der Kundalini ist es mir noch nie so ganz wohl gewesen. Ich habe schon immer das Gefühl gehabt, es könnte in den Wahnsinn führen, wenn nicht jemand dabei ist, der wirklich Bescheid weiß.

BD: Aber wenn jemand dabei ist, der Bescheid weiß, kann die Übung sehr wertvoll sein.

AR: Sicherlich befreiend. Manche fühlen sich besonders zur Kundalini hingezogen. Einige meiner Schüler, die irgendwie im Zen-Milieu ihr Zuhause gefunden haben, waren es auch, aber ich weiß darüber nicht Bescheid.

BD: Was würdest du denn ganz allgemein jemandem auf die Frage raten: »Wie soll ich mit meiner sexuellen Energie umgehen?«

AR: Es ist sicher wichtig, einen Kanal für die sexuelle Energie zu finden. Das kann bedeuten, daß man einen Partner hat, aber es kann auch bedeuten, daß man in der Sublimierung ein erfüllendes Mittel findet. Sublimierung hat in unserer Gesellschaft zu Unrecht einen eher negativen Beigeschmack bekommen, als sei es eine Art Verleugnung. Sicherlich gibt es außerhalb der Klöster und auch darin ganz glückliche Menschen, die sich für den Zölibat entschieden haben. Es gibt sogar eine Art Bewegung in unserer modernen Kultur, eine Bewegung von Singles, die ganz bewußt beschließen, zölibatär zu bleiben.

BD: Wir begegnen ihnen ständig. Einige kommen zu uns, um Mönch zu werden, aber viele kommen, um einfach einige Zeit im Kloster zu verbringen. Oft sind es sehr anregende Menschen.

AR: Ihre Energie ist befreit. Ich denke, daß ältere Menschen im Lauf einer Ehe ganz selbstverständlich auch dahin gelangen; mit der Zeit wird ihre Liebe sozusagen befreit.

BD: Sublimierung bedeutet wörtlich »über die Schwelle heben«, etwas auf die nächste Ebene heben, und vielleicht wieder auf die nächste, und wieder die nächste. Sie kann als ein Aspekt der Kultivierung des Lebens angesehen werden, den wir bereits erörterten. Eigentlich fordert ein spiritueller Weg dazu auf, die eigene Lebensweise in jeder Hinsicht zu kultivieren.

Es gibt noch etwas hinsichtlich der Sexualität im Zölibat, das ich noch nicht erwähnt habe, und zwar, daß es viel leichter ist, die rohe Sexualität (roh nicht negativ gemeint, sondern einfach wie nicht raffiniertes Rohöl) in einer warmherzigen, liebevollen Gemeinschaft anzuheben und zu sublimieren als in einer kalten Atmosphäre. In einer Gemeinschaft mit einer kalten Atmosphäre ist es praktisch unmöglich, weil die natürliche Sehnsucht des menschlichen Herzens nach Wärme und Intimität sich mit einem Bedürfnis nach physischer Intimität vermischt, und das ist völlig verwirrend, besonders für jüngere Mitglieder.

Wenn unter den Mitgliedern einer klösterlichen oder anderen Gemeinschaft wirklich Wärme und Zusammengehörigkeit da sind, läßt sich die Sexualität viel leichter sublimieren. Wir, die wir zu Klostergemeinschaften gehören, müssen uns unserer Verantwortung, einander wirkliche Herzenswärme entgegenzubringen, bewußt sein, einer Herzenswärme, die sich von einer burschikosen Kumpelhaftigkeit, wie man sie manchmal findet, ganz und gar unterscheidet.

Sehen wir uns noch eine andere Seite dieser Frage an: An welchen Symptomen zeigt sich, daß Sex der Übung in die Quere kommt?

AR: Die Gedanken sagen es einem. Die spontanen Phantasien, Träume und kleinen Verhaltensänderungen – und das nicht nur während der Meditation. Ich habe einmal im Büro eines Psychologen zwei Karikaturen gesehen. Beide stellten einen Psychologen dar, der die Anleitungen zu einem Test vorlas; in der ersten war der Kandidat ein Mann und in der zweiten eine Frau. Der Psychologe war so dargestellt, daß er die Anleitungen dem Mann mit bewegungsloser Miene vorlas, der Frau aber mit einem breiten Lächeln. Die Karikatur hing im Büro des Psychologen zur Erinnerung an diesen kleinen Verhaltensunterschied, als einen von vielen Unterschieden, der die gesamte Situation in ein anderes Licht rücken kann. Um unserer selbst gewahr zu sein, müssen wir diese kleinen Hinweise beachten lernen, und das lernen wir, indem wir anderen zusehen und über unser Verhalten nachdenken: Behandle ich meine männlichen und weiblichen Schüler unterschiedlich?

BD: Wenn du Träume, Phantasien und ähnliches sagst, meinst du damit – wenn ich dich recht verstanden habe –, daß alles darauf hinweist, daß die Sexualität der Übung in die Quere kommt, wenn wir uns innerlich damit beschäftigen und nicht nur, wenn wir sexuelle Träume haben. Ein wiederkehrendes Muster, etwas, was uns innerlich beschäftigt, das sind die Dinge, auf die wir achten sollten.

AR: Genau. Was kommt dir in den Sinn, wenn du dich zum Meditieren hinsetzt? Wenn du an die Übung denkst und nur zufällige Ablenkungen dich während des Sitzens stören und wenn du nach und nach an den Ort gelangst, wo eher Traumbilder kommen und gehen als Pläne und Erinnerungen, dann bist du auf dem richtigen Weg. Aber wenn du von irgendwelchen sexuellen Geschichten fortgerissen wirst, weißt du, daß du in die Falle gegangen bist.

BD: Wenn wir das, was du eben gesagt hast, auf die Übung im weiteren Sinn ausdehnen, um die es uns geht, könnten wir sagen, daß es noch kein großes Problem ist, wenn eine sexuelle Anziehung, sexuelle Bilder und so fort hier und da ins Bewußtsein dringen, aber wenn jemand anfängt, nur noch aus einem sexuellen Blickwinkel an andere zu denken, dann ist etwas krumm an der Sache.

Um diesen Punkt etwas auszuweiten, wie steht es denn mit der Sinnlichkeit im allgemeinen? Würdest du sagen, daß Sinnlichkeit der Übung immer abträglich ist? Oder sollte ich vielmehr *Sinnenfreude* sagen, da *Sinnlichkeit* doch etwas negativ gefärbt ist? Ist also Sinnenfreude der Übung abträglich?

AR: Nein, bestimmt nicht. Sinnenfreude durchdringt die menschliche Psyche genauso wie die Sexualität. Wenn wir nicht sinnlich veranlagt wären, würde uns die Liebesfähigkeit abgehen, so wie ich das Wort *sinnlich* jedenfalls verstehe.

BD: Ich glaube, es ist legitim, das Wort so zu verstehen, nur hat es meistens einen zumindest leicht abwertenden Beigeschmack im Sinn eines maßlosen Genusses von Sinnenfreuden.

AR: Maßlosigkeit in bezug auf Sinnenfreuden kann natürlich wie jede andere Maßlosigkeit der Übung hinderlich sein.

BD: Das, was ich Sinnlichkeit nenne, beinhaltet eine Maßlosigkeit. Wir sind uns einig, daß eine solche nicht mit einer gesunden Übung vereinbar ist. Aber läßt sich diese Energie nicht in etwas Positives für die Übung umwandeln?

AR: Ich denke, daß sich jede menschliche Eigenschaft in einen Gewinn für die Übung umwandeln läßt.

BD: Und ich meine, daß es um so besser ist, je mehr Energie

vorhanden ist. Manchmal habe ich den Eindruck, daß manche Klosterleute bei der Wahl von Kandidaten für das Klosterleben die langweiligsten Kandidaten für die vielversprechendsten halten, einfach nur, weil sie keine Fehler machen. Aber sie tun auch nichts besonders Positives. Ich würde viel lieber jemanden aufnehmen, der jede Menge Fehler macht, aber auch viel Energie hat, die sich in die richtige Richtung lenken läßt.

AR: Und was sonst als Energie ist Sinnenfreude?

Der Stellenwert der Phantasie und Vorstellungskraft

BRUDER DAVID: Wir haben bereits erwähnt, daß Phantasien, besonders sexuelle Phantasien, ein normale Seite der Psyche darstellen, aber spirituelle Führer scheinen Phantasie und Vorstellungskraft nicht genügend zu würdigen, nicht wahr?

AITKEN RÔSHI: Stimmt.

BD: Aber du tust es.

AR: Ja, und ich kenne andere, die es auch tun. Sicherlich war Sôen Rôshi außergewöhnlich in dieser Hinsicht. Leider sagen einige Zen-Meister unserer Zeit ihren Schülern sogar, sie sollten das Lesen bleiben lassen!

BD: Und was würdest du ihnen sagen?

AR: Wenn ich es mit Menschen zu tun habe, die solchen Meistern sozusagen entronnen sind, lege ich ihnen nahe, alles zu lesen, was sie versäumt haben; wieder anzufangen, ihre Instrumente zu spielen und so weiter. Ich arbeite mit diesen Schülern und empfehle ihnen, ihre Talente und Interessen so gut wie möglich zu verwirklichen. Jeder Mensch ist eine Ganzheit. Wenn eine Seite des Menschen verstümmelt wird, ist der ganze Mensch verstümmelt.

BD: Ich gehe davon aus, daß der Zweck der Praxis darin besteht, voll und ganz lebendig zu werden, im Sinne des 10. Kapitels des Johannesevangeliums, wo Jesus sagt: »Ich bin gekommen, damit sie das Leben haben und es in Fülle haben« (Joh 10,10). Wenn man das akzeptiert, muß man alle Lebensbereiche pflegen. Dabei kann es allerdings unter bestimmten Umständen nötig sein, eine Zeitlang kein Instrument zu spielen oder sogar das Lesen der gewohnten Bücher zu unterlassen.

AR: Man kann natürlich im Kloster nicht Trompete spielen, nehme ich an.

BD: Genau. Im Interesse eines höheren Zieles werden einem gewisse Beschränkungen auferlegt. Aber grundsätzlich meine ich, daß wir alle unsere vielfältigen Begabungen pflegen sollten.

AR: Denken wir nochmals an den Fall von Hopkins: Er studierte englische Literatur in Oxford, insbesondere Lyrik, und war mit Robert Bridges und anderen Dichtern und Schriftstellern befreundet. Dann wurde er katholisch, trat dem Jesuitenorden bei und traf selbst die Entscheidung, auf das Dichten zu verzichten. In sieben Jahren schrieb er nur zwei unwichtige Gedichte für spezielle Anlässe. Dann kam die Nachricht vom Untergang der *Deutschland*. An Bord waren sieben Nonnen, die vor der Unterdrückung in Deutschland geflohen waren. Hopkins wurde bei dieser Nachricht von tiefer Trauer ergriffen, ebenso wie die gesamte Klostergemeinschaft. Sein Abt sagte darauf: »Ich wünschte, jemand würde ein Gedicht darüber schreiben«, und Hopkins fühlte sich plötzlich wie befreit, zum Schreiben befreit. Das daraufhin entstandene Gedicht »Der Untergang der *Deutschland*« ist nicht sein bestes Gedicht, aber fortan schrieb er für den Rest seines kurzen Lebens Gedichte voller Überschwang und Schönheit.

BD: Es ist vielleicht nicht sein bestes Gedicht, aber ich finde es ein wunderbares Gedicht. Darin kommen viele wichtige Dinge vor, einschließlich des Ausdrucks »Grund des Seins«, den Paul Tillich später als Alternative zum theistischen Begriff *Gott* in die theologische Sprache einführte. Dieser Ausdruck stammt aus dem »Untergang der *Deutschland*«, und darin bezeichnet Hopkins Gott auch als »Granit«.[1]

AR: Es sieht so aus, als hätte Hopkins in diesen sieben Jahren unbewußt seine Begabung weiterentwickelt und als seien es in diesem Sinn sehr produktive Jahre gewesen.

BD: Genauso, wie du als Zen-Meister im Zazen bei deinen Schülern die vollständige Reinigung des Geistes von jeglicher Vorstellung anstrebst und ein andermal zur vollen Ausschöpfung der Vorstellungskraft aufrufst.

AR: Es ist eigentlich nicht möglich, den Geist, wie du es ausdrückst, zu reinigen, wenn es in deinem Kopf und Herzen viel Aufgestautes und Unerfülltes gibt. Es wird in deinem Zazen immer an die Oberfläche kommen. Wenn also beispielsweise Musiker in unser Zendo kommen, um eine Weile zu üben, empfehle ich ihnen, zur Musikschule der Universität von Hawaii zu gehen und dort zu fragen, ob sie einen Musikraum zum Üben bekommen. Einige packen die Gelegenheit beim Schopf, aber andere fühlen wohl ähnlich wie Hopkins und beschließen, die Musik eine Weile beiseite zu lassen.

BD: Genau hierhin paßt auch die Frage der Schönheit. Wie wichtig ist Schönheit für ein Leben der Übung? Wir haben es schon bei der Betrachtung der Askese erwähnt, und wenn du hier Blumen aufgestellt hast, hast du die Frage auch erwartet und aufs lebendigste beantwortet. Möchtest du noch etwas dazu sagen?

AR: Ich erinnere mich, wie Sôen Rôshi mich in den Raum

[1] Hopkins, *a.a.O.*, S. 31 ff.

im Kloster führte, in dem ich die nächsten Monate verbringen sollte. Als wir hineinkamen, wies er um sich und sagte in seinem gebrochenen Englisch: »Du kannst dekorieren.« Ich meine, daß es sehr wichtig ist, sich zu Hause mit Erinnerungen an die Schönheiten der Welt und mit Schönheiten zu umgeben, die Mitmenschen geschaffen haben.

BD: Eine Art von Schönheit, deren Pflege mir heutzutage besonders wichtig erscheint, ist die Einfachheit – die Dinge bis auf ihre Schönheit freizulegen, anstatt sie herauszuputzen und immer mehr hinzuzufügen. Es wird viel zuviel dekoriert. Manchmal habe ich Leute in irgendwelchen Institutionen richtiggehend schockiert, wenn ich sagte: »Was könnte man wohl aus dem Raum herausnehmen, damit er schöner wird?« anstatt: »Was könnte man dazutun?« Oberflächlich gesehen wäre das das Gegenteil dessen, was Sôen Rôshi sagte, aber dahinter steckt genau dieselbe Absicht. Wir haben größtenteils das Gefühl für die Schönheit einer Sache an sich, ungeschmückt und ohne Zusätze, verloren. Beispielsweise nacktes Holz. Die Japaner haben die Ästhetik des unbemalten Holzes gepflegt, wie übrigens auch die Skandinavier. Die Dinge einfach sein lassen, wie sie sind.

AR: Es gibt auch die Schönheit, mit der etwas offenbart wird, was in den Dingen verborgen liegt, wie John Donne in seinem Gedicht "The Crosse" beschreibt. Die wichtigen Zeilen sind: »Die Schnitzer machen kein Gesicht, / sie nehmen nur das weg, was es verborgen hielt.«

BD: Das erinnert mich an einen kleinen Jungen, der zusah, wie ein Holzschnitzer ein Stück Holz mit Hammer und Beitel bearbeitete; voller Bewunderung sagte er: »Wie hast du gewußt, daß das Pferd da drin war?« Auch die Inuit betrachten ihre Bildhauer als die Befreier dessen, was sie formen, also nicht so, als würden sie etwas machen, sondern sie befreien es und lassen einen Seehund, Wal oder sonst etwas aus dem Stein hervortreten. Das hat viel mit spirituellem Wachstum zu tun. Wenn jemand so über die Schönheit denkt, erleichtert es die Befreiung seines oder ihres wahren Selbst. Es ist alles eine Ganzheit.

AR: Ja, und dazu gehört, daß alle unnötigen Dekorationen entfernt werden.

Das Problem der Sentimentalität

BRUDER DAVID: Wie definierst du Sentimentalität, und wie vermeidest du sie? Ich würde mich freuen, zu hören, was du darüber nicht nur als Zen-Meister, sondern auch als Dichter zu sagen hast.

AITKEN RÔSHI: Das erste, was mir dabei in den Sinn kommt, ist ein Gespräch, das ich einst mit dem Dichter W. S. Merwin[1] über die Verwendung des englischen Wortes *blossoms* hatte. Die normale Übersetzung für das japanische Wort *hana* ist *blossoms*, aber er meinte: »Sage nie *blossoms*. Sage lieber *flowers* oder etwas anderes.« Dieser Hinweis sollte nicht absolut verstanden werden, aber er war mir als Beispiel eine große Hilfe. Wenn man etwa die Begriffe »Kirschblüten« und »blühende Kirschzweige« betrachtet, merkt man, daß sie einen ganz anderen Eindruck hervorrufen.

Das Sentimentale ist ein Wort über ein Wort. Es ist ein Entgegenkommen denen gegenüber, die das Wort selbst scheuen und sich mit dem Wort über das Wort zufriedengeben. Das Wort *Blüten* mag einst ein direktes und wahres Wort gewesen sein, aber es ist zu etwas geworden, was man falsche oder leblose Dichtkunst nennen könnte.

[1] W. S. Merwin ist einer der hervorragendsten zeitgenössischen Dichter Amerikas und ein ausgezeichneter Übersetzer vieler Zen-Texte. Er war mehrere Jahre lang Aitken Rôshis Schüler.

BD: Etwas Ausgedachtes statt Erfühltes. Wie ein kleiner Text, der sich reimt.

AR: Ja, ein Text, der eine bestimmte Empfindung, ein bestimmtes Gefühl hervorrufen soll. Der Autor wärmt dabei einfach Dinge wieder auf, die vor ihm mit einer größeren Tiefe gesagt worden sind. Er nimmt Teile aus diesen tiefen Aussagen, macht eine Art Collage daraus und spricht nicht aus seiner eigenen Erfahrung.

BD: Das ist meiner Ansicht nach der springende Punkt: In der Sentimentalität versuchen wir, die Gefühle aufzupeitschen, aber die Worte stehen in keinerlei Verbindung zu einer inneren Erfahrung. In einer echten Äußerung fließt Erfahrung in den Augenblick mit ein.

AR: Man kann auch nicht sagen, jede volkstümliche Kunst sei sentimental. Auch in der volkstümlichen Kunst oder Musik gibt es echt Empfundenes, während akademische Kunst und Orchestermusik sehr wohl sentimental sein können.

BD: Bestimmt. Sich nach einem äußeren Rahmen oder Erwartungen zu richten statt nach dem eigenen authentischen Selbst, das ist Sentimentalität.

AR: Und doch spielt Konformität in dem Sinn, daß man von anderen lernt, vielleicht eine wichtige Rolle bei der echten Kreativität. Hier trifft wieder die schon erwähnte Bemerkung von Hopkins zu: »Die Wirkung, die Meisterwerke auf mich haben, ist nämlich derart, daß ich sie aufs höchste bewundere und dann ganz andere Wege einschlage.« Wir brauchen die Inspiration anderer. Aus der Geschichte der Malerei des frühen 19. Jahrhunderts wird ersichtlich, daß die Impressionisten einander beeinflußten, aber wenn wir ihre Werke betrachten, unterscheiden sie sich deutlich voneinander, wenigstens diejenigen der großen Meister. Später haben deren sentimentale Nachahmer in impressionistischer Manier gemalt, aber die großen Impressionisten waren eigentlich kein bißchen konform. Vielmehr liefern sie ein Beispiel gegenseitiger Inspiration. Es wäre unmöglich gewesen, daß einer der Impressionisten ganz allein für sich aufgetreten wäre.

BD: So ist es. Und die Äußerung »die Meister bewundern und dann ganz andere Wege einschlagen« läßt sich ebenfalls auf die spirituelle Praxis übertragen, nicht wahr?

AR: Genau. Wenn wir schauen, wer aus ein und derselben Linie von Zen-Meistern hervorgegangen ist, finden wir die unterschiedlichsten Persönlichkeiten mit einem völlig verschiedenen Lebensstil und anderen Lebensaufgaben.

BD: Eben ist mir noch eine andere Möglichkeit eingefallen, wie man Sentimentalität erkennen und von einem echten Gefühl unterscheiden kann. Ein echtes Gefühl ist um so mehrdeutiger, je tiefer es ist. In der echten Kunst sind die Mehrdeutigkeiten um so tiefsinniger, je tiefer sie ist. Ich glaube, daß es Leonard Bernstein war, der sagte, er schätze im Jazz ganz besonders, daß sich sogar im größten Überschwang eine traurige Note findet. Und wenn es am traurigsten tönt, klingt eine hoffnungsvolle Note an. Das ist die Art von Mehrdeutigkeit, die ich meine. Sentimentale Musik ist entweder ganz glücklich oder ganz trübsinnig; ihr fehlt diese Zweideutigkeit.

Wenn wir die eigenen Gefühle nach dieser Mehrdeutigkeit erforschen, könnte uns das vielleicht als Hinweis dienen, wie sehr wir eigentlich mit unserer tiefsten Quelle verbunden sind. Mich interessiert die Sentimentalität deshalb, weil sie in der Praxis – vielleicht weniger im Rahmen des Zen als im Christentum – ziemlich oft vorkommt.

AR: Vielleicht nimmt sich der sentimentale Mensch auch zu ernst.

BD: Und daher entgeht ihm die Mehrdeutigkeit.

AR: Oder ihm entgeht die Möglichkeit, wirklich kreativ zu sein, was aus dem Unerwarteten kommt. Eine der Freuden bei

Mozart zum Beispiel ist doch die, daß er genau dann, wenn man erwartet, daß er eine Terz höher geht, eine Oktave und eine Terz höher geht oder eine Oktave und eine Terz tiefer oder möglicherweise nicht einmal eine Terz, sondern statt dessen eine Septime.

BD: Und genau das macht es aus, daß die Musik so lebensnah ist – weil das Leben eine Überraschung *ist*.

11

DIE BITTEREN GEFÜHLE

Das Feuer des Zorns

BRUDER DAVID: Kann man konstruktiv mit einer heftigen Wut umgehen?

AITKEN RÔSHI: Selbstverständlich, aber es ist keinesfalls einfach. Unter den Zehn Grundregeln des Mahâyâna-Buddhismus befaßt sich eine einzige ausdrücklich mit einer Emotion, und zwar mit dem Zorn. Sogar Sex wird nicht von der emotionellen Seite her betrachtet, sondern nur vom Verhalten her. Bei der Übersetzung der Grundregel über den Zorn habe ich sie etwas umformuliert und als »Nicht-im-Zorn-Schwelgen« wiedergegeben. Ich bin davon überzeugt, daß Zorn an sich eine Tugend ist und daß es nur dann zu Schwierigkeiten kommt, wenn man im Zorn *schwelgt*.

BD: Ich bin froh, daß du das sagst!

AR: In seiner reinen Form ist Zorn eine Lehre. Im Neuen Testament gibt es mindestens zwei Fälle, in denen Jesus in Zorn geriet, und beide sind sehr lehrreich. Als er beispielsweise die Geldwechsler aus dem Tempel verjagte, kann man ziemlich sicher sein, daß er vor Zorn bebte, wahrscheinlich war er in Weißglut vor Zorn, reinem Zorn.

Ich muß im Zusammenhang mit Zorn oft an meinen alten Meister Yasutani Rôshi denken. Er war eines von viel zu vielen Kindern einer sehr armen Familie, und seine Mutter brachte ihn zu einem Tempel, damit die Priester ihn aufzögen, wie es in Japan Brauch war. Er war damals fünf Jahre alt, und du kannst dir vorstellen, wie das auf ihn gewirkt hat. Er wuchs zu einem sehr zornigen Jungen und einem äußerst zornigen Mann heran, der bis zu seinem Tod streitsüchtig war. Aber in den Jahren seiner Reife, als ich ihn kannte, war sein Zorn ein reiner Zorn geworden. Er scherte sich keinen Deut um persönliche Kritik; er regte sich überhaupt nicht auf, wenn man ihm beispielsweise sagte, sein Hemdkragen sei schmutzig. Aber wenn man ein falsches Wort über das Dharma sagte, geriet er in Rage, und wenn man etwas wirklich Falsches sagte, erteilte er einem eine äußerst erregte und heftige Lektion. In meinem Buch *A Zen Wave*[1] ist ein Foto von ihm, wo er gerade lehrt und wo die Hitze seiner Leidenschaft deutlich sichtbar ist.

In *Zen in English Literature* erzählt R. H. Blyth[2] eine herrliche Geschichte aus dem Leben von Robert Louis Stevenson. Eines Tages begegnete Stevenson einem Mann, der seinen Hund schlug, und er mischte sich ein, damit er aufhöre. »Es ist nicht dein Hund«, sagte der andere und wollte weiterschlagen, aber Stevenson sagte: »Es ist *Gottes* Hund, und ich bin hier, um ihn zu beschützen!« So ein kosmischer Zorn verändert die Welt. Gandhi war ein zorniger Mann. Martin Luther King war ein zorniger Mann.

BD: Viele Reformatoren sind in diesem Sinne zornige Männer. Ich möchte dich aber bitten, noch einmal darauf zurückzukommen, wie wir von dem Punkt, an dem Yasutani Rôshi wütend war, weil er sich persönlich verraten fühlte, zum Zorn seiner späten Jahre kommen können, der sich gegen Ungerechtigkeit und Unwissen richtete. Ich kann deiner Unter-

[1] Robert Aitken, *A Zen Wave: Bashô's Haiku and Zen*, Weatherhill, New York 1978.

[2] Blyth war Aitken Rôshis Mentor und dieses Buch seine Einführung in den Zen. Siehe Vorwort.

scheidung zwischen einem unreinen und einem reinen Zorn folgen, aber was wird im Prozeß der Läuterung wohl ausgesiebt?

AR: Laß mich das *Ts'ai-ken t'an*[1] zitieren: »Wenn der Wind durch den Bambushain weht, klappern die Stämme gegeneinander. Wenn er vorbei ist, ist es im Hain wieder still.« Wenn dein Geist grundsätzlich ruhig ist, kommt der Zorn zur geeigneten Zeit auf und erstirbt genauso. Es scheint mir, daß Eltern, die einem Kind sagen: »Komm da herunter! Du darfst nicht auf dem Tisch stehen«, dem Kind eine unmißverständliche Lehre erteilen, und das Kind denkt dann: »Nanu! Also *das* werde ich bestimmt nie mehr tun!«, und dann ist es vorbei. Es ist weg. Es ist wie ein Schnitt, der sofort heilt.

BD: Jetzt verstehe ich, was du meinst. Wie du weißt, hatte auch ich die große Ehre, Yasutani Rôshi zum Meister zu haben, und ich glaube, ich verstehe seine Fähigkeit, es überhaupt nicht persönlich zu nehmen, wenn jemand sich über seinen schmutzigen Hemdkragen oder andere kleine Mängel aufhielt. Als ausgesprochener Perfektionist hörte er so viele Stimmen, die ihn ständig von innen her kritisierten, daß die kleine Stimme da draußen, die ihn ebenfalls kritisierte, völlig belanglos war; er war Kritik so gewohnt, daß sie ihn überhaupt nicht mehr aus dem Gleis warf.

AR: Ich glaube nicht, daß Yasutani Rôshi ständig solche Stimmen hörte. Ich denke, daß sein Geist zu jenem Zeitpunkt seines Lebens ruhig war.

BD: Es ist eigentlich gar nicht so wichtig, ob das auf Yasutani Rôshi zutrifft oder nicht, aber macht es denn nicht Sinn, daß der Umgang mit dem Zorn etwas damit zu tun hat, über diese

[1] Das *Ts'ai-ken t'an* ist eine Sammlung von Aphorismen, kurzen Predigten und Fabeln des chinesischen Dichters Hung Ying-Ming aus dem 16. Jahrhundert.

inneren Stimmen hinauszugehen, um die Stille zu erlangen, von der du sprichst?

AR: Das Darüberhinausgehen oder Transzendieren hängt damit zusammen, ob man jenen Ort im tiefsten Inneren findet, wo sich nichts bewegt, wo alles Ruhe ist.

BD: In den Briefen des hl. Paulus gibt es eine passende Stelle: »Wenn ihr zürnt, so sündigt nicht. Die Sonne soll nicht untergehen über eurem Zorn« (Eph 4,26). Sünde bedeutet Entfremdung; er sagt also: Geht hin und seid zornig, aber laßt nicht zu, daß es euch von den andern entfremdet. Seid zornig von einem nicht entfremdeten Ort aus.

Außerdem kann die Ermahnung, die Sonne nicht über dem Zorn untergehen zu lassen, entweder bedeuten, daß man sich vor dem Abend versöhnt, oder auf einer tieferen Ebene, daß der Zorn vom Licht der Sonne erhellt werden soll. Seht zu, daß es kein schwarzer Zorn ist; seht zu, daß es ein heller Zorn ist.

Thomas von Aquin sagt, Zorn sei die zusätzliche Energie, die man zum Überwinden von Hindernissen brauche. Es ist wie die zusätzliche Beschleunigung, wenn man beim Aufwärtsfahren aufs Gaspedal drückt. Das ist das Beste, was es im Christentum über diese Frage gibt, und es stimmt völlig damit überein, was du über den Zorn als etwas Positives und Wünschenswertes gesagt hast.

AR: Es klingt für mich so, als würde Paulus eine Grenze zwischen Zornigsein und Im-Zorn-Schwelgen ziehen. Das führt zur nächsten Frage: Unterscheidest du zwischen Zorn und Haß?

BD: Es ist schwierig, in unserer Sprache darüber zu sprechen, weil es beinahe unvermeidlich ist, daß im Wort selbst Untertöne von Haß mitschwingen. Ein positiver Zorn müßte ein Zorn völlig ohne Haß sein.

AR: Glaubst du, daß Haß je eine Tugend sein kann?

BD: Das ist noch heikler. Ich würde es bejahen, wenn es ein Haß ohne Böswilligkeit ist.

AR: Beispielsweise ein Haß gegen den Faschismus.

BD: Ein Haß im Sinn einer vollständigen Opposition, ein Haß, der implizit in der Aufforderung enthalten ist, seine Feinde zu lieben. Um ihr nachzukommen, müssen wir Feinde haben. Aber Feinde zu haben bedeutet, sich andern mit einem Haß zu widersetzen, der weder entfremdet noch böswillig, noch haßerfüllt im gewöhnlichen Sinn des Wortes ist. Es wäre ein liebevoller Haß. In unserer Sprache läßt sich das nicht eben leicht ausdrücken.

AR: Geht es in anderen Sprachen?

BD: Nein; ich kenne auch keine Sprache, in der das möglich wäre. Vielleicht müssen wir sie entwickeln oder erfinden. Aber ich denke schon, daß wir darüber einer Meinung sind.

In diesem Zusammenhang fällt mir noch etwas ein. Glaubst du, daß ein konstruktiver Umgang mit einem heftigen Zorn bedeutet, ihn noch zu vertiefen? Auf der tiefsten Ebene ist der Zorn reine Energie, die zum Guten verwendet werden kann. Aber oberflächlich gesehen wird der Zorn auf negative Weise ichbezogen und damit unrein.

AR: Ein aus den Tiefen steigender Zorn in diesem Sinn wäre ein Zorn, der aus der Wahrnehmung entsteht, daß eine Situation oder eine Handlung nicht mit meiner reinsten Sicht übereinstimmt, mit der Sicht, in der die Dinge sich in ihrem innersten Wesen zeigen.

BD: Wenn er aus dieser tiefsten Mitte kommt, ist der Zorn Ausdruck eines Wunsches, die Welt wieder in Ordnung zu bringen. Er ist Äußerung der Praxis, weil er aus einer Quelle kommt, wo ich eins bin mit dem Ding oder demjenigen, der Gegenstand meines Zornes ist.

AR: Mit anderen Worten: *Ich* mache es nicht richtig, und nicht: Du »da draußen« machst etwas falsch.

BD: Genau. Konstruktiv mit Zorn umzugehen kann bedeuten, daß man zur Quelle des reinsten Zornes hinabsteigt und diesen hervorströmen läßt, um den oberflächlicheren Zorn zu läutern. So ungefähr. Und das ist sehr schwer umzusetzen.

AR: Allerdings. Fast immer hat mein lehrreicher Zorn eine leichte Färbung von Rechtfertigung. Manchmal auch mehr als eine leichte.

BD: Wenn die Mönche darüber redeten, daß wir unsere Beweggründe läutern sollten, pflegte Pater Damasus etwas zu sagen, was mir sehr geholfen hat. Scherzhaft, aber mit großem Ernst, sagte er dann: »Macht euch keine Sorgen über die Läuterung eurer Beweggründe; erkennt einfach, daß sie nicht rein sind, und dann macht weiter.«

Scham

BRUDER DAVID: Wie gehst du mit dem um, was T. S. Eliot »die Schmach von spät erkannten Beweggründen« nannte?

AITKEN RÔSHI: Erstens tut Zugeben der Seele gut. Wenn dann die eigenen Beweggründe wirklich so, wie sie sind, zutage treten, gibt es nur noch eins: dieses Versagen dem anderen einzugestehen. Wenn die eigenen Beweggründe – wie so oft – nur teilweise schlecht sind, dann soll man diesen Teil zugeben und nicht gleich die günstigeren Beweggründe beifügen. Man wartet ab und schaut, ob der andere sie im Laufe des Gesprächs nicht von selbst erwähnt.

BD: Mein Zitat stammt aus dem vierten der *Vier Quartette*, wo Eliot über die Gaben spricht, die dem Alter vorbehalten sind, und ich denke, daß es tatsächlich eine für ältere Menschen äußerst wichtige Frage ist. Er zählt diese Gaben – die viele gar nicht als Gaben betrachten würden – auf, während er Rückschau auf das Leben hält:

Letztlich die Qual, abermals durchzuleben,
Was man getan und was man war; die Schmach
Von Beweggründen spät erkannt, das Wissen
Von schlechtem Tun, zum Schaden andrer,
Was man sich einst als Tugend angerechnet.

Man hat es gut gemeint, aber rückblickend sieht man, daß das, was man getan hat, einem anderen geschadet hat. Zwei Zeilen später sagt er:

Von Unrecht zu Unrecht flieht der entnervte Geist,
Wenn ihn nicht wieder läutert jenes Feuer,
Worin man sich im Rhythmus regt, so wie ein Tänzer.

Dieser Gedanke des läuternden Feuers hat mich sehr berührt, und auch der der spät erkannten Beweggründe; das läuternde Feuer, das die Beweggründe läutert. Dann findet man im nächsten Abschnitt die folgenden Zeilen, die eigentlich ein Zitat des großen englischen Mystikers Julian of Norwich sind:

Und alles wird gut sein,
Und jederlei Ding wird gut sein,
Durch die Läuterung des Beweggrunds,
Unserem Beten zugrund.[1]

Das ist die große Aufgabe. Das, was »unserem Beten zugrund« liegt, wäre derselbe Boden, das Innerste des Herzens, auf das wir immer wieder zurückkommen.

AR: Und doch mit einem kleinen Unterschied, oder nicht? Der Ort des großen Friedens und der Einheit ist der Dôjô, die

[1] T. S. Eliot, *Werke 4, Gesammelte Gedichte* 1909–1962, a.a.O., S. 329 und 331.

japanische Übersetzung von Bodhimanda, dem Ort unter dem Bodhi-Baum, wo Buddha die vollkommene Erleuchtung erlangte. Mir scheint, daß das, was »unserem Beten zugrund« liegt, ein Tao ist, ein Weg, also nicht so sehr ein Ort als vielmehr eine Handlung.

BD: Ich denke, daß man sehr gut argumentieren könnte, daß Buddhas Sitzen unter dem Bodhi-Baum der Akt des Betens ist. *Beten* ist ein gutes Wort dafür, was hier vor sich geht: Es ist die äußerste Anstrengung, die äußerste existentielle Anstrengung des ganzen Menschen. Die beiden Dinge fallen also mehr oder weniger zusammen. Das eine ist der statische, das andere der dynamische Aspekt.

AR: Damit bin ich einverstanden.

BD: Ich denke, das, was dem Buddha unter dem Bodhi-Baum geschah, war die Läuterung der Beweggründe, die »seinem Beten zugrund« waren. Es ist in der mythologischen Darstellung der verschiedenen Versuchungen, denen er dort ausgesetzt ist, enthalten. Das ist doch Läuterung der Beweggründe, nicht wahr?

AR: Seine Sicht wurde nicht mehr von den Täuschungen des Selbst versperrt, er wurde nicht mehr von Sorgen und Selbsttäuschungen behindert und konnte somit sehen, daß alle Wesen Buddhas sind.

BD: Aber die Art, wie es in der Mythologie dargestellt wird, wo Mâra und seine Heere kommen, um den Buddha zu versuchen und von seiner Suche abzulenken, könnte wohl als die eigentliche Übung verstanden werden. Es sollte nicht aufzeigen, daß er das alles bereits überwunden hatte und gegen Versuchungen immun war, sondern vielmehr, daß die Versucher gewissermaßen er selbst sind.

AR: In einem ganz realen Sinn.

BD: Die Versuchung selbst ist der Läuterungsvorgang. Wenn wir das auf »die Schmach von spät erkannten Beweggründen« anwenden, wie gehen wir dann mit dieser Schmach oder Scham um? Durch »Läuterung des Beweggrunds, unserem Beten zugrund.«

AR: Ich würde sagen, durch die Übung, Körper und Geist auf einen einzigen Punkt auszurichten. Natürlich geht es im Zazen genau darum, aber es ist nicht auf Zazen beschränkt. Bei Simone Weil gibt es eine wunderbare Stelle, die davon handelt, die gesamte Aufmerksamkeit zu sammeln, sich auf etwas, was einem nicht klar ist, zu konzentrieren und alles andere beiseite zu lassen. Als sie sich mit dem Gedicht »*Love*« von George Herbert befaßte, hatte sie ein Durchbruchserlebnis. Es ist ein recht einfaches Gedicht, aber es entzog sich ihr, weil sie es nicht in ihrer Muttersprache las. Es war auch schwierig, weil es ein zutiefst christliches Gedicht ist und sie selbst Nichtchristin war. Sie mußte sich ihm also voll und ganz widmen, und als sie das tat, gelangte sie an jenen Punkt, der den Kern ihrer existentiellen Zweifel ausmachte. Das ist der Weg der Praxis.

BD: Das ist sicherlich der Weg, um letztlich die Beweggründe zu läutern.

AR: Ja, ich denke, daß sich alles fügt, wenn man es zuläßt. Wenn ich sage, daß man im Zazen »seine Beweggründe läutert«, meine ich, daß man alles andere fallenläßt. »Die eigenen Beweggründe« in der umfassenderen Dimension der Praxis zu läutern heißt sicherlich, sich der anstehenden Aufgabe zu widmen und alles andere beiseite zu lassen. Wenn also, sagen wir mal, ein Gespräch ansteht, dann widmet man sich dem Gesprächspartner ganz und nimmt die Bedeutung dessen auf, was der andere explizit und implizit mitteilt.

BD: Ja, das gehört wohl immer dazu: diese nur auf eines konzentrierte Aufmerksamkeit, die Simone Weil erreichte. Das Bild, das mir dazu in den Sinn kommt, ist eine Lupe, in der Sonnenstrahlen zu einem einzigen Strahl gebündelt werden, so daß sie ein Loch in ein Blatt Papier brennen. Diese brennende Läuterung, dieses verfeinernde Feuer ist das Bild, das zu dem paßt, was du sagtest.

AR: Ja, ich denke auch; das wirft übrigens etwas sehr Wichtiges auf, was damit in Zusammenhang steht: Dieser Prozeß kann zu jedem Zweck verwendet werden. Genauso, wie ein unglücklicher kleiner Junge eine Lupe dazu verwenden kann, um Insekten zu verbrennen, kann ein Geschäftsmann, der auf Ausbeutung aus ist, die Meditation dazu verwenden, seine eigenen geldgierigen Ziele zu verfolgen. Wenn wir also unsere Beweggründe nach und nach läutern, so muß doch von Anfang an ein lauterer Beweggrund unserer Übung zugrunde liegen.

BD: Jetzt, wo ich älter werde, befasse ich mich öfters mit den »spät erkannten Beweggründen« und dem »schlechten Tun, zum Schaden andrer, was man sich einst als Tugend angerechnet«. Eine Fallgrube ist die, daß wir glauben, diese Fehler seien nicht mehr zu ändern. Wir sagen uns: »Das war einmal, es ist vorbei. Wie kann man es jetzt beheben, wo es doch schon passiert ist?« Für mich funktioniert der Vorgang der Läuterung so: Ich erkenne, daß der Fehler in irgendeinem Sinn notwendig war. Er war nötig, damit ich lernen konnte. Er ist nicht an sich gut oder wünschenswert, aber wenn ich diesen Fehler nicht gemacht hätte, wäre ich nicht da, wo ich heute bin. Und *jetzt* verwende ich diese Einsicht ganz konzentriert, um die Beweggründe zu läutern.

AR: Ich würde noch einen Schritt weiter gehen. Sogar wenn der Mensch, dem man etwas Unrechtes angetan hat, tot und nicht mehr da ist, ist es trotzdem möglich, eine Art Gespräch mit ihr oder ihm zu führen. Wenn die- oder derjenige noch lebt, kann man natürlich einen Brief schreiben oder anrufen und etwas mehr als eine rein persönliche Angelegenheit aus dieser Läuterung machen.

BD: Ich freue mich, daß du das gesagt hast. Ich glaube, daß das unbedingt nötig ist.

Eifersucht und Zurückweisung

BRUDER DAVID: Ein weiteres der bitteren und schwierigen Gefühle ist die Eifersucht. Wie kann man Eifersucht vermeiden, wenn man jemanden wirklich liebt?

AITKEN RÔSHI: Zunächst einmal bin ich mir nicht so sicher, daß man Eifersucht vermeiden sollte. Wenn zwei Menschen heiraten, kreieren sie ein neues Wesen: die Ehe. Aus diesem neuen Wesen können Kinder und eine Familie entstehen. Jeder Ehepartner hat die Verantwortung, zur Gesundheit der Ehe beizutragen und dieses Wesen zu nähren und zu schützen.

BD: Du verwendest das Wort *Wesen* hier auf sehr interessante und ganz ungewöhnliche Weise …

AR: Alles, was existiert, ist ein Wesen. Sogar vorgestellte Wesenheiten sind Wesen in diesem weitesten Sinn: ein Wasserspeier ist ein Wesen, ein Einhorn ist ein Wesen.

BD: Mit anderen Worten braucht es gar nicht wirklich zu existieren. Es kann ein Wesen in der Vorstellung sein.

AR: Aber ein Wesen in der Vorstellung *ist* wirklich! Es hat eine Geburt, ein Leben und einen Tod wie jedes andere Wesen auch.

BD: In der Vorstellung.

AR: Ja – und die Vorstellung gehört zum Universum.

BD: Sicher, das bestreite ich auch nicht. Die Vorstellung gehört nicht nur zum Universum, sie kann einen unerhörten Einfluß auf die Ereignisse haben. Denken wir bloß an den Einfluß, den das Einhorn auf die Menschen ausgeübt hat!

AR: Um also auf unser Wesen der Ehe zurückzukommen:

Wenn ein Ehepartner das Leben dieses Wesens scheinbar bedroht, wird die Besorgnis des anderen zum Schutz der Ehe geweckt. Wenn wir das Eifersucht nennen, dann finde ich, daß diese Reaktion positiv ist. Wie man damit *umgeht*, ist etwas anderes.

Natürlich ist uns die negative Eifersucht viel geläufiger: Ich fühle mich verletzt, wenn meine Frau offen oder versteckt mit einem anderem flirtet. Zwar glaube ich schon, daß das mit der Besorgnis, die Beziehung zu schützen, zusammenhängt, aber es steht in keinem Verhältnis dazu. Manche greifen wegen jedem kleinen Gespräch ihrer Ehepartner mit andern zu Schutzmaßnahmen.

BD: Die negative Eifersucht zeichnet sich wohl durch Besitzanspruch aus. Und dieser ist offensichtlich zerstörerisch, während die Eifersucht, die du beschrieben hast, konstruktiv ist und von einer Art, die das Wesen Ehe, wie du es nennst, aufbaut. Es kommt mir vor, als geschehe ziemlich dasselbe im Rahmen einer Freundschaft: Eine Freundschaft kann man schützen, damit sie überfließt und alle anderen bereichert, während eine Freundschaft, die zur Cliquenbildung neigt oder sich nur nach innen richtet – also eifersüchtig im negativen Sinn ist –, nicht nur für die Gemeinschaft zerstörerisch ist, innerhalb derer sie stattfindet, sondern auch für die betreffenden Freunde.

AR: Dieses Gefühl einer Ehe als Wesen ist, wie ich meine, ziemlich real und stark, obwohl es gewöhnlich ganz unbewußt ist. Wir feiern die Geburt dieses Wesens bei der Hochzeit, freuen uns, es während seines Wachstums und mit den Kindern, die dazukommen, zu hegen und zu pflegen, und betrauern seinen Tod, wenn es zu einer Scheidung kommt. Ich bin sicher, daß du diese Trauer schon oft erlebt hast.

BD: Ja, je häufiger Scheidungen werden, desto notwendiger wird es, die Scheidung zu einem Ritual zu machen. Ich weiß nicht, ob du das in deinem Zendo machst, aber ein positiver Abschluß mit einem Ritual – wie man auch für die Ehe ein Ritual feiert – kann eine enorme Hilfe in dieser Trauer sein.

AR: Nein, wir haben keine solche Feier. Ich habe bisher empfohlen, einen Abschluß durch Vermittlung und direkte Gespräche zu suchen, aber mir gefällt der Gedanke eines Rituals.

BD: Und wie gehen wir damit um, wenn wir von denen, die wir lieben, zurückgewiesen werden?

AR: Das verursacht einen tiefen Schmerz, weil es die Zurückweisung einer Neigung ist, die geheimnisvollen Quellen entspringt. Wenn wir eine Neigung zu jemandem entwickeln – sei es in der Vorstellung oder mit der aktiven Teilnahme des anderen – und zurückgewiesen werden, dann ist es wie ein Tod, und wir trauern, wie wir es bei einem Tod tun würden.

BD: Menschen sterben auch tatsächlich manchmal, wenn sie zurückgewiesen werden.

AR: Ja, es ist auch bekannt – wenigstens sagen uns das die Statistiken –, daß Krebs oft nach einem Vertrauensbruch, einer Zurückweisung oder Enttäuschung entsteht.

BD: Eine Zurückweisung ist deshalb so verletzend, weil wir uns denen, die wir lieben, von unserer verletzlichsten Seite zeigen. Außerdem wird unsere Selbstachtung dabei zerstört, weil wir dazu neigen, unsere Selbstachtung vorwiegend auf die Meinung derer zu gründen, die wir achten und schätzen.

Ich frage mich, wie oft es wohl vorkommt, daß zwei Freunde oder Geliebte einander wirklich so lieben, daß man es das gleiche Gefühl nennen könnte. Natürlich ist es überhaupt nicht möglich, Ebenen der Zuneigung zu messen oder zu vergleichen, aber ganz allgemein könnte man vielleicht wenigstens sagen, daß die Zuneigung gleich ist, wenn zwei Menschen ihre Liebe ganz und gar einander widmen. Wie oft kommt das deiner Meinung nach vor? Oft, selten oder beinahe nie?

AR: Ich weiß es nicht, aber ich erinnere mich an ein *Senryû*, in dem der Vorschlag gemacht wird, wie man das messen kann. Du weißt, was ein Senryû, eine Art satirischer Vers, ist?

BD: Es ist wie ein Haiku, aber es handelt von Menschen.

AR: In diesem Fall geht es um ein Paar, das gemeinsam unter einem Schirm geht:

Der Regenschirm neigt sich
weg von dem,
der am meisten liebt.

Anders ausgedrückt: Wer mehr liebt als der andere, hält den Regenschirm so geneigt, daß der andere geschützt ist.

BD: Das ist sehr schön. Ich muß einmal darauf achten, wie viele Paare ihren Schirm gerade tragen! Das Paar, das einander mit derselben Liebe liebt, wird in der Literatur viel besungen, aber nach dem zu schließen, was mir meine Freunde anvertrauen, kommt sie relativ selten vor. Wenn wir vier Menschen haben, dann ist es nicht etwa so, daß A nur B liebt und B nur A, während auch C und D nur einander lieben, sondern oft kommt es dann vor, daß A zwar B liebt, B aber C, C dagegen D und D wieder A liebt – so daß alles im Kreis herum geht. Dann gibt es ein Riesendurcheinander, und ich frage mich ständig: »Warum muß das bloß so sein? Ergibt das einen tieferen Sinn?« Und dazu fällt mir nur ein, daß wir vielleicht steckenblieben, wenn die Paare vollkommen zueinander passen würden; die Liebe wäre völlig nach innen gewandt, und wir würden das Gefühl eines multizentrischen Wesens verlieren. Vielleicht soll unsere Liebe dadurch irgendwie weiter werden, damit sie nicht nur an einem Menschen hängenbleibt.

AR: Mir scheint, daß in Fällen wie dem, wo A B liebt, B aber C liebt und so weiter, keine klare Auffassung darüber besteht, was die Ehe ist. Es ist nicht nur wichtig, den anderen zu lieben, sondern sich auch dem zu widmen, was gemeinsam aufgebaut wird. Wenn das Augenmerk darauf gerichtet ist, dann ist die vorübergehende Erfahrung, sich außerhalb der Ehe zu verlieben, gleichsam nicht mehr als eine momentane schwere Erkältung.

BD: Ja, wobei ich auch dieser Erfahrung eine sehr positive Bedeutung geben würde. Ich habe Verheirateten oft gesagt: »Seid um Gottes willen *dankbar*, wenn ihr euch verliebt. Je öfter, desto besser! Achtet einfach darauf, wie ihr mit dieser Energie umgeht. Laßt sie, wenn irgend möglich, in euer Eheleben einfließen, genauso wie Zölibatäre sie in ihr Zölibat einfließen lassen.« Die Verliebtheit produziert Unmengen von Energie, und ich finde es ein großartiges Geschenk, wenn die Natur die Menschen dazu bringt, sich immer wieder zu verlieben – wenn man nur lernt, die Energie positiv zu lenken. Es wäre eine solche Verschwendung, diese Energie nicht für das spirituelle Leben zu nutzen.

Wie gesagt, kann eine solche Energie in einer gesunden Ehe in die Ehe selbst gelenkt werden. Im Idealfall kann der andere Ehepartner seinerseits die dritte Person im Bunde lieben, und auf diese Weise kann die Liebe in einer Ehe oder Freundschaft überfließen. Anders könnte diese Energie so gelenkt werden, daß mehr Fürsorge daraus entsteht, daß man sanfter mit allen umgeht. Ich denke, daß dieser ganze Ansatz, Gefühle der Liebe irgendwohin zu lenken, für Menschen im Zölibat viel offensichtlicher ist als für Eheleute, weil er ein so wichtiger Teil ihrer Praxis ist, aber alle können ihn lernen und anwenden.

12

VOM UMGANG MIT ANDERN

Von Erwartungen unabhängig sein

Bruder David: Wie können wir davon frei werden, uns von den Erwartungen anderer beherrschen zu lassen?

Aitken Rôshi: Mir scheint, daß es bei dieser Befreiung grundsätzlich um etwas geht, was ich spirituelles Selbstvertrauen nennen möchte. In der buddhistischen Mythologie kann man nachlesen, wie der Buddha, nachdem er gerade erst geboren war, sieben Schritte in jede der vier Himmelsrichtungen tat, mit der einen Hand zum Himmel und der anderen zur Erde wies und verkündete: »Über den Himmeln, unter den Himmeln: nur ich allein und heilig.« (In einer anderen Übersetzung heißt es: » … nur ich, der von der Welt Geehrte.«) Es scheint für ein kleines Kind reichlich eingebildet zu sein, so etwas zu sagen, aber das wäre zu wörtlich aufgefaßt. Der springende Punkt ist, daß *das* [und dabei zeigt Aitken Rôshi auf seinen Körper] der einmalige Körper des Buddha ist.

Zu Beginn meiner Zen-Übungen in Japan rätselte ich oft daran herum, weswegen die Mönche Selbstvertrauen und Erkenntnis gleichzusetzen schienen. Ich dachte bei mir: »Gehört Vertrauen nicht zum Ego?« Damals war ich reichlich verwirrt, was das Ego und dergleichen angeht. Die Einsicht, daß man selbst der Buddha ist, ist eine sehr demütigende Erfahrung, aber gleichzeitig verleiht sie einem das Selbstvertrauen, auf eigenen Füßen zu stehen. Sie verleiht einem das

Selbstvertrauen, den Erwartungen anderer gegenüber offen zu sein, aber sich nicht davon beherrschen zu lassen – dem Rat und den Vorschlägen anderer gegenüber offen zu sein, aber eigene Entscheidungen zu treffen.

BD: Und wie gelangen wir dahin?

AR: Aus dieser Erkenntnis des einmaligen Buddhas (oder, in deiner Terminologie, der Erfahrung, daß Gott in mir ist) entsteht die Kraft, etwas Einmaliges und persönlich Kreatives zu tun. Kinder suchen immer so etwas in sich selbst: »Was kann ich tun, das ganz ich bin?« Wir setzen diese Suche unser Leben lang fort – pflegen das »ganz ich«. Was ist es? Auf dem Weg kommen wir an Meilensteinen der Bestätigung vorbei und gelangen an Orte, wo es uns klar wird: »Aha, *das* bin ich!« Und dadurch offenbart sich der Charakter, was der Tatsache überhaupt nicht widerspricht, daß alle Wahrnehmungen grundsätzlich leer sind und daß es nichts Festes oder Konkretes gibt, das wir als Selbst oder als dessen Kraft ausmachen könnten.

Wenn wir so vorangehen und an diesen kleinen Meilensteinen vorbeikommen, entwickeln wir mit der Zeit Selbstvertrauen. Das Problem in der heutigen Gesellschaft besteht darin, daß sie darauf angelegt ist, Menschen mit bestimmten Fähigkeiten – etwa Geld zu verdienen oder andere zu beeinflussen – die besten Chancen zu geben, sich selbst zu verwirklichen. Die Masse aber arbeitet in sehr unbefriedigenden Arbeitsverhältnissen ohne jede Erfüllung und hat relativ geringe Chancen, diese Meilensteine je zu erreichen.

BD: Aber es müßte doch für jemanden, der eine unbefriedigende Stelle hat und dort weiterarbeiten muß – in einer Gesellschaft, die eine sehr beschränkte Sicht davon hat, was sie als Selbstäußerung gelten läßt –, möglich sein, sich innerhalb dieser Stelle und Gesellschaft – wenn die oder der Betreffende wirklich darunter leidet, von den Erwartungen anderer beherrscht zu werden – nach und nach und Schritt für Schritt daraus zu befreien.

AR: Ich denke schon.

BD: Wenn ich dich richtig verstehe, würden deine kleinen Meilensteine etwa so aussehen: Jemand würde ganz bescheiden beginnen und vielleicht einmal sagen: »Na schön, was möchte ich heute abend gerne tun, um ganz ich und zufrieden zu sein?« Dann würde sie oder er etwas tun, was ein bißchen anders ist als sonst, würde es einfach tun und merken, daß es funktioniert, daß es etwas Unerwartetes war, und sie oder er wäre stolz darauf und befriedigt.

AR: Ja, und dabei ist es außerordentlich wichtig, sich an einen Ort zu begeben, an dem eine solche Erfahrung möglich ist. Wenn man beispielsweise geistig orientiert ist, dann ist es wichtig, in einer Bibliothek oder einer Buchhandlung zu schmökern, Bücher in die Hand zu nehmen, sie anzuschauen und zurück ins Regal zu stellen, bis man genau das findet, was einen gerade anspricht, es zu kaufen oder auszuleihen, zu lesen und darüber zu reden.

BD: Das ist ein gutes Beispiel. Ich würde mit dir übereinstimmen, daß es wichtig ist, sich eine solche Umgebung zu suchen, nur muß man dazu auch sagen, daß jemand, der in die Falle gegangen ist, von den Erwartungen anderer beherrscht zu werden, nicht so lange warten sollte, bis die Gegebenheiten stimmen. Man sollte sich in ebendieser Gegebenheit umsehen, in der man gerade ist, und schauen, ob es da nicht bereits eine kleine Lücke gibt, in der man etwas Unerwartetes tun kann. Ich denke an ganz kleine Dinge – an eine Frau, die am Morgen eine Blume in ihr Haar steckt, bevor sie ins Büro geht, oder an einen Mann, der jemandem in einer Situation ein Kompliment macht, in der keines erwartet wird. Einfach ganz kleine Dinge.

Du hast mit deinem Hinweis auf das Buddha-Kind, das auf

den Himmel und die Erde zeigte, richtig bemerkt, daß ein solcher Akt in unserer tiefsten Realität verankert ist. Es ist nicht einfach ein zaghafter Versuch, nett zu sein und Freunde zu gewinnen. Aus der christlichen Perspektive ist es im folgenden festgehalten: »Allen aber, die ihn aufnahmen, gab er Macht, Kinder Gottes zu werden«, wie es im Prolog zum Johannesevangelium heißt (Joh 1,12). Oder dann betet Jesus – wiederum bei Johannes –, daß jedes Menschenwesen eins mit der göttlichen Wirklichkeit sein möge, »daß alle eins seien, wie du, Vater, in mir und ich in dir« (Joh 17,21). Wenn wir in dieser tiefsten Erfahrungsebene verankert sind, können wir schöpferisch sein und uns bis in die kleinste Einzelheit der täglichen Übung die Freiheit nehmen, eine Blume hinters Ohr zu stecken, Bücher auszuleihen, die wir mögen, oder etwas Unerwartetes zu tun, sogar auch einmal schöpferisch »nein« zu etwas zu sagen, was von uns erwartet *wird*.

Freundlichkeit üben

BRUDER DAVID: Wenn Warmherzigkeit und Nähe nichtselbstverständlich sind, wie können wir sie dann am besten fördern?

AITKEN RÔSHI: Dazu hat mir eine Episode aus dem Comic strip »Beetle Bailey«, die sich in einem Soldatenlager abspielt, eine Lektion erteilt. In dieser Episode fragt der überaus schüchterne junge Leutnant Fuzz die andern, wie man auf einer Party, die nächstens stattfinden soll, Konversation macht. Sie raten ihm, sich ein paar Zeilen aufzuschreiben, sie auswendig zu lernen und im richtigen Moment zu sagen. Auf der letzten Zeichnung des Comic strips sieht man ihn, wie er auf der Party nervös in seine Notizen blickt und »Hallo« sagt.

Das ist eine wichtige Lektion. Wenn Warmherzigkeit und

Nähe nicht von Herzen kommen, wie soll man sie dann am besten fördern? Durch Übung. Wenn man einen Bekannten trifft und nicht sicher ist, ob man ihn umarmen oder ihm einfach nur die Hand geben soll, dann umarmt man ihn. Man probiert die Nähe aus.

BD: Mit anderen Worten ist es ein bißchen wie Physiotherapie. Ein verletzter Arm oder ein kaputtes Bein sind vielleicht zu steif geworden, um eine Bewegung ganz auszuführen, aber auch das steifste Glied hat einen kleinen Bewegungsfreiraum. Also bewegt man es in diesem kleinen Freiraum, und ohne daß man es sich versieht, wird man täglich etwas flexibler. Aber man muß dabeibleiben.

AR: Genau! Man muß sich selbst an die Hand nehmen und es tun. Man kann sich nicht sagen: »Ich bin schüchtern. Ich bin ein Mauerblümchen.« Man muß raus und üben – und richtig üben, von Herzen üben, nicht nur oberflächlich in Schauspielermanier, die einfach nur zu einer hohlen Pseudoherzlichkeit führt. Die Übung, über die wir hier sprechen, kann man mit dem Üben vergleichen, das notwendig ist, um Musiker zu werden: Man setzt sich ans Klavier und übt Mozart.

BD: Aber zuerst muß man eine Menge Tonleitern üben.

AR: Man muß eine Menge Tonleitern üben und dann eine Menge von Stücken, die Mozart schrieb, als er fünf Jahre alt war, und nach und nach wird einem Mozart vertrauter. Wenn ich Menschen zu etwas Derartigem geraten habe, haben manche geantwortet: »Aber es ist doch nicht *ehrlich*, wenn ich Gefühle äußere, die ich gar nicht empfinde.« Aber gerade darum geht es. Manchmal ist man zu steif, um in dem Moment etwas zu empfinden, aber wir alle wollen Wärme und Nähe, und auf dieser Grundlage können wir ehrliche Freundlichkeit üben.

BD: Es ist eine Frage von Ebenen der Ehrlichkeit. Kann ich

ehrlich anders handeln, als ich fühle? Ist das Ehrlichkeit? Wenn ich beispielsweise richtig sauer auf jemanden bin, ist es dann ehrlich, mich anständig und freundlich zu benehmen? Ich meine ja: Es ist ehrlicher, sich freundlich zu verhalten, als abweisende Gefühle und derlei Dinge auszuagieren, weil Freundlichkeit aus dem innersten Herzen, aus jener tiefsten Quelle kommt. Wenn man feststellt, daß die unmittelbaren Gefühle nicht so sind wie das, womit man sich in seinem innersten Selbst identifiziert, dann ist es ehrlicher, sie zu umgehen und nicht auszuagieren. Wirkliche Ehrlichkeit bedeutet immer, aus dem Herzen, aus der innersten Realität zu handeln.

AR: Ich denke, daß die Verhaltenspsychologen genau das versuchen, so gut es geht: den Klienten zu helfen, ihren innersten Beweggründen gemäß zu handeln. Als ich vor Jahren in Therapie war, kämpfte ich mit meiner Unfähigkeit, andere zu kritisieren; es war mir ganz und gar unmöglich, jemandem irgendwie zu sagen: »Du benimmst dich unpassend.« Der Therapeut trug mir auf, in ein Restaurant zu gehen, etwas zu bestellen und es dann zurückgehen zu lassen. Das war etwas vom Schwierigsten, was ich je in meinem Leben tun mußte.

BD: Und hast du es getan?

AR: Ja, ich hab's getan.

BD: Unter welchem Vorwand hast du es zurückgehen lassen?

AR: Daß es nicht richtig war. »Das habe ich nicht bestellt!«

BD: Und denkst du, daß es dir geholfen hat?

AR: Ja. Es war ja zu dem Zweck ausgesucht worden. Ein Arroganter hätte diese Aufgabe nie bekommen.

BD: Mir scheint, daß sich hier ganz deutlich eine Parallele zwischen dem psychologischen und dem spirituellen Ansatz abzeichnet.

AR: Unbedingt. Wo hört die Psyche auf, und wo beginnt der Geist?

BD: Die Übung ist also wiederum in einem gewissen Sinn ein Von-Herzen-Handeln.

AR: Mir fallen noch zwei weitere Punkte dazu ein. Erstens machen wir natürlich Fehler, genauso wie jemand Fehler macht, der Tonleitern auf dem Klavier übt. In diesem Sinn ist die Analogie zum Klavierüben besser als die Analogie zur Physiotherapie. Der Hauptfehler, den man in der Physiotherapie begeht, ist der, etwas einfach nicht zu tun, während beim Musizieren auch der unermüdlichste Schüler nicht umhin kann, immer wieder die verschiedensten Fehler zu machen. Wenn man übt, die Schüchternheit zu überwinden, hält man sich mal zu sehr zurück, und ein andermal wagt man sich zu weit vor. Dazu ist die Bereitschaft nötig, Risiken auf sich zu nehmen und Fehler zu machen. Sonst kann man unmöglich lernen.

Zweitens sind die Schritte bei dieser Übung Schritte, die das Gefühl der Nähe verstärken. Wenn beispielsweise ein Lehrer an der Tür steht und seinen Schülern einen guten Morgen wünscht, bemerkt er Nähe, wenn er dabei lächelt, und es fällt ihm leichter zu lächeln, weil zurückgelächelt wird. Am Anfang hat er vielleicht keine Lust zu lächeln, wenn er krank oder gereizt ist, aber wenn er trotzdem lächelt und zurückgelächelt wird, hat er seine Sorgen vergessen, bis alle Kinder an ihrem Platz sind.

BD: Solche Rückmeldungen sind sehr wichtig. Ebenso wichtig ist das Einbeziehen des ganzen Körpers. Dein Beispiel mit dem Lächeln läßt sich auf vieles ausdehnen. Ich habe einen Bericht über Leute gelesen, die Fahrscheine oder Eintrittskarten verkaufen, als Kellner arbeiten oder deren Arbeit sie sonstwie in engen Kontakt mit andern bringt. In dieser Untersuchung wurden einige angeleitet, die Käufer beim Kartenverkaufen irgendwie leicht zu streifen, sie wenn auch ganz leicht, so doch absichtlich zu berühren. Den andern trug man auf, jeglichen Körperkontakt völlig zu vermeiden. Danach fragte man die Kartenkäufer, welche Verkäufer sie nett fanden, und statistisch ging daraus hervor, daß diejenigen mit den leichten Berührungen eher als nett bezeichnet wurden.

Seit ich das vor einigen Monaten gelesen habe, habe ich selbst damit experimentiert. Es ist bemerkenswert, was für ein starkes Gefühl von Freundlichkeit und Verbundenheit man sogar in einer ganz oberflächlichen Interaktion bei anderen wecken kann, wenn man sie nur ganz leicht streift oder berührt.

Wenn man zum Beispiel »Guten Morgen!« sagt und sie dabei berührt – nicht einmal unbedingt mit dem Körper, sondern einfach nur mit dem Ärmel –, macht das manchmal schon einen großen Unterschied. Eine Umarmung ist wahrscheinlich mehr, als viele zu wagen bereit sind, aber sicherlich können wir Wärme und Nähe auf dieser Ebene üben.

AR: Niemand weiß das besser als ich. Ich neige zu Distanz und einem kühlen und steifen Verhalten, deshalb versuche ich bewußt, die Grenze zwischen Händedruck und Umarmung mehr in die Nähe der Umarmung zu rücken.

BD: Im Zweifelsfalle gehe näher an die Umarmung, an die Wärme heran.

AR: Ja, und wie gesagt fällt mir das schwer. Wie jeder andere auch hatte ich Zeit meines Lebens eine Neurose, und daran muß ich arbeiten. Üben, üben und noch einmal üben.

BD: Ich nehme an, daß die Übung darin besteht, die Quelle der Wärme in dir zu finden und sie in die richtige Richtung zu lenken.

AR: Ja, und mir Zeit zu nehmen.

BD: Dir Zeit zu lassen? Du meinst, nicht zu hart mit dir selbst umzugehen?

AR: Mir bei jeder Begegnung Zeit zu nehmen, der Begegnung Raum zu geben. Mich nicht zu beeilen, zum Nächsten weiterzugehen. Eine Weile innezuhalten, mit der Absicht, dazubleiben. Auch wenn es sich im Moment leicht peinlich anfühlt, eine Weile dazubleiben und ein paar Nettigkeiten auszutauschen: »Wie geht es dir denn?«

Es ist anzunehmen, daß ein kühler, distanzierter Mensch einfach weitergehen würde – sowohl körperlich wie geistig. Als ich im Ost-West-Zentrum mitarbeitete, schaute ich gerne zu, wie der Präsident der Universität von Hawaii bei Empfängen herumging. Er konnte schöne kleine Tanzschritte machen. Er redete mit einer Gruppe von Leuten, und wenn das Gespräch versiegte, machte er einen Schritt zurück, drehte sich zur nächsten Gruppe und redete dort weiter. Es klingt ziemlich künstlich, aber er schenkte der Gruppe, bei der er gerade war, wirklich seine volle Aufmerksamkeit, und ich glaube, sie war auch echt.

BD: Das sind Menschen, die wir warmherzig finden, nicht unbedingt die mit der warmen, wohlklingenden Stimme, sondern die, die uns das Gefühl vermitteln, daß wir ihnen in dem Moment, in dem sie mit uns sprechen, wichtig sind.

AR: Ja, es sind die, die uns ihre Aufmerksamkeit schenken. Ihre volle Aufmerksamkeit. Das ist etwas, was wir in unserer Praxis lernen: dem, was wir gerade tun, unsere volle Aufmerksamkeit zu schenken, eins nach dem andern zu tun. Das Auge sollte nicht auf Abfolge und Zeitdauer gerichtet sein, sondern auf gerade diese eine Sache, auf die Inspiration, wie sie sich gerade eben kundtut. Jede Inspiration verdient volle Aufmerksamkeit.

BD: Jemand sagt einem vielleicht etwas ganz Freundliches mit einer sehr freundlichen Stimme, aber es ist offensichtlich, daß sie oder er sich die Zeit für einen nicht nimmt, eigentlich gar nicht richtig für einen da ist. Das gibt einem das Gefühl, ihre oder seine Freundlichkeit sei doch eine ziemlich unechte Tünche.

AR: Schauen wir uns noch kurz das Wort *Inspiration* an. Es bedeutet »Eingebung, Anregung«. Menschen, die uns ihre Aufmerksamkeit schenken, regen uns an und lassen sich anregen. Sie lassen sich auf die Eingebung im Kontakt mit uns ein, und das bereichert die gegenseitige Erfahrung.

Persönliche Grenzen

BRUDER DAVID: Mir scheint, daß es sehr wünschenswert ist, sich verletzbar zu machen, weil die Alternative darin besteht, wie in einer Rüstung herumzulaufen, die uns von andern abschneidet und die Interaktion behindert. Ich will verletzbar sein, und ich schätze Menschen, die sich verletzbar machen. Aber das ist etwas ganz anderes, als anderen zu gestatten, auf einem herumzutrampeln. Meine Schwierigkeit – und ich denke auch die anderer – ist die, wie ich verletzbar sein kann, ohne daß andere auf mir herumtrampeln.

AITKEN RÔSHI: Diese Frage trifft mich sehr. Anne[1] sagte mir einmal: »Du bist der einzige Mensch, dem ich je begegnet bin, der keinen Panzer um sich hat.« Wie du sagst, ist das in einem gewissen Sinn gut. Die negative Seite davon ist die, daß die Steine und Pfeile eines ungnädigen Schicksals manchmal ziemlich tief treffen.

BD: Ich denke, daß jeder ein Geheimnis hat, das geschützt zu werden verdient. Im biblischen Christentum nennt man es »das königliche Geheimnis des Herzens«, und daran glaube ich. Als ich mitten in der Pubertät war, hat mir ein Lehrer, den ich sehr achtete, etwas gesagt, was mir die Augen geöffnet

[1] Anne ist Aitken Rôshis Frau.

hat: »Du mußt dir bewußt sein, daß es ein Allerheiligstes im Tempel des Menschen gibt, aber du brauchst auch einen inneren und äußeren Hof. Und die muß man in sich selbst errichten und pflegen.« Manche läßt man in den äußeren Hof ein, andere in den inneren und ganz wenige ins Allerheiligste. Dieses Bild habe ich nie vergessen. Es war mir sofort klar, daß das etwas war, was ich nicht verstanden hatte und auf jeden Fall nicht in die Praxis umgesetzt hatte.

AR: Das ist ein sehr passendes Bild. Es erinnert mich an eine Erfahrung, die ich neulich mit einem meiner Schüler machte. In meinen Vorträgen zitiere ich häufig meine Großmütter, und dieser Kerl bemerkte, ich sei wohl von meinen Großmüttern besessen. Er war in den inneren Hof geschlüpft, wo er nichts zu suchen hatte. Er war nicht da, wo er zu sein glaubte, und er hatte sich in der räumlichen Anordnung des Gebäudes geirrt.

Das ist einer der wirklich sauren Äpfel der Praxis. Wenn jemand sozusagen in unser Heiligtum getrampelt kommt, fühlen wir uns wirklich bedroht und reagieren aus einer Verteidigungshaltung heraus, es sei denn, wir haben erkannt, daß es nichts zu verteidigen gibt. Diese ganzen Mauern und Höfe sind eigentlich nur Vorstellung. Wenn wir die Leere des Selbst erkannt und integriert haben und jemand unzulässig nahe kommt, dann können wir es auf die leichte Schulter nehmen, so leicht, wie das wahre Wesen des Selbst. Aber oft kann man das bestenfalls erst, nachdem es schon zu spät ist.

BD: Der erste Impuls ist also wahrscheinlich Ärger oder Rachedurst, aber der erste Impuls ist eine Reaktion und noch keine tatsächliche Erwiderung. Man sieht sich diese Reaktion an, weist sie aufgrund der eigenen Erkenntnisse und Überzeugungen zurück und antwortet dann auf eine Weise, die keinerlei Rachegefühle enthält.

AR: Und man schwört sich einen kleinen Eid: Das hat mir

gezeigt, wie sehr ich glaube, mich schützen zu müssen. Ich will das in Zukunft nicht mehr tun.

BD: Heute, fünfzig Jahre, nachdem ich die Lehre über den Tempel des Herzens bekommen habe, habe ich sie noch immer nicht besonders erfolgreich gelernt. Im Umgang mit Menschen merke ich, daß ich ganz gefühlsmäßig genau weiß, wieviel Nähe ich angemessenerweise zeigen kann, aber umgekehrt finde ich es schwieriger: die andern dazu zu bringen, das Maß an Nähe nicht zu überschreiten, das sich für mich richtig anfühlt.

Es gibt tatsächlich so etwas wie ein angemessenes Maß an Nähe, meinst du nicht auch? Warum gibt es so etwas? Woher kommt es? Wer hat es eingerichtet? Ich glaube, es ist etwas ganz anderes als eine gesellschaftliche Konvention. Da gibt es noch etwas anderes, nicht wahr? Was ist es?

AR: Die persönliche Integrität eines Menschen ergänzt die Harmonie der zahllosen Wesen – unser Miteinanderverwobensein *[interbeing]*, um mit Thich Nhat Hanh zu sprechen. Wenn wir die eine Seite dieses Miteinanderverwobenseins auf Kosten der anderen zu stark betonen, kommt das Gleichgewicht ins Wanken.

BD: Und was wären die beiden Pole?

AR: Harmonie und persönliche Integrität. Wenn ich selbstbezogen bin, vernachlässige ich die Harmonie. Wenn ich sage, daß alles eins ist und daß das, was dein ist, mein ist, vernachlässige ich die persönliche Integrität. In verschiedenen Kulturkreisen sind diese beiden Seiten in einem unterschiedlichen Gleichgewicht. So ist beispielsweise in Samoa das, was dein ist, in einem viel größeren Ausmaß auch mein als im europäisch-amerikanischen Kulturkreis. Daher unterscheidet sich das angemessene oder gemeinhin akzeptierte Gleichgewicht zwischen Harmonie und persönlicher Integrität von einem Kulturkreis zum andern. Da gibt es keine absoluten Größen.

BD: Überhaupt nichts Absolutes? Ich glaube nicht, daß die persönliche Integrität vom Kulturkreis abhängt.

AR: Ich meine nur, daß man in Samoa den Punkt, an dem das Gleichgewicht gewährleistet ist, an einer bestimmten Stelle auf dem Kontinuum ansetzt, und die meisten westlichen Menschen setzen ihn anderswo an. Sogar im gleichen Kulturkreis wird dieser Gleichgewichtspunkt verschieden angesetzt.

BD: Wo nehmen wir also unsere Richtlinien her? Wie finden wir eine Norm?

AR: Ich glaube, daß wir nichts Besseres tun können, als die Dynamik unserer Gesellschaft verstehen zu lernen. Ich glaube nicht, daß wir klarere Richtlinien bestimmen können.

BD: Das deutet darauf hin, daß wir es hier mit einer sehr schwierigen Frage zu tun haben, einer Frage, die in einer so bunt gemischten Gesellschaft wie der unseren um so schwieriger ist. Da unsere Gesellschaft keineswegs einförmig ist, kann man nie wissen, welcher Grad an Nähe in einer Beziehung erwartet wird.

AR: Das ist etwas, was wir ständig aushandeln und wofür wir lernen müssen ein immer feineres Gespür zu entwickeln.

BD: Ein weiterer Punkt, der auch mit persönlichen Grenzen zu tun hat: Wie sagt man bestimmt und freundlich »nein«? Wie können wir unserer Verfügbarkeit Grenzen setzen und dennoch großzügig bleiben?

AR: Damit habe ich auch die größten Schwierigkeiten. Nicht nur macht es mir Mühe, bestimmt und freundlich nein zu sagen, mir fällt es schwer, überhaupt nein zu sagen! Also falle ich immer wieder um und verspreche, irgendwo aufzutreten oder etwas zu schreiben. Dann naht der Termin, und ich muß eine andere Arbeit fallenlassen, um dieser Verpflichtung nachzukommen. Es ist ein Riesenproblem. Ich versuche, jeden Brief zu beantworten, und wenn ich nur ein paar persönliche Worte unter einen fotokopierten Rundbrief kritzle.

Auch das braucht Unmengen von Zeit. Wenn ich es mir gestattete, würde ich nichts als Briefe schreiben.

BD: Das ist auch für mich das Schwierigste. Die Brüder lachen immer, wenn ich die Post aus meinem Briefkasten hole. Die meisten andern Briefkästen sind fast leer, und mich fragen sie: »Brauchst du eine Schubkarre?« Ich habe darauf auch noch keine Antwort gefunden, aber vielleicht ist der Schlüssel dazu, bestimmt und freundlich nein zu sagen, derselbe wie beim Tanzen – man nimmt den Rhythmus und geht mit. Es gibt einen Rhythmus der Zeit, und nur eine beschränkte Zeitmenge ist verfügbar. Wenn wir uns auf diesen Rhythmus einstellen, können wir vielleicht auch mit einem sonst heiklen Augenblick bestimmt und freundlich umgehen, wenn beispielsweise die Zeit um ist und wir jemanden unterbrechen müssen.

In vielerlei Hinsicht ist bestimmt und freundlich nein sagen wahrscheinlich eine Frage des Taktgefühls. Schauen wir uns das Taktgefühl einmal näher an. Was ist es, und kann man es lernen? Ist Taktlosigkeit eine Behinderung wie taubstumm sein?

AR: Auch Takt ist sicherlich eine Frage der Einstimmung auf den andern, sich als den andern zu verstehen und Entsprechendes zu sagen, um ihm oder ihr die Achtung zu erweisen, die wir alle zum Wachstum brauchen. Man greift schnell einmal zu einem Schlagwort als Reaktion auf etwas, was andere tun oder sagen, etwa: »Steht nach dem Zazen nicht gedankenlos auf. Seid achtsam.« In diesem Rahmen sind *gedankenlos* und *achtsam* Schlagworte. Statt dessen könnte man sagen: »Wenn eine Sitzzeit zu Ende geht, faßt ihr euer Knie mit der einen und das Fußgelenk mit der anderen Hand und stellt den Fuß sorgfältig auf den Boden.« Das ist sicher eine taktvolle und exakte Art der Ermahnung. Die erste Formulierung besagt eigentlich nur: »Du bist gedankenlos. Du bist unachtsam.« Takt erfordert, daß Wörter vermieden werden, die zu wertlosen Münzen, platt und herabsetzend geworden sind.

BD: Wenn du über Wörter sagst, sie seien wie wertlose Münzen geworden, kommt mir noch ein anderes Bild in den Sinn: Nehmen wir diesen Hibiskus, der hier wächst und blüht und winzige Blätter sprießen läßt, und jenen kleinen Ast dort auf der Seite, der verdorrt ist. Der eine lebt, der andere ist tot. Das ist eigentlich der Unterschied zwischen taktvollen und taktlosen Worten. In einem gewissen Sinn stellt die Verwurzelung im gemeinsamen Boden sicher, daß man taktvoll ist.

AR: Und der tote Ast ist der, der uns verletzt.

BD: Genau. Ich mag auch den musikalischen Beiklang im Wort *Takt*. Im Benediktinerorden ist eine außerordentlich wichtige Übung die, mit den Ohren des Herzens zu hören, und wenn wir diese Art des Hörens pflegen, hören wir den gemeinsamen Takt der Welt, was uns in unserer Beziehung zu andern taktvoll macht. Wir hören die gemeinsame Musik und stimmen uns darauf ein, und somit tanzen wir mit Anmut und Würde. Das steht hinter dem Takt und nicht eine einfache gesellschaftliche Übereinkunft.

AR: Ja, und ich glaube auch nicht, daß Takt eine Behinderung ist, wie taubstumm zu sein. Takt kann man entwickeln.

Kritik äussern und annehmen

BRUDER DAVID: Wir sind uns darin einig, daß wir alle Fehler machen, ganz gleich, wie streng und ernsthaft wir üben, und daher scheint es mir, daß eine ganz wichtige Hilfe, die wir einander anbieten können, darin besteht, einander viel Raum für Fehler zu lassen, einander Freiraum zu geben und einander zu helfen, sich wohl zu fühlen, indem wir irgendwie vermitteln, daß wir nicht unter Druck sind und daß es keinen richtigen oder falschen Weg gibt.

AITKEN RÔSHI: Eigentlich gibt es in einem formellen Rahmen wie einem Sesshin im Zen schon eine richtige und eine falsche Art, beinahe alles zu tun, aber dein Hinweis, man sollte Fehler zulassen, ist sehr wichtig. Zu Beginn eines Sesshins bitte ich die Leiter, besonders darauf zu achten, wie sie andere korrigieren. In der Intensität eines Sesshins sind die Teilnehmer gefühlsmäßig oft sehr empfindlich, und besonders bei Neulingen liegt die paranoide Schwelle manchmal direkt unter der Oberfläche. Daher lege ich den Leitern nahe, Fehler durchgehen zu lassen. Wenn ein Fehler wiederholt auftritt und möglicherweise von andern aufgegriffen wird, ist es in Ordnung, ihn zu korrigieren, aber es ist besser, eine diesbezügliche Ermahnung an die ganze Gruppe als an den einzelnen zu richten.

Es ist auch nützlich, eine Korrektur positiv zu formulieren und zu sagen: »Tu dies«, anstatt zu sagen »Tu das nicht«, ohne unter Umständen das unkorrekte Verhalten überhaupt ausdrücklich zu erwähnen. Man gibt dann einfach die Anweisung, ohne die Aufmerksamkeit auf den Fehler zu lenken. Auf diese Weise merken die Schüler selbst, daß sie einen Fehler gemacht haben, und haben nicht das Gefühl, dabei ertappt worden zu sein, etwas falsch gemacht zu haben.

BD: Lieber das Positive preisen, anstatt zu korrigieren.

AR: Ja. Ich hoffe, daß alle Eltern das lernen. Selbstverständlich gibt es auch Zeiten, wenn eine zielgerichtete Korrektur angemessen ist. Das hängt sehr stark von den Umständen und den Beteiligten ab. Ich erinnere mich an ein lehrreiches Beispiel: Wenn wir im Zendo essen, beenden wir die Mahlzeit damit, daß jeder seinen Napf mit heißem Wasser oder dünnem Tee auswäscht. Wenn wir etwas Tee davon als Opfer an uns selbst getrunken haben, schütten wir den Rest in ein

Opfergefäß. Es ist keineswegs Abfallwasser. Die Bedienenden nehmen es weg, und später wird es als Opfergabe hinausgetragen.

Jedenfalls sah ich eines Tages, wie jemand das Opferwasser einfach so über den Rand der Terrasse kippte, und ich rief: »Was *tust* du da?« Das war alles. Jahre später erinnerte er sich an diesen Zwischenfall, den ich beinahe vergessen hatte, und sagte: »Das war mir eine große Hilfe. Es hat mich dazu gebracht, zu überlegen, was ich da überhaupt tat.« Später erinnerte ich mich daran, daß ich in den vielen Jahren, die seither vergangen waren, oft gesehen hatte, wie er das Opferwasser sorgfältig über einer Pflanze ausgoß, wobei er die freie Hand in Gasshô erhoben hatte.

BD: Das ist ganz wunderbar. Wie du sagst, hängt sehr viel von der Situation ab, ob eine solche Korrektur angesagt ist, und auch der beste Lehrer oder die besten Eltern könnten sich wahrscheinlich nicht ausdenken, welches die angemessenste Reaktion wäre, es würde zu lange dauern, sich das zu überlegen. Wenn wir aber wirklich auf die Situation eingestimmt sind, wissen wir, wann wir lauter werden und etwas Strenges (oder scheinbar Strenges) sagen müssen und wann nicht. Und natürlich machen wir auch da wieder Fehler.

AR: Allerdings. Aber es gibt auch eine andere Art der Berichtigung, die eher schon zur Kritik gehört. Ich denke beispielsweise daran, wie Anne mir beim Schreiben geholfen hat, besonders beim Dichten der *Gâthâs* in *The Dragon That Never Sleeps.*[1] Wenn ich ein Gâthâs in eine Form gebracht hatte, die mir recht gut gefiel, sagte sie öfter mal: »Du hast es noch nicht ganz getroffen.« Dann arbeitete ich weiter daran, und währenddessen schälte sich immer mehr heraus, was ich wirklich

[1] Ein *Gâthâ* ist ein kurzer Vers, der zur Übung verwendet wird. *The Dragon That Never Sleeps*, Parallax Press, Berkeley 1992.

sagen wollte. Ich finde, daß eine sanfte Herausforderung oft sehr hilfreich ist, besonders wenn sie von jemandem kommt, der uns nahesteht.

Über die Jahre haben Anne und ich auch Methoden entwickelt, wie wir gegenseitig unsere Seifenblasen zum Platzen bringen und einander helfen können, wenn wir sozusagen nur noch blauen Dunst reden. Inzwischen kennen wir das Spiel ganz genau, und es braucht nur noch einen Blick oder ein Wort, und wir wissen schon: »Aha, ich bin wieder mal albern« oder »Das ist nicht ganz echt.«

BD: Wenn ich nur schon dein Gesicht anschaue, dann wird es mir klar, daß das Entscheidende hierbei der Humor ist – daß man sich nicht zu ernst nimmt.

AR: Genau. Wir passen immer aufeinander auf, aber leichtherzig. Diese Leichtigkeit ist meines Erachtens sehr wichtig. Es bedrückt mich jeweils sehr, wenn ich zu Eheleuten komme, die regelmäßig Auseinandersetzungen haben, wo einer dem andern ganz ernst und ausgedehnt die Leviten liest. In unserer Ehe nehmen wir einander gerne auf den Arm.

BD: Eben wollte ich dich fragen, was du vom Necken und Aufziehen hältst.

AR: Wenn es nicht aus Überlegenheit geschieht, spielen Aufziehen und Necken eine wunderbare Rolle in einer Familie. Man muß allerdings mit Kindern außerordentlich aufpassen. Erwachsene sollten Kinder nur in Bereichen aufziehen, in denen das Kind genügend Selbstvertrauen hat und den kleinen Schritt der Selbsterkenntnis tun kann, der durch das Necken bewirkt werden soll. So kann man beispielsweise einen Vierzehnjährigen nicht necken, weil er sich verliebt hat.

BD: Nein, das ist in diesem Alter sehr ernst.

AR: Und außerdem etwas völlig Neues für Jugendliche, ein Experiment, während es für Erwachsene alt und vorbei ist. Die meisten Eltern können sich nicht mehr oder nur sehr schwer in diese jugendlichen Gefühle hineinversetzen. In einer solchen Situation ist höchstens ein Hauch von Necken überhaupt möglich, ein Federchen von Hauch, sonst ist es zuviel.

BD: Und wie sieht es mit dem Necken in der spirituellen Übung aus?

AR: Ich denke, daß nichts heilig ist. Aber wieder sollte man Sorgfalt walten lassen.

BD: Wahrscheinlich liegt man nicht falsch, wenn man allgemein sagt, daß Necken in der Übung und in Beziehungen ein herrliches Werkzeug sein kann, aber nur in Bereichen, in denen jemand eine große Reife erlangt hat und sich sicher fühlt. Da es viele Bereiche gibt, deren Reifeprozeß lange braucht, muß man dabei sorgfältig vorgehen, auch später im Leben, und ein Gespür dafür haben, wann Necken angebracht ist. Wahrscheinlich ist ständiges Necken nur sehr spät im Leben möglich.

AR: Ich frage mich, ob wir *je* so weit kommen.

BD: Wir haben darüber geredet, wie man jemanden korrigieren kann, aber jetzt sollten wir die andere Seite der Frage betrachten: Kritik annehmen, sei es dadurch, daß wir aufgezogen werden oder sonstwie. Wie lernen wir, Kritik mit Würde anzunehmen?

AR: Kritik, die wenigstens teilweise berechtigt ist, tut immer weh, und wenn wir diesen Schmerz fühlen, haben wir wieder eine Chance, einen Anlaß zur Übung. Ich versuche dann, einen Schritt zurückzutreten und die Kritik ehrlich zu überprüfen. Warum tut es jetzt weh? Was an der Kritik könnte stimmen?

Manchmal handelt es sich um einen Fehler, der mir bereits früher aufgefallen ist oder vorgehalten wurde, und ich kann sofort sagen: »Ja, du hast recht, das war falsch.« Manchmal ist es ein neuer Hinweis oder eine ungewohnte Kritik, und dann brauche ich etwas Zeit, um darüber nachzudenken und zu sehen, inwiefern die Kritik berechtigt ist. Auf jeden Fall ist es immer eine Gelegenheit zum Üben.

BD: Mir fällt es nicht leicht, Kritik anzunehmen. Ich bin ständig so selbstkritisch, daß das kleinste bißchen Kritik aus dem Munde eines anderen leicht der Tropfen sein kann, der das Faß zum Überlaufen bringt. Wenn ich also bei einer Kritik irgendwie direkt reagiere, verderbe ich meistens alles, und ich habe festgestellt, daß es dann am besten ist, wenn ich sage, ich würde darüber nachdenken. Das hilft mir, eine hastige Reaktion zu vermeiden, und gibt mir Zeit, es zu verdauen. Ich glaube, das hast du auch gemeint, als du sagtest, du würdest einen Schritt zurücktreten und dir die Kritik ansehen.

AR: Mit zunehmender Übung wird es zusehends leichter, die eigenen Fehler zu akzeptieren. Das erinnert mich an R. H. Blyth, der zu sagen pflegte: »Ich habe die menschliche Reife erreicht, um sagen zu können: Was für ein Narr war ich doch noch vor drei Wochen!«

TEIL III

PRAXIS IN EINEM RELIGIÖSEN RAHMEN UND IN DER WELT

13
AUTORITÄT, INTEGRITÄT UND DIENST AN DER GEMEINSCHAFT

BRUDER DAVID: Kannst du etwas über Autorität in der spirituellen Praxis sagen?

AITKEN RÔSHI: Als wir vorhin über den Machthunger sprachen, haben wir gesagt, es gebe eine natürliche Autorität, eine Art Führerpersönlichkeit, die durch tugendhaftes Handeln entsteht und von einer Gemeinschaft anerkannt wird. Ich glaube, es ist wichtig, diesen Unterschied zwischen einer aufgezwungenen Autorität und einer spontan akzeptierten Autorität gleich zu Beginn hervorzuheben. Natürlich hoffen wir, es in religiösen Gemeinschaften mit letzterer zu tun zu haben.

Die vordringliche Frage, die sich in einer Gesellschaft stellt, in der das Ideal der Demokratie hochgehalten wird, ist diejenige nach dem Stellenwert der Autorität. In jedem Sangha, den ich im Westen kenne, existiert eine Spannung zwischen dem Gebot der Gleichheit und der Notwendigkeit einer Autorität, um die Lehre weiterzugeben. Ich nehme an, daß diese Spannung auch in christlichen Gemeinschaften vorhanden ist.

BD: Ganz sicher.

AR: Jemand hat einmal vorgeschlagen, wir sollten ein Sesshin durchführen, in dem alle gleichberechtigt sein, die Schüler nacheinander den Platz des Meisters einnehmen, Teishô vortragen und die Gespräche mit den Schülern durchführen sollten. Das war ein unsinniger Vorschlag, weil dabei dem Bedürfnis nach Übertragung und Vertrauen keine Rechnung getragen wird, das in unserem Rahmen so wichtig ist, einem Rahmen der tiefinneren Suche, wo sich Selbsttäuschung am ehesten einschleicht. Ein Schüler sieht vielleicht nicht, weshalb eine bestimmte Idee oder Handlung in einem bestimmten Moment nötig ist, aber weil der Meister sie vorbringt, kann der Schüler sie in der Übertragung einstweilen vertrauensvoll akzeptieren und aufnehmen.

Da so vieles von der Meister-Schüler-Beziehung abhängt, muß ein Schüler sich seinen Meister sehr sorgfältig aussuchen. Man sollte herumschnuppern, schauen, wer verfügbar ist und zu wem man sich hingezogen fühlt. Ich empfehle Neulingen jeweils, sich Zeit zu nehmen, bevor sie sich mir als Schüler anvertrauen. Man kann unbeschränkt zu allen Anlässen außer den Sesshins zu uns kommen, ohne sich mir als Meister zu verpflichten. Es ist völlig in Ordnung, wenn man nur der Atmosphäre wegen kommt, um einfach mit den anderen zu sitzen.

Aber wenn der Schüler über einen bestimmten Punkt hinausgehen will, muß er beschließen: »Ja, das ist der richtige Meister für mich. Das ist der Mensch, zu dem ich eine bestimmte Übertragung aufbauen und dem ich vertrauen kann. Ich will mich auf das, was er oder sie sagt, einlassen und mir erlauben, es aufzunehmen und zu verdauen.« Das ist keine absolute Verpflichtung. Es läßt dem Schüler immer noch Raum, das auszulassen, was ihn nicht betrifft. Aber eine Autorität ist wichtig, jemand, der den Spiegel hinhält und sagt: »Schau mal, was du da tust, was du da sagst.« Oder einfach: »Nein, das stimmt nicht.«

Probleme kommen außerhalb dessen, was ich das Gebot der Gleichheit nannte, noch von zwei Seiten. Einerseits kommen viele immer noch mit ihren alten psychischen und geistigen Übertragungen zu uns, mit Dingen, die sie Eltern oder Großeltern nachtragen, und dann haben sie Schwierigkeiten mit Meistern, weil sie dem Meister ständig Vaters Gesicht überstülpen und entsprechend handeln. Anderseits vergiftet es den ganzen Sangha, wenn ein Meister seine Lehre und Erkenntnis verrät, indem er Vertrauen und Übertragung aus selbstsüchtigen Beweggründen mißbraucht.

BD: Alles, was du da sagst, scheint mir zutreffend und hilfreich zu sein. Was ich hinzufügen möchte, stammt weniger aus der Erfahrung als Autoritätsperson wie bei dir als vielmehr aus dem intensiven, lebenslangen Kampf mit der Autoritätsfrage. Natürlich übt jeder in einem gewissen Ausmaß Autorität aus, und ich bitte auch alle, die keine Autoritätsperson zu sein glauben, sich sorgfältig zu überlegen, von wie vielen Menschen sie doch als solche wahrgenommen werden könnten. Eine Autoritätsperson ist ja nicht nur jemand, der einen bestimmten Hut oder ein besonderes Gewand trägt. Wenn wir es sorgfältig überdenken, stellt praktisch jeder fest, daß er auf diese oder jene Art Autorität ausübt, und deshalb glaube ich, daß folgendes größtenteils zutrifft.

Erstens möchte ich die Frage stellen, ob unsere heutige Auffassung von Autorität nicht gefährlich verdreht ist. Ich habe in vielen [englischen] Wörterbüchern nachgeschlagen, und die erste Bedeutung ist meistens so etwas wie »Befehlsgewalt«. Sicher gehört die Machtausübung über andere zu den Bedeutungen des Wortes, aber wenn sie zur ersten Bedeutung geworden ist, sagt das etwas über unsere Zivilisation aus.

Die ursprüngliche Bedeutung von *Autorität* ist »das, was eine feste Wissens- und Handlungsgrundlage bietet«. In diesem Sinn verwenden wir das Wort, wenn wir sagen: »Ich möchte eine maßgebende Autorität dazu hören, ob ich diese Operation machen lassen soll oder nicht«, oder wenn wir sagen: »Ich muß hier wirklich eine Autorität auf seinem Gebiet befragen.« Es geht hier nicht um Handeln, sondern um

Wissen, nicht darum, die Zügel der Macht in der Hand zu haben, sondern darum, über Weisheit zu verfügen. Autorität ist also vorerst einmal das, was eine feste Wissens- und Handlungsgrundlage bietet; und nur an zweiter Stelle bedeutet es Machtstellung. Es ist selbstverständlich, daß jemand, der immer wieder bewiesen hat, daß er eine feste Wissens- und Handlungsgrundlage besitzt, eine Autoritätsstellung einnimmt. Das sieht man etwa bei Dorfältesten, Sprechern oder Häuptlingen, aber auch in Familien findet man das. Tante Dora kennt allerlei gute Heilmittel, wenn du also krank bist, gehst du zu ihr, weil sie in der Familie die Autorität in Krankheitsfragen ist.

Alles geht gut, wenn die jeweilige Autoritätsperson diese Stellung nur so lange beansprucht, wie sie tatsächlich die feste Grundlage bietet, die die Gemeinschaft im Hinblick auf Wissen und Handeln braucht. Viele Indianerstämme haben ihre Kriegsführer nur für Krisenzeiten bestimmt; wenn die Krise vorbei war, gingen sie wieder an ihren Platz zurück wie jeder andere. Aus demselben Grund ernennen viele religiöse Gemeinschaften heutzutage ihren Prior oder sogar ihren Abt nur für eine beschränkte Zeit, und dann treten diese wieder zurück. In meinem Kloster wird der Abt auf Lebenszeit gewählt, aber unter der Voraussetzung, daß er immer wieder prüft, ob er das Vertrauen der Gemeinde genießt; wenn er dieses Vertrauen verliert, tritt er zurück.

Probleme entstehen dann, wenn jemand in einer Autoritätsposition keine feste Wissens- und Handlungsgrundlage mehr bietet, dabei aber die Macht behält, die ihm oder ihr (oder den jeweiligen Vorgängern) übertragen wurde. Macht korrumpiert, wie wir wissen, und somit beinhaltet Autorität historisch und soziologisch gesehen die Möglichkeit, daß man autoritär wird. So würde ich auch eine negative Autoritätsperson bezeichnen: als autoritär.

Wie kann man nun eine autoritäre Person von einer legitimen Autorität unterscheiden? Damit habe ich sehr lange gerungen, aber wenn man die Antwort erst einmal hat, ist sie ganz offensichtlich: Eine autoritäre Person setzt andere herab, weil die einzige Möglichkeit für jemanden, der nicht durch eine festere Wissens- und Handlungsgrundlage hervortritt, seine Machtstellung beizubehalten darin besteht, daß er alle anderen herabsetzt. In dem Ausmaß, in dem eine Autoritätsperson jemanden herabsetzt, ist sie autoritär. Eine wahre und legitime Autorität baut andere auf. Das Wort *Autorität* ist mit dem lateinischen *augere*, vermehren, verwandt. Eine wahre Autorität vermehrt das Wissen der anderen und deren Fähigkeit zum rechten Handeln. Sie erhebt und stellt andere auf eigene Füße; sie verleiht mehr Macht und Sicherheit.

In dieser Hinsicht mag ein Christ wohl mit einer gewissen Befriedigung auf die christliche Lehre hinweisen. Wie Johannes in seinem Evangelium festhielt, erhebt sich Jesus beim letzten Abendmahl von der Tafel und sagt: »Ihr nennt mich Meister und Herr, und mit Recht sagt ihr das. Wenn nun ich, euer Herr und Meister, euch die Füße wasche, so sollt auch ihr euch untereinander die Füße waschen« (Joh 13,13). Und dann wäscht er ihnen die Füße. Das ist eigentlich eine geradezu historische Wende: Hier wird die Auffassung der Autorität auf den Kopf gestellt. Jesus fährt fort zu sagen, daß von Stund an die größten unter ihnen die Diener aller sein sollten. In der Geschichte des Christentums ist das beileibe nicht immer beachtet worden, aber wenigstens wird es gelehrt. Von jenem Augenblick an hätte das, was schon immer im Hinblick auf Autorität zutraf, klar sein müssen: daß die Autoritätsausübung nur dann legitim ist, wenn sie dazu dient, die Untergebenen aufzubauen.

Eine große Verantwortung beim Umgang mit Autorität besteht darin, sie zu hinterfragen. Ich meine damit ein respektvolles, direktes, ehrliches Infragestellen der Autorität. Das ist unsere Pflicht, nicht bloß ein Privileg, weil die Autorität dadurch auf dem rechten Gleis bleibt. Alle, die je eine Machtposition innehatten, wissen, wie schwer es ist, einer solchen Stellung gerecht zu werden. Wie dankbar sollten wir also denen sein, die unsere Autorität hinterfragen und uns damit helfen, auf dem rechten Gleis zu bleiben!

AR: Es ist also die Pflicht der Schüler, aus ihrem Lehrer einen guten Zen-Meister zu machen.

BD: Genau!

Loyalität und persönliche Freiheit

BRUDER DAVID: Wenn du zwischen Loyalität deiner Gemeinschaft gegenüber und persönlicher Freiheit wählen müßtest, auf welcher Grundlage würdest du eine solche Wahl treffen?

AITKEN RÔSHI: Das ist ein ziemlich heißes Eisen.

BD: Es ist tatsächlich eine Kernfrage.

AR: Von mir aus würde ich sagen, daß ich keine Wahl hätte. Ich kann mir keine Situation vorstellen, in der ich meine Gemeinschaft verlassen würde. Ich bin zu sehr mit ihr verbunden. Vielleicht ist das ein Fehler.

Wenn ich von der Beobachtung anderer ausgehe, möchte ich gleich von Anfang an zwischen zwei Arten von Gemeinschaft unterscheiden: der unmittelbaren Sangha-Gemeinde und einem größeren Beziehungsnetz. Über die Jahre sind einige aus dem eigentlichen Sangha ausgetreten, ohne alle Bande zu zerreißen. Viele zahlen immer noch ihre Beiträge, kommen zu den größeren Feiern und pflegen Freundschaften mit Leuten, die in der Kerngruppe des Sangha geblieben sind. Wir betrachten sie manchmal als Randmitglieder, aber man könnte nicht behaupten, ihre Treue gelte dem Sangha selbst, in dessen Mitte der Tempel steht. Sie befassen sich nicht unmittelbar mit dessen Entwicklungs- und Transformationsarbeit.

Diese Menschen haben die Wahl zwischen ihrer persönlichen Freiheit und Integrität, so gut sie sie verstanden haben, und der Loyalität der Gemeinschaft gegenüber getroffen. Sie sind sozusagen aus dem Bus gestiegen und fahren nun in ihrem eigenen Gefährt nicht weit davon entfernt in mehr oder weniger dieselbe Richtung. Ich respektiere ihre Entscheidung und erwähne das einfach als Beispiel, wie man aus der Gemeinschaft selbst austreten und ihr dennoch wohlgesinnt bleiben kann.

BD: Es spricht sehr für dich als Meister, daß sie diesen Schritt tun konnten. Wenn ich dich richtig verstanden habe, ist genau das der Unterschied zwischen einer gesunden spirituellen Gemeinschaft und einem Kult: Eine gesunde spirituelle Gemeinschaft einschließlich ihres Leiters, und vor allem dieser, baut einen auf, stellt einen auf die eigenen Füße und fördert unablässig die persönliche Integrität des einzelnen, während ein Kult erniedrigend ist, abhängig macht und die persönliche Integrität untergräbt.

Diese Unterscheidung mag sehr kraß erscheinen, aber in Wahrheit ist sie manchmal ganz subtil. So kann eine Gemeinschaft beispielsweise aussehen wie ein Kult, weil der Meister in einem bestimmten Entwicklungsstadium der Schüler auf ihr Bedürfnis nach Abhängigkeit eingehen muß, ihnen aber später nach und nach diese Abhängigkeit wieder abgewöhnt. Eine junge Gemeinschaft mit sämtlichen Anzeichen eines Kultes kann jederzeit zu einer wahrhaft spirituellen Gemeinschaft erblühen, wenn diese Wende einmal stattfindet und wenn die persönliche Integrität ihrer Mitglieder wirklich aufgebaut wird.

Es ist auch gut möglich, daß seit langem bestehende religiöse Gemeinschaften jederzeit zu einem Kult im schlimmsten Sinn des Wortes umkippen.

AR: Einige von denen, die aus unserer engeren Gemeinschaft ausgeschieden sind, hatten tatsächlich das Gefühl, zu abhängig zu sein und daß ich und ganz allgemein die Gemeinschaft ihnen ein Gefühl zu großer Abhängigkeit vermittelten. Manche haben das auch ziemlich schroff ausgedrückt und Ausdrücke wie *unmündig machen* verwendet, die ich gar nicht gern gehört habe. Aber ich gebe zu, daß wohl etwas dran war.

BD: Ob tatsächlich etwas dran war oder nicht, spielt für uns und unser Gespräch über die Praxis keine Rolle. In diesem Rahmen ist nur wichtig, daß wir beide grundsätzlich aus ganzem Herzen darin einiggehen, daß für Schüler, die meinen, eine Gemeinschaft würde ihre persönliche Integrität untergraben, der Moment des Austritts gekommen ist oder wenigstens der Moment, Grenzen zu setzen und ihre Beziehung zur Gemeinschaft neu zu definieren.

AR: Und das zuerst einmal zu äußern.

BD: Sicher, aber die Frage ist immer, auf welcher Grundlage ein solcher Schritt getan wird.

AR: Ganz genau. Auf welcher Grundlage wird er getan. Das ist eine Grundsatzfrage. In unserem Sangha wurde als ein Grund vorgebracht, ich und der Sangha im allgemeinen würden den Bedürfnissen von Eltern und Kindern zu wenig Rechnung tragen.

BD: Ich frage nicht nach angeführten Gründen. Ich frage nach der inneren Grundlage einer solchen Entscheidung. Ein Kult wird zerstörerisch und behält dieses zerstörerische Element bei, weil die innere Entscheidungsgrundlage der Schüler außer Kraft gesetzt wird. Der Meister hat folgendes gesagt oder zumindest diese Botschaft vermittelt: »Die einzige Grundlage, auf der du eine gültige Entscheidung treffen kannst, ist mein Befehl. Tu, was ich dir sage. Ich bin dein

Meister.« Wie kann man in einem solchen Fall seine Unabhängigkeit wiedererlangen? Ich frage, wo jemand im weitesten Sinn stehen muß, um sagen zu können: »Meine Integrität verlangt, daß ich meine Bindung zu dieser Gemeinschaft einer Prüfung unterziehe.« Ist das einfach der gemeinsame Boden, den wir den Ort unter dem Baum nennen?

AR: Ja, bestimmt. Aber ich glaube, daß der Grund, den ich anführte – der Wunsch, Kindern im Sangha mehr Platz einzuräumen –, mit dem zusammenhängt, was du sagst. Es war gewissermaßen der Grund für die Entscheidung der Betroffenen, weil es ein wesentlicher Bestandteil ihres menschlichen Entwicklungsprozesses war.

BD: Es war die konkrete und spezielle Form, in der sich der Ort unter dem Baum sozusagen in ihrem Leben zu jenem Zeitpunkt zeigte. Oder die Art, wie sich das Herz Jesu in ihrem Leben äußerte. Aber die grundlegende Antwort ist die, daß eine solche Wahl auf dieser tiefinnersten Grundlage getroffen werden muß.

AR: Von innen, glaube ich, könnte man es so ausdrücken: »Ich fühle ein gewisses Potential in mir. Eine Zeitlang hatte ich das Gefühl, daß sich mein Potential in der Gemeinschaft entfalten konnte, aber jetzt stelle ich fest, daß es sich unter den gegebenen Umständen nicht weiter entfaltet, also muß ich weitergehen.«

BD: Letztlich ist es eine Frage der Autorität, weil solche Fragen bei vielen erst in dem Moment auftauchen, in dem sie vielleicht zum ersten Mal in ihrem Leben feststellen, daß eine äußere Autorität diese Autorität nur deswegen ausübt, weil wir dieser äußeren Autorität unsere persönliche Autorität übertragen haben. Das ist für viele eine weltbewegende Einsicht, und da führt kein Weg darum herum: Es gibt viele äußere Autoritätsfiguren, die widersprüchliche Forderungen stellen; die Tatsache, daß ich mich einer Autorität beuge (und einer anderen, die entgegengesetzte Forderungen stellt, nicht), läßt sich nur erklären, weil ich einer bestimmten Autorität zugestanden habe, daß sie für mich tatsächlich maßgebend ist.

AR: Auch wenn man innerhalb einer Gemeinschaft weitermacht, stellt man mit ständiger Übung und zunehmender Reife eine Wandlung in der Beziehung zur Autorität fest. Am Anfang klammert man sich gerne an eine Autorität, aber später, wenn man auf eigenen Füßen steht und das eigene Schwert ziehen kann, kann man den Buddha und den Bodhidharma töten, wie es im Wu-men-kuan, der »torlosen Schranke«, heißt.

BD: Du sprichst hier natürlich nicht von Eigenwilligkeit.

AR: Selbstverständlich nicht. Eigenwilligkeit ist etwas ganz anderes.

BD: Vielleicht ist es hilfreich, eine Unterscheidung zwischen Eigenwilligkeit und wahrem Gehorsam zu treffen. Wahrer Gehorsam ist ein aufmerksames Hören auf das, was aus der Tiefe des Herzens kommt, auf die Autorität in einem selbst. Eigenwilligkeit kommt vom eigenen kleinen Selbst, während unser Gehorsam dem multizentrischen Selbst, dem Miteinanderverwobensein gilt. Er gilt nie der eigenen Autorität, weil jener Boden – jenes Zuhause, jener gemeinsame Grund – kein eigener ist.

AR: Es ist auch interessant, sich das Wort *eigenwillig* einmal anzusehen: voll des eigenen Willens, oder mit anderen Worten, voll von einem selbst.

BD: Ja, voller Eigen-Willen. Ich unterscheide gerne zwischen dem eigenen Willen und dem Eigenwillen. Die einzige Macht, die Eigenwillen überwinden kann, ist der eigene Wille. Unser eigener Wille muß aufgebaut und gestärkt werden. Was wir durch die Übung pflegen wollen, ist Bereitwilligkeit, nicht Eigenwillen.

AR: Bereitwilligkeit beinhaltet Offenheit.

BD: Ja, sie beinhaltet Offenheit zum Miteinanderverwobensein. Sie beinhaltet wahres Zuhören, ein Zuhören aus tiefstem Herzen.

Alleinsein, Gemeinsamkeit, Freundschaft

BRUDER DAVID: Gibt es ein angemessenes Gleichgewicht zwischen Alleinsein und Gemeinsamkeit? In meinen Augen ist in einer Gemeinschaft beides nötig. Alleinsein wurzelt in der Gemeinschaft. Aus der Gemeinschaft gerissen wird es zur Einsamkeit. In jeder gesunden Gemeinschaft sind Gemeinsamkeit und Alleinsein in einem gewissen Gleichgewicht, und jeder findet dann sein persönliches Gleichgewicht innerhalb der Möglichkeiten der betreffenden Gemeinschaft. Wenn man ein großes Bedürfnis nach Gemeinsamkeit hat, hat man dennoch auch ein gewisses Bedürfnis nach Alleinsein. Ich nehme an, daß es in den meisten Familien heutzutage genauso aussieht.

Die Gefahr, zumindest im klösterlichen Rahmen, besteht darin, daß jemand, der Gemeinsamkeit braucht, das Alleinsein eines andern stört und dem andern sein Bedürfnis egoistisch aufdrängt, wobei er es möglicherweise innerlich mit dem Gedanken rechtfertigt: »Ach, dieser arme Kerl ist allein; ich will ihm etwas Gesellschaft leisten.« Auch das Gegenteil kann vorkommen: Jemand will allein sein, während ein anderer offensichtlich Gesellschaft braucht, und man verläßt ihn mit dem Gedanken: »Es ist gut, daß er allein ist; er braucht das Alleinsein.« Wenn wir wirklich in der Gemeinschaft leben, sollten wir uns auch in dieser Hinsicht gegenseitig für verantwortlich halten – nämlich wenn nötig das Alleinsein des anderen zu achten und ihn wenn nötig durch Zusammensein zu unterstützen. Das habe ich im Mönchsleben gelernt, glaube aber, daß das auch im Familien- und ganz allgemein im Gemeinschaftsleben zutrifft.

AITKEN RÔSHI: Ich bin von morgens bis abends entweder mit meiner Frau oder dem Sangha zusammen, freue mich also, wenn ich auf Reisen gehen kann. Wenn mich jemand zum Flughafen fährt und vorschlägt: »Ich bleibe noch bei dir, bis dein Flugzeug kommt«, sage ich meist: »Ach nein, mach dir keine Mühe. Geh nur, ich komme allein zurecht.« Ich genieße diese Zeit, in der ich einfach unbekannt in der Abflughalle sitzen kann.

BD: Da bin ich mit dir ganz einer Meinung. Das Schlimmste ist, daß in unserer Gesellschaft die meisten das Alleinsein nicht mehr zu würdigen wissen. Sie können mit dem Alleinsein offenbar kaum mehr umgehen. Wenn sie allein sind, drehen sie sofort den Fernseher an, um Gesellschaft zu haben. Die heutige Gesellschaft setzt viel auf Kontaktfreudigkeit, und schon das Wort *Einzelgänger* ist ziemlich negativ gefärbt; man denkt dann sofort an jemanden, der leicht übergeschnappt, sonderbar und möglicherweise sogar gefährlich ist. Was gibt es denn zugunsten der Einzelgänger zu sagen?

AR: Im Zen-Buddhismus haben wir den Begriff *Doku-Sesshin*, ein Sesshin mit sich allein, aber wenige versuchen es je außer ungewöhnlichen Menschen wie beispielsweise Sôen Rôshi. Er übte etwa zwei Jahre lang auf dem Dai-Bosatsu-Berg Doku-Sesshin, und seine Mitmönche fanden ihn sehr seltsam. Ich habe einmal 1962 oder 1963 eine Woche lang ein Doku-Sesshin gemacht, habe in der Nähe eines hawaiianischen Dorfes gezeltet und den ganzen Tag über in meinem Zelt Zazen gemacht.

Zu Buddhas Zeiten und in der buddhistischen Überlieferung, wie man sie heute in Südasien findet, wird der Einzelgänger verehrt und unterstützt, aber im Zen denkt man im allgemeinen, alleine Sitzen würde die Tatsache verleugnen, deren wir beim Üben gewahr werden: daß der andere man selbst ist. Es gibt eine Art Kon-spiration – ein »Zusammen-Atmen« –, die uns zu einem guten Zazen verhilft. Wenn ich Briefe bekomme, in denen mir jemand schreibt, er lebe abgeschieden und habe Schwierigkeiten, alleine Zazen zu üben, schlage ich jeweils vor, im Bewußtsein zu sitzen, daß er mit allen und allem im gesamten Universum sitzt.

BD: Dazu gibt es eine Parallele in der christlichen Auffassung des Gebets: Es gibt kein persönliches Gebet. Das ist ein falscher Begriff. Das Gebet ist nie persönlich, weil man, wenn man sich an jenen Ort begibt, auf jenen Boden, der uns gemeinsam ist und auf dem allein wir beten können, bereits im multizentrischen Selbst ist. Dort macht ein persönliches Gebet überhaupt keinen Sinn. Das Gebet ist immer gemeinschaftlich.

AR: Ich denke, daß Einzelgänger im besten Falle das multizentrische Universum verkörpern und in diesem Sinne üben. Manche Menschen möchten einfach nicht mit anderen sitzen; sie sind geborene Einsiedler und am glücklichsten, wenn sie allein sind. Andere bewegen sich gerne vor und zurück, machen gleichsam einen Winterschlaf, kommen wieder daraus hervor und versinken dann wieder in den nächsten Winterschlaf.

BD: Mir geht es darum, daß wir die Stellung der Einzelgänger in der Gesellschaft achten – in der Familie, bei der Arbeit, in religiösen Gemeinschaften und so weiter. Ich glaube, daß ihr Beitrag an die Gesellschaft unterschätzt wird, und ich möchte unterstreichen, daß Einzelgänger, die ihrer Berufung folgen, für die Gesellschaft genauso wichtig sind wie die Kontaktfreudigen. Wir müssen, um mit Thomas Merton zu sprechen, für Eigenheiten Raum lassen. Das war sein großer Aufruf an die Mönche seiner eigenen Gemeinschaft: Laßt Raum für Eigenheiten. Versucht nicht, alle gleichzumachen und gleichzuschalten; diese Gefahr ist in unserer Gesellschaft groß.

Natürlich gibt es auch sehr ungesunde Einzelgänger auf der Welt, aber es gibt auch viele sehr ungesunde Kontaktfreudige. Worum es geht, erweist sich darin, ob jemand tut, was gerade ansteht: daß Einzelgänger sich so selbstverständlich unter andere mischen, daß niemand wahrnimmt, daß sie lieber alleine wären, und daß Kontaktfreudige, ohne zu murren, allein sein können.

AR: Weißt du noch: Thoreau hatte drei Stühle in seiner Hütte.

BD: In der christlichen Einsiedlertradition heißt es, die Tür einer Einsiedelei dürfe nie geschlossen sein. Gastfreundschaft hat, wenn nötig, Vorrang vor dem Einsiedlerleben, aber wer ein Einsiedlerleben wählt, hat das Recht, so zu leben.

AR: Die Frage des Ausgleichs zwischen Alleinsein und Gemeinsamkeit ist eine jener Fragen, die im Gemeinschaftsleben entstehen, egal ob es ein Kloster ist oder ein Sangha. Eine andere Frage ist, wie man einer besonderen Freundschaft gerecht wird, wie man sie pflegt, ohne daß sie Ausschließlichkeitscharakter annimmt oder zur Cliquenbildung führt.

BD: Das ist speziell in einer Klostergemeinschaft eine vordringliche Aufgabe. Als ich im Kloster lebte, gab es eine eiserne Regel, der zufolge Einzelfreundschaften innerhalb der Gemeinschaft nicht geduldet wurden. Man nannte sie *spezielle Freundschaften*. Wir sollten keine speziellen Freundschaften eingehen und statt dessen eine liebevolle Beziehung zur ganzen Gemeinschaft pflegen. Aber Liebe funktioniert nicht allgemein, und so erwies sich diese Regel als ziemlich destruktiv. Glücklicherweise sind die Dinge inzwischen anders geworden.

Meiner Ansicht nach besteht die einzige Möglichkeit, eine Gemeinschaft zusammenzuhalten, darin, daß viele Freundschaften in verschiedenen Graden und Formen nach allen Seiten bestehen – eine Art Netz von Freundschaften und nicht irgend etwas Begrenztes. Die alte Regel wollte verhindern, daß Freundschaften, besonders wenn die Nähe und Vertrautheit darin wächst, zur Cliquenbildung oder Ausschließlichkeit führen, wie du es formulierst. In der Gemeinschaft sollte allgemein die Auffassung herrschen, daß jede Freundschaft überfließen soll. Sie soll sich nach außen, nicht nach innen wenden und einschließen, anstatt auszuschließen.

Manchmal leidet jemand tatsächlich in einer Freundschaft, weil die Freunde sie nicht einschließlicher gestalten können. Sie finden keine Möglichkeit, andere in bestimmte Bereiche einzubeziehen, weil den anderen das Interesse, die Empfindsamkeit oder was auch immer fehlt. In einem solchen Fall gehört dieses schmerzliche Element zur Freude der Freundschaft.

AR: Gruppenfreundschaften entstehen im buddhistischen Sangha ganz selbstverständlich; sie entwickeln sich manchmal wie zu kleinen Clubs. Das kann auch sehr zerstörerisch sein, wenn sich andere wie in studentischen Bruder- oder Schwesterschaften, zu denen andere nicht eingeladen werden, ausgeschlossen fühlen. Wie du sagst, sollte es ganz klar sein, daß Freundschaften im Sangha so weit wie möglich in den Sangha überfließen.

BD: Und wo das nicht möglich ist, sollten die Freunde es als schmerzlich empfinden.

AR: Ich bin nicht sicher, ob ich richtig verstehe, was du damit meinst.

BD: Nehmen wir zum Beispiel zwei Freunde, die beide Literaturliebhaber sind. Sie möchten, daß andere daran teilhaben, aber das geht nicht, weil die andern sich nicht für Literatur interessieren.

AR: Ja, jetzt verstehe ich – also ein Bedauern, daß die

Freundschaft auf diesem Gebiet nicht mit andern geteilt werden kann. Und wie steht es denn mit einer Freundschaft, die einfach nur aus einer gegenseitigen Verbundenheit entsteht, ohne daß unbedingt ein bestimmtes gemeinsames Interesse bestünde?

BD: Ich glaube, daß man immer irgendwelche Interessen miteinander teilt, aber nehmen wir einmal den Fall an, daß eine Freundschaft nur aus persönlicher Zuneigung entsteht. Ich glaube, ich würde um so eher denken: »Ach, wenn ich doch eine solche Zuneigung zu allen empfinden könnte!« Ich meine, das sollte bei einer solchen Erfahrung doch mitschwingen. Natürlich ist es ein großes Geschenk, eine tiefe Verbindung zu einem oder zwei Menschen im Leben zu verspüren, und wir wissen auch, daß es unmöglich ist, eine solche Bindung zu allen zu haben, aber wir wünschen uns trotzdem, eine solche Liebe zu allen zu verspüren, wo wir doch wissen, daß alles mit allem zusammenhängt. Das scheint mir eigentlich die Botschaft zu sein, die wir empfangen, wenn wir uns verlieben. Es ist wie ein Blitzstrahl, der die Landschaft erhellt und uns zeigt: »So könnte es sein. Alle sollten einander auf diese Weise lieben.« Einen Augenblick lang erkennen wir, daß es möglich wäre.

AR: Mir scheint, daß wir es hier mit der natürlichen Spannung zwischen der universellen Harmonie und der Individualität zu tun haben. Diese individuelle Beziehung steht sozusagen in einer schöpferischen Spannung mit dem universellen Miteinanderverwobensein. Ich würde dann eher sagen: »Okay, hier haben wir den Fall einer speziellen Freundschaft, und etwas davon wird überfließen, aber es liegt im Wesen der Dinge, daß es unmöglich ist, die gleiche Liebe zu allen zu empfinden.«

BD: Dazu würde ich einfach beifügen, daß es auch zum Wesen der Dinge zu gehören scheint, daß sich die Liebe überall, wo sie auftritt (und Liebe tritt in verschiedenem Ausmaß überall auf), immer an andere mitteilen will. Mit anderen Worten akzeptieren wir die Lage, wie sie ist, aber wir erkennen auch das Ideal an, das uns der universellen Harmonie näherbringt.

14
SCHÜLER UND MEISTER

Die richtige Beziehung zum Meister

BRUDER DAVID: Wir sind uns bereits darüber einig geworden, daß Schüler die Pflicht haben, die Autorität eines Meisters in Frage zu stellen, um so dazu beizutragen, gute Lehrer aus ihnen zu machen. Was gehört sonst noch unbedingt zur Verpflichtung eines Schülers einem Meister gegenüber?

AITKEN RÔSHI: Ich denke, daß die Verpflichtung vom jeweiligen Schüler und Kulturkreis abhängt. Ein japanischer Mönch wird sich beispielsweise viel eher dem Meister beugen als ein amerikanischer Zen-Schüler.

BD: Er würde bedingungslos respektvoll sein.

AR: Ja. Und das erscheint mir sehr zweifelhaft. Wenn die Meister-Schüler-Beziehung funktionieren soll, ist Respekt nicht so nötig wie eine aufrichtige Hingabe. Man kann an seinem Vater hängen und dennoch wütend auf ihn sein. Man kann am Vater hängen und ihm dennoch die Meinung sagen. Aber außer Haus würde man nie etwas gegen ihn sagen.

BD: Wo würdest du diese aufrichtige Hingabe ansiedeln? Die Haltungen, die man einem Meister gegenüber einnehmen kann, reichen von einem etwas kühlen und distanzierten Respekt bis zur Liebe. Mir scheint, daß Hingabe irgendwo dazwischen liegt. Es ist ein wichtiges Thema, und ich möchte sichergehen, daß wir genau die richtigen Begriffe verwenden.

AR: Eine aufrichtige Hingabe enthält sowohl Anteile von Respekt als auch von Liebe, meine ich. Für den Schüler ist der

Meister jemand, der ihm lieb ist. *Rôshi* ist zu einem Titel, einer starren Bezeichnung geworden, die man jemandem verleiht, der bestimmte Bedingungen erfüllt, aber ursprünglich war es ein Ausdruck großer Zuneigung. Es hieß einfach »der alte Meister« Yamada Rôshi hat dem Begriff etwas von seiner Wärme zurückgegeben, als er ihn manchmal mit »der alte Herr« übersetzte. Die Haltung ähnelt ein wenig der Mischung aus Zuneigung und Respekt, die R. H. Blyth im Zweiten Weltkrieg von den Männern in unserem Internierungslager erfuhr.[1] Sie nannten ihn »Herr B.« Die formelle Anrede »Herr« war ein Zeichen ihrer Achtung einem älteren Gelehrten und Schriftsteller gegenüber, aber gleichzeitig drückte die Abkürzung seines Nachnamens Nähe aus. Die Bezeichnung »Herr B.« war etwas Vertrauliches, und er mochte sie. Er sagte mir einmal: »Es drückt genau die Art von Liebe und Abstand aus, die ich möchte.«

Jedenfalls ist das eine Haltung, die ein Schüler, wie ich meine, seinem Meister gegenüber haben sollte – eine Haltung respektvoller Liebe. Und diese Liebe kann manchmal eine ziemlich heftige Kritik bewirken.

BD: Man kritisiert ja jemanden nur, wenn man ihn wirklich liebt. Sonst ist er einem nicht wichtig genug, als daß man sich diese Mühe machen würde.

AR: Ja, irgendwie hängt man an ihm.

BD: Wenn du sagst, die aufrichtige Hingabe enthalte sowohl Anteile von Respekt als auch von Liebe, meinst du damit, daß ein wenig Liebe und ein wenig Achtung darin enthalten sind, oder meinst du viel von jedem, soviel wie möglich?

AR: Um ehrlich zu sein, halte ich nicht soviel von Respekt. Ich akzeptiere Formalitäten wie zum Beispiel die Verbeugung der Schüler beim Dokusan, und das zum Teil, weil es ein alter

[1] Siehe Vorwort.

Brauch ist, und zum Teil weil ich weiß, daß es dem Schüler hilft, sich der Lehre gegenüber zu öffnen. Sie verneigen sich nicht so sehr vor mir als vor dem letzten Nachfolger des Shâkyamuni-Buddha, und das kann ihnen dabei helfen, das mentale und emotionale Gepäck hinter sich zu lassen, das sie mitschleppen.

Ich akzeptiere es also, aber am liebsten bin ich mit Sangha-Mitgliedern auf einem Fest und spiele dort mit den Kindern, wie andere Meister es wahrscheinlich kaum tun würden. Ich kenne einen Meister, der bei Sangha-Feiern allein in einem Zimmer sitzt und die Leute fern vom übrigen Getümmel empfängt.

BD: Ich dachte eigentlich nicht an äußere Respektbezeugungen. Ich meinte die innere Haltung – »größte Hochachtung« für jemanden haben.

AR: Wenn diese nicht verdient ist, ist sie hohl. Wenn ich spüre, daß jemand es an Respekt fehlen läßt, habe ich sofort das Gefühl, daß ich es nicht verdient habe.

BD: Wenn du also den Begriff *aufrichtige Hingabe* verwendest, so verstehe ich das so, daß die Hingabe seitens des Schülers darin besteht, sich dem Meister – in diesem Fall dem Rôshi – gegenüber zu verpflichten, die gleiche Haltung aufzubringen, die er dem jüngsten Nachfolger des Shâkyamuni-Buddha entgegenbringen würde.

AR: Ja, das stimmt, solange klar ist, daß der Meister das nicht um seiner Persönlichkeit willen erwartet.

BD: Ja, das ist vollkommen klar.

AR: Dann funktioniert die Meister-Schüler-Beziehung tatsächlich am besten, wenn diese aufrichtige Hingabe gegeben ist. Neulich trat eine Frau unserem Sangha bei, die fünf Jahre lang in einem ganz traditionellen Rahmen mit einem Guru gearbeitet hatte. Es war in ihre Seele eingebrannt, daß sie den Guru verehren sollte. Ich habe immer betont, daß ich *kein*

Guru bin; ein Zen-Meister ist kein Guru. Sie projiziert das aber trotzdem auf mich, und ich stelle fest, daß sie in ihrer Übung erfreuliche Fortschritte macht. Ich glaube, das ist deshalb der Fall, weil sie mich versteht wie noch kein Schüler, mit dem ich je zuvor gearbeitet habe.

Das erinnert mich an den »klugen Hans«, ein deutsches Pferd, das rechnen konnte. Es konnte zusammenzählen und abziehen und antwortete mit Hufschlägen. Wenn es die richtige Zahl erreicht hatte, hörte es auf. Es wurde immer wieder von Fachleuten geprüft, und keiner kam darauf, wie es das bewerkstelligen konnte, ohne tatsächlich zu rechnen. Als sie aber seinen Trainer fortschickten und es selbst versuchten, klappte es nicht mehr. Also holten sie den Trainer wieder zurück und beobachteten das Spiel sehr lange, um zu sehen, ob er Hans irgendwelche Zeichen machte. Schließlich kamen sie darauf, daß der Trainer eine unmerkliche Bewegung machte, wenn Hans bei der richtigen Zahl angelangt war, und das war das Zeichen für Hans, mit dem Stampfen aufzuhören.

Ich glaube, daß diese Schülerin mich ganz ähnlich versteht, weil sie auf jede Änderung in meiner Stimmlage oder Bewegung meiner Augenbrauen reagiert. Bei ihr muß ich also sehr darauf achten, ganz unbeweglich zu bleiben, wenn ich ihr eine Frage stelle. Dann ist sie ganz auf sich gestellt. Das ist eine Variation zum Thema der richtigen Beziehung zum Meister. Alles in allem meine ich, daß ich ihre Haltung dem Guru gegenüber zwar nicht jedem Schüler empfehlen würde, aber es hat ihr offenbar in ihrer Übung sehr geholfen.

BD: In diese richtige Beziehung zum Meister schließt du offensichtlich auch das Vertrauen ein. Und wie sieht es mit der Ehrlichkeit des Schülers aus?

AR: Selbstverständlich ist Ehrlichkeit Voraussetzung, nicht nur in der Meister-Schüler-Beziehung, sondern beim Zazen und im Alltag auch. Ich empfehle meinen Schülern jeweils, an der Quelle ihrer Gedanken vollkommen ehrlich zu sein. Ich erinnere mich, wie Yasutani Rôshi einem Schüler sagte: »Wenn du vollkommen ehrlich wärest, wärst du in diesem Augenblick erleuchtet.« Wahrheitsliebe und Ehrlichkeit sind genau dasselbe wie die größte Weisheit. Wenn wir ganz und gar ehrlich sind, sehen wir die Dinge, wie sie sind. Was sonst *ist* Weisheit!

BD: Als wir vorhin darüber sprachen, daß Schüler sich unbedingt umsehen sollten, wer verfügbar ist, bevor sie sich darauf festlegen, bei einem bestimmten Meister zu lernen, sagtest du, der Schüler solle herausfinden, zu wem er sich hingezogen fühle. Könntest du das etwas näher erläutern? Wie weiß man, ob eine solche Affinität besteht?

AR: Ich erinnere mich, wie Sôen Rôshi seine Erfahrung beschrieb, als er von seinem ursprünglichen Meister zu dem Meister wechselte, bei dem er schließlich blieb: Yamamoto Gempô Rôshi.[1] Er sagte: »Als ich sein Teisho hörte, fühlte ich hier eine Wärme« und dabei rieb er seinen Bauch. Nun hat sicher nicht jeder eine solche körperliche Reaktion, die ihm hilft, den richtigen Meister zu finden, aber es sollte ein tiefes Gefühl der Verbundenheit, der Richtigkeit und bestimmt des Vertrauens da sein.

Affinität ist etwas sehr Seltsames, ganz gleich, ob sie sich in einer einmaligen tiefen Freundschaft äußert, wie wir bereits erwähnten, oder in der Meister-Schüler-Beziehung. Ich denke, daß ich nur leicht übertreibe, wenn ich sage, daß unsere Affinitäten angeboren sind. Ich sage das, um zu betonen, wie unbewußt sie sind. In Japan sind *Affinität* und *Karma* praktisch

[1] Gempô Rôshi war der verstorbene Vorsteher des Klosters Ryûtaku und bereits im Ruhestand, als Aitken Rôshi in den fünfziger Jahren dort unterwiesen wurde (Sôen Rôshi war der Nachfolger von Gempô Rôshi).

dasselbe Wort. Der japanische Ausdruck *fushige na en* bedeutet entweder »geheimnisvolle Affinität« oder »geheimnisvolles Karma«. Wenn ein Paar zusammenfindet, sagen sie etwa: »Wir haben einander sicher in einem früheren Leben schon gekannt« und drücken damit dieses Gefühl einer ungreifbaren Affinität oder Wesensverwandtschaft aus.

Um klarzumachen, wie sich so etwas im Rahmen der Meister-Schüler-Beziehung äußert, will ich das historische Beispiel von Buddhas persönlichem Diener Ananda erzählen. Obwohl er während der gesamten Lebenszeit des Buddha die Verwirklichung nicht erlangte, erkannte Ananda sein wahres Wesen danach unter Buddhas Nachfolger Mahâkâshyapa und wurde schließlich zum drittwichtigsten Meister unserer Überlieferung. Das erklärt sich zum Teil dadurch, daß Ananda wahrscheinlich zu jenen Schülern gehörte, die Yamada Rôshi »Menschen der Mühe« nannte, Menschen, deren Weg von Hindernissen wie Selbstzweifel oder Eifersucht übersät ist, die aber fest entschlossen üben und spät im Leben erwachen. Andererseits aber muß es etwas mit der Affinität zu Mahâkâshyapa zu tun haben.

BD: Das erscheint mir wichtig. Oft mußte ich eine Lehrerrolle übernehmen, und dem Perfektionisten, der ich nun einmal bin, brennt nun die Frage auf der Zunge: Glaubst du, daß es etwas mit der psychischen Ausstattung des Shâkyamuni zu tun hatte, daß Ananda seine Verwirklichung nicht bei ihm erlebte?

AR: Ja, aber es war keine Schwäche Shâkyamunis. Es war eine komplexe Situation aus vielen Elementen einschließlich Anandas Bereitschaft einerseits und der Art von Affinität zwischen ihm und seinen Meistern andererseits. Affinität und Bereitschaft stimmten in seiner Beziehung zu Mahâkâshyapa überein, aber nicht in seiner Beziehung zu Shâkyamuni.

BD: Inwiefern?

AR: Der Bereitschaft fehlte die Reife, und die Affinität war nicht vollständig. Ich habe erst kürzlich eine ähnliche Erfahrung gemacht, als ein langjähriger Schüler bei einem anderen Meister die Verwirklichung fand.

BD: War das eine freudige oder schmerzliche Erfahrung?

AR: Oh, eine freudige! Ich bin wirklich sehr glücklich darüber. Mir liegt nicht viel daran, jemanden unbedingt selbst zur Erleuchtung zu führen.

BD: Du tust es sowieso nicht. Der Schüler tut es mit der Unterstützung aller.

AR: Genau, und darum freue ich mich sehr.

BD: Ich kann mir die Freude einer solchen Erfahrung vorstellen, aber ich weiß auch, daß sie sehr schmerzhaft sein kann, wenn Bereitschaft und Affinität nicht vollständig gegeben sind. Ein Meister fragt sich immer: »Ist es meine Schuld?«, besonders wenn er zur Perfektion neigt.

AR: In solchen Augenblicken denke ich an das, was Shunryû Suzuki Rôshi einmal sagte: »Meister sein ist eine Sache des Umgangs mit den eigenen Fehlern.«

BD: Das ist herrlich! Das können wir nicht überbieten.

In einer Rolle steckenbleiben

BRUDER DAVID: Was tust du, wenn deine Rolle Gewalt über dich gewinnt? Ich denke, daß das ein ernstliches Problem für einen Meister oder Mönch sein kann, aber auch für einen Arzt, eine Mutter, einen Geschäftsinhaber oder eine Sekretärin.

AITKEN RÔSHI: Und für einen Dichter, würde ich ergänzen. Ich denke wieder an Hopkins und einen sehr interessanten Kommentar über das Schreiben als Dichter, anders ausgedrückt, darüber, in einer *Rolle* als Dichter zu schreiben. Hopkins sagte, Wordsworth habe sich dessen schuldig gemacht, weil er an seinem eigenen Stil festhielt. »Im Gegensatz dazu«, sagt er, »ist Shakespeare zweifellos nie langweilig, und zwar einzig aus dem Grunde, weil er so selten Parnassisch gebraucht.«[1] *Parnassisch* nennt Hopkins eine übertrieben manieristische Sprache. Als Beispiel zitiert er einige Zeilen von Wordsworth und sagt, das sei zwar schön, aber im wesentlichen doch allzusehr Wordsworthisch. Es ist zu sehr und zu gleichbleibend seine eigene poetische Betrachtungsweise.

BD: Er ist also in seiner eigenen Rolle gefangen.

AR: Ja, und Hopkins weist ganz deutlich darauf hin, daß Shakespeare so genial war, daß er sich nie in seiner eigenen Rolle verfing. Das ist doch sehr lehrreich für uns als Lehrer und Schriftsteller und eigentlich für alle.

BD: In der Eltern-, Schüler-, Schreiner-, Fotografenrolle oder Rolle eines Kochs müssen wir alle dasselbe tun wie ein Dichter, nämlich jeder Situation neu begegnen. Was einen guten Dichter ausmacht, ist die Fähigkeit, das mit neuen Augen zu sehen, was alle anderen auch sehen, aber als selbstverständlich abhaken. Frische ist das Entscheidende. Wir sind bereits dem Irrtum anheimgefallen, wenn wir denken: »Ach, ich weiß, wie ich *damit* umgehe« oder: »Ich weiß, welche Nummer *sie* aufführt.« Jede Situation ist von Grund auf neu.

AR: Ich habe bei meinem letzten Besuch in einem ländlichen Zen-Center in Kalifornien zu den Kindern gesprochen und ihnen erzählt, wie es war, als mein Vater einen Schlaganfall hatte und den rechten Arm und das rechte Bein nicht mehr bewegen konnte. Als ich ihn im Krankenhaus besuchte, bat er mich: »Könntest du mir die Fingernägel schneiden?« Das tat ich, und plötzlich hatte ich das Gefühl, daß ich der Vater sei und er der Sohn. Ich sagte also den Kindern: »Ihr könnt Eltern

[1] Gerard Manley Hopkins, *Gedichte, Schriften, Briefe*, a.a.O., S. 235 und 664.

für eure Eltern sein, und sie sind dann eure Kinder.« Sie staunten nur so.

»Ich erinnere mich besondes an ein kleines achtjähriges Mädchen; es konnte es einfach nicht glauben: »Wie kann ich denn eine Mutter für meine Mutter sein?« wollte sie wissen.

»Ich sagte: »Stell dir vor, daß deine Mutter krank ist. Du könntest am Morgen ein Tablett nehmen, einen Napf draufstellen, Haferflocken mit etwas Milch in den Napf tun, dann einen Löffel, eine Serviette und eine Banane danebenlegen und es deiner Mutter als Frühstück bringen. Könntest du das nicht?« Sie meinte, das könnte sie nicht tun, aber sie dachte wirklich darüber nach, und ich glaube, sie hat verstanden, was ich sagen wollte.

BD: Wenn sie eine solche Möglichkeit erst einmal in Betracht zieht, wird sie tausend kleinere und weniger offensichtliche Gelegenheiten finden, ihre Mutter zu bemuttern, wenn ihre Mutter zum Beispiel einfach nur müde oder traurig ist.

AR: In Familien, die ganz spielerisch Rollen tauschen, ist wirklich sehr viel Vertrauen und Nähe da. Wenn ein Kind auf eine Nörglerrolle umschalten und die Mutter das weinerliche Kind spielen kann, schauen sie einander an, sehen sich selbst und können über sich lachen, und dann löst sich der Streit oder die Schwierigkeit, die sie gerade miteinander hatten, sofort auf.

BD: Das ist ausgezeichnet. Es paßt zum Necken, das du vorhin erwähntest.

AR: Ja, und das ist wichtig: Wenn man von innen heraus neckt, kann man sozusagen mit der Stimme des Kindes necken, und dann ist es nicht schmerzhaft, nur Spaß.

BD: Das hilft auch aufzudecken, daß Rollen Rollen sind und Masken Masken und daß wir im Innersten alle eins sind und nur zum Spaß verschiedene Rollen spielen.

AR: Ja, die Maske ist eine Maske und mehr nicht. Es steckt nichts dahinter.

BD: Wie würdest du jemandem – ich spreche nicht von Kindern – helfen, sich nicht in eine Rolle zu verstricken?

AR: Als ich an der Universität arbeitete, hatte ich eine ganze Reihe von Sekretärinnen. Wenn ich zum ersten Mal mit einer Sekretärin zusammenarbeitete, sagte ich immer: »Ich weiß, daß viele Sekretärinnen ihre Arbeit tun, ohne zu fragen – nach dem Motto: ›Wenn er es so haben will, kann er es so haben.‹ Ich bin nicht so einer. Ich will nicht, daß Sie eine Arbeit ausführen, die Sie für verkehrt halten. Und das gilt bei Briefen nicht nur für die Orthographie, sondern auch für den Inhalt. Wenn Sie glauben, ich sollte etwas in einem Brief lieber nicht schreiben, möchte ich, daß Sie es mir sagen.« Die meisten waren länger im Beruf als ich und kannten alles in- und auswendig. Wir konnten also im Team arbeiten. Ich versuchte sie so aus ihrer Sekretärinnenrolle zu locken.

»Es ist schwierig für Untergebene, die Rolle mit dem Chef zu tauschen, aber ich habe es an der Universität erlebt, daß die Sekretärin eines anderen sich die Freiheit nahm, mit mir zu reden und mir zu sagen, daß ich einen Studenten falsch beraten hätte. Sie tat es so, daß ich nur zugeben konnte: »Ja, Sie haben recht. Ich hätte bestimmter sein sollen.«

Wie ich vorhin bei der Episode, als ich das Essen zurückgehen ließ, bereits erwähnte, war es meine Schwäche, daß ich mich nur sehr ungern mit anderen auseinandersetzte oder sie kritisierte. Was sie mir sagte, war mir eine große Lehre. Vielleicht wären nicht alle bereit gewesen, darauf zu hören, aber ich glaube, sie wußte, daß ich das tun würde. Vielleicht hätte sie es sowieso gesagt, auch wenn sie der Meinung war, daß ich nicht auf sie hören würde.

BD: Mit anderen Worten: Wenn man aus einer Rolle ausbrechen will, muß man als Untergebener den Mut haben, seine Meinung zu sagen, und der Vorgesetzte muß offener werden und besser zuhören, damit andere ihre Meinung leichter sagen können.

AR: Ja, und wenn man in einer untergeordneten Stellung ist und diese Freiheit nicht hat, seine Meinung zu sagen, dafür aber Selbstvertrauen, dann kann man sich, wenn man mit sich eins ist und es um etwas Wichtiges geht, einen Weg bahnen und die nötige Freiheit nehmen.

BD: Bis jetzt haben wir hauptsächlich über ziemlich klar umrissene Familien- und Berufsrollen gesprochen. Ich glaube aber, daß das auch auf die subtilen Rollen zutrifft, die wir im Alltagsleben spielen. So gehen doch die meisten immer wieder auf dieselbe Art mit Freunden, Ehepartnern oder Verwandten um. Wir rutschen immer wieder in die ausgefahrenen alten Verhaltensmuster. Sagen wir mal, daß jemand eine sarkastische Bemerkung macht, wohl wissend, daß der andere ärgerlich oder noch sarkastischer darauf reagieren wird. Möglicherweise kommt es zum Streit oder einfach nur zu einer verbitterten und verfahrenen Lage. Jedenfalls führt das nirgendwohin. Die beiden stecken fest. Sie finden keinen Ausweg, um aus den Rollen auszubrechen, die sie im Umgang miteinander übernommen haben.

Ganz selten ist es mir gelungen, solche Rollen zu durchbrechen, aber nur, wenn ich mich ganz sorgfältig vorbereitet habe. Zuerst muß ich mich lange vor einer Begegnung sammeln, wenn möglich Stunden zuvor, mich genau daran erinnern, wie das Gespräch gewöhnlich verläuft und wo wir steckenbleiben. Dann stelle ich mir vor, wie ich dem andern kreativer antworten könnte und probe das richtiggehend, bevor ich mich in die Situation begebe. Wenn das gewohnte Reizwort dann fällt, sage ich etwas völlig Unerwartetes, und ganz plötzlich fallen die Rollen in sich zusammen. Aber das passiert nicht einfach so. Man muß sich wirklich gut darauf vorbereiten und wissen, was man tun will. Es ist ein wenig wie dein Comic strip vom schüchternen Leutnant, der zum Fest geht und »Hallo« sagt, nachdem er in seinen Notizen gestöbert hat.

AR: Es geht also wieder ums Üben. Und wie sieht es im Rahmen der Meister-Schüler-Beziehung mit dem Ausbrechen aus einer Rolle aus? Ich könnte mir denken, daß sich hierzu manches sagen ließe.

BD: Ich wüßte gerne, wie du das als Zen-Meister erlebst.

AR: Ich habe damit nicht nur in Amerika und Australien Erfahrungen aus der Stellung des Meisters gemacht, sondern auch unter japanischen Meistern aus der Stellung des Schülers. In Asien halten sich Zen-Schüler in normalen Situationen an die konfuzianischen Richtlinien und fordern den Meister selten heraus, und auch dann nur ganz subtil und indirekt. Aber in Begegnungen, in denen es um ihre Übung geht, fordern sie den Meister und andere Ältere ständig heraus. Es gibt uralte Präzedenzfälle, und die Meister fördern das durch die Erzählung alter Zen-Geschichten. In vielen dieser Geschichten wechseln Meister und Schüler die Rolle, und manchmal wechseln sie wiederholt die Masken, wobei zuerst der eine herausfordert, dann der andere – hin und her, wie bei einem Tanz.

Etwas von der konfuzianischen Achtung ist auch nach Amerika mitgekommen, zumal wenn der Meister aus Asien stammt, aber gewöhnlich ist sie nicht so groß, und in unserem Sangha ist davon nicht viel zu spüren. Ich werde ständig herausgefordert, besonders im Dokusan, und dabei blühe ich richtig auf.

BD: Natürlich. Ein guter Meister lebt von der Herausforderung, und schlechte fühlen sich durch die kleinste Frage bedroht. Während meines Noviziats hat man mich mehr als einmal zurechtgewiesen, nur weil ich Fragen stellte. Manchmal wurden sie als Ausdruck eines Vertrauensmangels dem Meister gegenüber angesehen, dabei fragte ich gerade deswegen, weil ich darauf vertraute, daß der Meister eine Antwort hatte, und wenn nicht, daß er mit mir danach suchen würde, was ebenso in Ordnung ist. Ich wollte nur tiefer schürfen.

Glücklicherweise haben mich die meisten Meister nicht enttäuscht. Schließlich ist ein Meister doch nur ein fortgeschrittener Schüler – und ein guter Meister weiß das und übt dementsprechend. Wenn wir alle auf der Suche, »auf dem Weg« bleiben, was das Wichtigste in unserer Praxis ist, dann fällt es uns nicht schwer, aus der Meister- oder Schülerrolle auszubrechen, weil die Rollen zweitrangig und verhältnismäßig unwichtig werden. Deswegen zitiert Matthäus Jesus, wie er sagt: »Ihr aber sollt euch nicht Rabbi nennen lassen, denn einer ist euer Meister, ihr alle aber seid Brüder« (Mt 23,8). Dieser eine und einzige Meister ist der Christus, das wahre Selbst.

15
SEXUELLE FEHLTRITTE RELIGIÖSER FÜHRER

AITKEN RÔSHI: Außer den Fragen, die ganz allgemein die religiöse Autorität und die Meister-Schüler-Beziehung betreffen, sollten wir uns auch mit dem konkreten Problem des Autoritätsmißbrauchs einschließlich der Ausbeutung von Schülern durch Lehrer und Meister befassen, besonders mit dem scxuellen Mißbrauch. Das war in den letzten zwanzig Jahren in den buddhistischen Zentren in Amerika – in Zen-Zentren, Theravada- und tibetischen Zentren – ein großes Problem, besonders in den achtziger Jahren.

Persönlich war ich über den ersten Fall, der mir zu Ohren kam, entsetzt. Er war in unserem eigenen Zentrum vorgekommen, und auch wenn der Täter rein formal kein Meister war, so war er doch ein Mönch und unser Leiter. Es traf mich völlig unerwartet, weil meine eigenen Lehrer nicht nur über einen solchen Verrat in sexueller Hinsicht, sondern, wie ich glaube, über jegliche Art von Vertrauensbruch erhaben waren. Mir fällt kein einziger Fall ein, in dem mich einer meiner eigenen vier Meister wirklich enttäuscht hätte. Die Meister-Schüler-Beziehung ist natürlich äußerst subtil, und manchmal war ich verletzt oder *fühlte* mich möglicherweise auch verraten, aber was ich als Vertrauensbruch gewertet hatte, erwies sich jedesmal als kleineres Mißverständnis, das oft aus einer interkulturellen Fehlkommunikation entstanden war.

BRUDER DAVID: In meinem Klosterleben bei den Benediktinern habe ich einige Zeit in mehreren Klöstern verbracht und kann aufrichtig sagen, daß mir noch kein einziger Fall sexueller Ausbeutung eines Schülers durch einen Lehrer zu Ohren gekommen wäre. Es ist mir in meinen dreißig Jahren Mönchsleben einfach nicht vorgekommen, und ich habe auch nichts Derartiges gehört. Sicher kommt so etwas auch unter Christen vor, sie sind genauso fehlbar wie alle andern auch. Aber meistens ist das außerhalb von Klöstern der Fall.

AR: Wie ist es bei katholischen Priestern in den Gemeinden?

BD: Ich bin ein entschiedener Gegner des Pflichtzölibats für Priester. Ich halte es für einen Machtmißbrauch, und künftige Generationen werden wohl die heutige Auflage des Zölibats für Priester strenger beurteilen, als wir heute die Hexenverbrennungen verurteilen. Die Hexenverbrennungen waren ein schreckliches Vergehen, aber sie hatten keine so zerstörerische Wirkung auf die Kirche als Institution. Das Beharren auf dem Priesterzölibat zerstört ausgerechnet die Institution, die sie retten soll.

AR: Du sprichst hier nur vom *Priester*zölibat und nicht vom Zölibat der Mönche?

BD: Ja, nur vom Priesterzölibat. Das ist etwas ganz anderes als der Mönchszölibat, weil Priester sich eigentlich nicht für den Zölibat entscheiden. Sie werden auf mehr oder weniger subtile Weise zum Zölibat gezwungen. Wir sind gar nicht geschickt mit dem ganzen Thema der Sexualität umgegangen, und ich glaube, daß es an der Zeit ist, etwas zu tun. Nichts zu tun käme einem moralischen Bankrott gleich.

AR: Ich denke, das trifft auch auf Zen-Kreise zu. Die Meister, die das Vertrauen ihrer Schüler durch einen sexuellen Fehltritt oder einen ernstlichen Ausrutscher in einem anderen Bereich mißbrauchten, haben ihre Erkenntnis nicht genügend verinnerlicht, meine ich. Sie können sie vielleicht formulieren, aber das ist nicht genug. Als 1982 die Nachricht von den sexuellen Fehltritten amerikanischer Zen-Meister nach Japan drang, sagte Yamada Rôshi, daß das Kenshô, die Wesensschau, dieser Meister sicherlich nicht tief genug gewesen sei. Ich würde einen Schritt weiter gehen und sagen, daß sie ihre Erfahrung nicht genügend *gepflegt* haben. Sie haben die nötigen Schritte nicht unternommen, um sich diese Erfahrung zu eigen zu machen, haben sich nicht wirklich gesagt: »Wie erhaben der Weg des Buddha auch sein mag, ich gelobe, ihn zu vollenden. Ich gelobe, auf meine eigene Weise, so gut ich kann und soweit es in meinen Kräften steht, so edel zu sein wie der Buddha selbst.«

BD: Als wir in unserem Gespräch die östliche und westliche Überlieferung miteinander verglichen, sagte ich, jede habe ihre eigene Falle. Unsere westliche Falle ist der Dualismus, die Neigung, die Unterschiede so weit zu treiben, daß sie sich zu Trennungen verhärten – hier Gott, dort die Welt, und ein Graben zwischen beiden. Ich frage mich, ob das Problem der Fehltritte, die du erwähnst, nicht dann auftritt, wenn jemand in die entsprechende Falle der östlichen Überlieferung gerät, die Falle des Monismus mit der Neigung, alle Unterscheidungen aufzuheben, bis alles nur noch undifferenziert verschwimmt und dabei das Gefühl aufkommen mag, man könne alles tun und alles sei in Ordnung.

AR: Möglich. Diese Falle ist gleich in den Anfängen der Zen-Arbeit im Westen deutlich aufgedeckt worden. Philip Kapleau nannte sie in *Die Drei Pfeiler des Zen* die »Satanshöhle«.[1] Christlich ausgedrückt handelt es sich um den ketzerischen Irrglauben, in dem ein Mensch meint, gerettet oder erleuchtet zu sein und daher nichts Falsches tun zu können. Vielleicht wurde das nicht genügend betont.

[1] *Die Drei Pfeiler des Zen*, hrsg. von Philip Kapleau, Barth-Verlag, Bern 1981, S. 327.

Ich glaube, daß das traurige Zeugnis des Fehlverhaltens buddhistischer Meister in den Vereinigten Staaten das östliche Erbe der Tradition noch auf andere Weise spiegelt. Wie ich schon sagte, wurden buddhistische Verhaltensregeln und Vorschriften in Ostasien sehr leicht genommen. Es wäre ein Fehler, hier zu verallgemeinern. Die koreanische Einstellung zum Gebot, nicht mißbräuchlich mit Sex umzugehen, muß als koreanisches Phänomen gesehen werden, genauso wie die japanische Haltung dazu ein japanisches Phänomen ist. Ich überlasse es anderen, über die entsprechende Einstellung in Korea zu sprechen, weil ich nicht genügend darüber unterrichtet bin, aber ich denke, daß ich ein ziemlich gutes Empfinden für die Haltung habe, die in Japan diesbezüglich vorherrscht. Wenn du das Buch *Tagebuch eines Zen-Lehrlings*[1] liest, eine humorvolle, aber exakt beschriebene Bildergeschichte über das Leben in einem japanischen Zen-Kloster, dann findest du darin ganz sachlich Hinweise auf Mönche, die verschwinden, um in die Stadt zu gehen.

BD: Wozu sie über die Mauer klettern.

AR: Ja, sie klettern nachts über die Mauer. Und wohin gehen sie? Du kannst es dir denken: Sie gehen ins Freudenhaus. Senzaki erzählt in *Ohne Worte – ohne Schweigen*[2] die berühmte Geschichte eines Mönchs, der regelmäßig über die Mauer stieg und dazu einen hohen Schemel benutzte, um hinauf- und hinüberzuklettern. Eines Nachts entfernte der Abt den Schemel, nachdem der Mönch ausgegangen war, und blieb gebückt an jener Stelle stehen. Als der Mönch zurückkam, stieg er auf den Rücken des Abtes. Du kannst dir seinen Schrecken vorstellen, als er sah, was er getan hatte. Statt ihn zu züchtigen,

1 Satô Giei, *Tagebuch eines Zen-Lehrlings*, Neske, Pfullingen 1988, S. 120.

2 Paul Reps (Hrsg.), *Ohne Worte – ohne Schweigen*, Barth-Verlag, München 1976.

sagte der Abt nur: »Es ist kalt draußen. Paß auf, daß du dich nicht erkältest.« Der Mönch stieg nie wieder über die Mauer.

Das ist beinahe wie Jesus, der seinen Jüngern die Füße wäscht, nicht wahr? Leider ist es ein seltener Fall. Gewöhnlich sieht man eher über solche Dinge hinweg. Und wie im christlichen Mönchstum gibt es im Zen-Buddhismus kaum irgendwelche Hinweise auf Sex. In meinem Buch *Ethik des Zen*[1] bin ich ausführlich auf diesen Mangel eingegangen.

BD: Jetzt, wo der Zen-Buddhismus in einer so sexbesessenen Gesellschaft Fuß gefaßt hat, wird man sexuelle Fragen wohl irgendwie mit Schülern und besonders mit zukünftigen Meistern viel eingehender behandeln müssen. Auf diesem Gebiet tut eine richtige Schulung not.

Es war mir vergönnt, einige Zen-Meister persönlich kennenzulernen, einige davon recht gut, so daß mir das Problem vertraut ist, aber als Freund aus einer ganz anderen Religion habe ich mich nie dazu berufen gefühlt, solche Fehltritte öffentlich zu kritisieren oder mich einzumischen, außer denen so gut wie möglich zu helfen, die dabei Schaden erlitten hatten. Ich habe die Entwicklung – und nicht nur am Rande – mit großem Interesse verfolgt und hoffe, daß die Zen-Gemeinschaft in Amerika ernsthafte Schritte unternehmen wird, um dieses Dilemma zu überwinden.

Ich habe dazu einmal einen konkreten Vorschlag gemacht, der, wie ich eben erst las, auch von einigen Anhängern des Zen vorgebracht wurde, nämlich daß Zen-Meister in Amerika (und vielleicht Kanada und Mexiko, möglicherweise auch Europa) sich zusammenschließen sollten, um so etwas wie eine Kontrollinstanz einzurichten, wie es sie auch in anderen Berufen gibt. Es könnte vielleicht einfach eine Art Aufsichtsrat sein, der sich aus vertrauenswürdigen Meistern und aufge-

[1] Robert Aitken, *Ethik des Zen*, s. Literaturhinweise.

weckten, langjährigen Schülern zusammensetzt, ein Rat, der keine regelmäßigen Zusammenkünfte hätte, aber an den man sich in Notfällen wenden und der den jeweiligen Fall untersuchen könnte. Das ist ein rein fachlicher Vorschlag, den ich nur zögernd mache, da ich Institutionen ein notwendiges Übel finde. Natürlich ist es viel wichtiger, innerhalb der Lehre und Praxis selbst neue Ansätze zu finden.

AR: Ich befürchte, daß eine Kontrollinstanz sich sehr schwer einrichten ließe und nicht funktionieren würde. Sie könnte Empfehlungen über Empfehlungen verabschieden, aber wenn ihre Autorität nicht anerkannt wird, würde nichts passieren. Nein, ich glaube, daß wir uns an die Sanghas selbst wenden müssen, um das Problem jeweils intern zu lösen. Ich glaube, daß ich und andere ein gewisses Maß an Autorität haben und in den übrigen Sanghas respektiert werden, und ich habe auch schon eine ganze Reihe von Stellungnahmen über das Problem im allgemeinen abgegeben, aber ich möchte keinesfalls eine selbstgerechte Haltung beanspruchen und habe mich nicht dazu berufen gefühlt, in konkreten Situationen einzugreifen.

BD: Ich denke, damit bist du auch gut beraten. Du kennst sicher die berühmte Geschichte im Johannesevangelium, wo eine Frau beim Ehebruch ertappt und zu Jesus gebracht wird, der das Urteil über sie fällen soll. Die Leute wollen sie steinigen, aber er sagt nichts und gibt ihnen damit Gelegenheit, das Ganze fallenzulassen. Und als sie weiter darauf bestehen, sagt er einfach: »Wer unter euch ohne Sünde ist, der werfe den ersten Stein auf sie« (Joh 8,7). Johannes berichtet bezeichnenderweise, daß die Älteren vor den Jüngeren weggehen. Je älter man wird, desto eher hat man Mitleid mit jemandem, der einen Fehler macht. Ich zeige keineswegs mit dem Finger auf sie.

AR: In meinen diesbezüglichen Stellungnahmen gestehe ich

ein, wie schwer es mir fällt, andere Gebote einzuhalten. Wie mein erster Zen-Freund, R. H. Blyth, mir einmal sagte: »Wenn man mich einer Sache beschuldigt, die ich nicht begangen habe, beuge ich mich in Anbetracht der vielen Dinge, die ich tatsächlich begangen habe.«

BD: Deine Stellung und deine Lebensführung verleihen dir einige Autorität, aber es wäre mir nicht wohl, wenn du als mein Freund in irgendeine Situation eingreifen und versuchen würdest, diese Autorität auszuüben. Man würde es sicherlich als Einmischung auffassen.

AR: Genau das hat mich bisher zurückgehalten. So habe ich zwar meine Meinung über das Problem im allgemeinen ausgedrückt, aber nur privat zu konkreten Fällen Stellung genommen. Ich glaube, daß die Hauptverantwortung zur Einschränkung von Fehltritten den Sanghas selbst obliegt, wie ich schon sagte. Die Flutwelle von Skandalen hat mich zum Vorschlag bewogen, daß die Richtlinien unseres Sanghas geändert werden und wir nunmehr darin erwähnen, daß Fehltritte ein Grund zur Entlassung des Meisters sind. Solche Maßnahmen erhoffe ich mir.

Die Folgen sexueller Fehltritte

BRUDER DAVID: Meister, die nicht leben, was sie lehren, zerstören das Vertrauen ihrer Schüler. Warum hat das wohl im Bereich einer sexuellen Beziehung derart katastrophale Folgen?

AITKEN RÔSHI: Grundsätzlich ist der Sangha eine Familie. Der Meister hat in dieser Familie die archetypische Stellung des Vaters oder der Mutter inne, und eine sexuelle Übertretung – die Verführung eines Schülers durch einen Meister oder Lehrer –, kommt einem Inzest gleich.

BD: Anstatt es als selbstverständlich vorauszusetzen, möchte ich hier die Frage stellen: »Was am Inzest ist es, wogegen wir uns wenden?«

AR: Ich glaube, daß wir im Bereich der Sexualität *gar nichts* voraussetzen sollten. Der Psychotherapeut Peter Rutter, der zahlreiche Buddhisten behandelt hat, die in verschiedenen Sanghas Opfer sexueller Fehltritte wurden, und der ein Buch unter dem Titel *Verbotene Nähe*[1] veröffentlicht hat, scheint die Meinung zu vertreten, daß jegliche sexuelle Beziehung zwischen Meister oder Lehrer und Schüler, auch ganz allgemein in der akademischen Welt, nur schlecht ist. Er vertritt dieselbe Ansicht über die Klient-Therapeut-Beziehung in seinem eigenen Bereich. Trotzdem weiß man, daß viele glückliche Ehen aus einer Beziehung entstanden sind, die ursprünglich als Lehrer-Schüler-Beziehung an der Uni oder als Psychologe und Klient begonnen hatte. Ich habe einen Aufruf – wahrscheinlich von einem Wissenschaftler – in einer literarischen Zeitschrift gelesen, in dem Leute, die positive sexuelle Erfahrungen mit Eltern oder Verwandten gemacht haben, gebeten werden, über diese Erlebnisse zu berichten. Ich nehme an, daß wenigstens theoretisch die Möglichkeit besteht, daß eine solche Erfahrung sich zum Positiven wenden kann.

BD: So daß es sich also nicht unbedingt um eine ausschließlich schwarzweiße Sache handelt.

AR: Nein. Aber man kann sicherlich sagen, daß in der überwiegenden Mehrzahl der Fälle die vorsätzliche Verführung eines Schülers oder Menschen in einer ähnlichen Stellung durch Mißbrauch des Vertrauens, das in der Übertragung entstanden ist, falsch ist und sich sehr zerstörerisch auswirken kann. Wenn der Mensch, der die leitende Rolle

[1] Peter Rutter, *Verbotene Nähe. Wie Männer mit Macht das Vertrauen von Frauen mißbrauchen*, Econ-Verlag, Düsseldorf 1991.

innehat, ernstlich an einem bestimmten Klienten oder Schüler interessiert ist, muß er oder sie die Führerrolle ablegen, bevor die Dinge zu weit gegangen sind, und zusehen, daß auch der Klient oder Schüler die untergeordnete Rolle ablegt hat und die Übertragung aufgehoben wird.

BD: Das ist nicht einfach.

AR: Keineswegs, und das ist in den Fällen, die zur Auflösung von amerikanischen Zen-Gemeinschaften geführt haben, auch nicht geschehen. Der ganze Schmerz und alle Beschwerden drehen sich um Mißbrauch, um einen sexuellen und emotionalen Mißbrauch der Schüler.

BD: Das ist das entscheidende Wort: Mißbrauch. Ich habe die Frage zum Inzest gestellt, um folgendes klarzustellen: Das, was einen Inzest zum Inzest macht, sind nicht die sexuellen Intimitäten zwischen Eltern und Kindern, sondern der gefühlsmäßige *Kontext*, in dem die sexuellen Intimitäten stattfinden. Nach dem, was mir Freunde beschrieben haben und was ich als Psychologe weiß, würde ich sagen, daß es bestimmte Formen der Intimität zwischen Kindern und Eltern gibt, die manchen vielleicht inzestuös vorkommen, die aber nicht nur den Kindern nicht schaden, sondern ihnen im Gegenteil helfen. Allerdings muß man hier betonen, daß das Kind in diesen Fällen die Führerrolle übernimmt und die Art des Körperkontaktes wählt.

Ich hätte das nie erwähnt, wenn du die Metapher des Inzests in der sexuellen Beziehung zwischen Meister und Schüler nicht so hervorgehoben hättest. Unsere Gesellschaft ist meiner Ansicht nach völlig verdreht, sowohl was ihren Hunger nach sexueller Perversion als auch ihre Prüderie betrifft. Ich bin mit Kindsmißbrauch keineswegs einverstanden, aber ebensowenig begrüße ich den neuerlichen Medienrummel darüber. Die Unsicherheit, die daraus entsteht, richtet einen viel weitreichenderen Schaden bei Kindern und Erwachsenen an als das, was man Kindsmißbrauch nennt. Verstehst du, was ich meine? Es beunruhigt mich sehr, weil ich kaum jemanden kenne, der das versteht oder überhaupt nachempfinden kann, weswegen ich mich darüber so aufrege.

AR: Ich denke, daß wir im gesamten Bereich der sexuellen Beziehungen zwischen Verwandten und besonders im Umgang mit Kindern nicht vergessen dürfen, daß wir es mit tiefverwurzelten Archetypen innerhalb der jeweiligen Rollen zu tun haben.

BD: Dieser Aspekt wird selbstverständlich von den Eltern, die ich eben erwähnte und die eine gesunde körperliche Nähe zu ihren Kindern pflegen, völlig respektiert. In dem Augenblick, in dem die Beziehung dazu benützt wird, um den sexuellen Trieb eines Elternteils am Kind zu befriedigen, haben wir es mit Kindsmißbrauch und mit Inzest in engeren Sinn zu tun. Aber in unserer Gesellschaft ist man übermäßig empfindlich und prüde geworden, was die körperliche Nähe zwischen Eltern und Kindern betrifft. Heutzutage haben sogar Großeltern Bedenken, ihre Enkel zu besuchen, weil die Eltern oder Nachbarn jegliche Liebkosung als Kindsmißbrauch deuten könnten, und die Lehrer meinen, sie dürften die Schüler auch nicht mehr berühren, obwohl das ganz gewohnheitsmäßig in vielen sehr viel gesünderen Gesellschaften der Fall ist und sich sehr positiv und beglückend auf die Kinder auswirkt. Nicht einmal das ganze Geschäft mit der Pornographie hat in unserer Gesellschaft soviel Schaden angerichtet wie diese bodenlose Angst im Zusammenhang mit Kindsmißbrauch. Davon bin ich überzeugt.

AR: Natürlich beachten Eltern und Großeltern beim Körperkontakt mit ihren Kindern eine bestimmte Grenze, die sie nicht überschreiten.

BD: Selbstverständlich. Und ich glaube, daß der Grund, weswegen wir diese Grenze respektieren müssen, zutage tritt, wenn wir die sexuelle Intimität aus einem anderen Blickwinkel betrachten: Mir scheint, daß eine wichtige psychologische Funktion in sexuellen Beziehungen dem Erproben und Prüfen zukommt – dem Prüfen des Grades der gegenseitigen Zugehörigkeit. Wenn die Zusammengehörigkeit auf jeder Ebene fraglos feststeht, ist Prüfen nicht mehr angemessen. Eltern, die sich ihren Kindern sexuell nähern, verraten das bedingungslose Vertrauen der Kinder in die Familienbande, die den Prototyp jeder menschlichen Zugehörigkeit darstellen, indem sie das Element des Prüfens auf rohe Weise wiederverwenden. Dieses Prüfen, das immer mit eine Rolle spielt, wenn ein Elternteil die Initiative einem Kind gegenüber ergreift, und das ein integrierender Bestandteil der Erwachsenensexualität ist, verändert den emotionellen Kontext zwischen Elternteil und Kind völlig.

Meine kleine Theorie, daß Sex prüfen soll, wie es mit der Zugehörigkeit bestellt ist, erklärt vielleicht auch, weswegen in vielen Gesellschaften außerhalb des Familienclans oder Dorfes geheiratet werden muß. Es kann auch die Schüler-Lehrer-Beziehung beleuchten oder zölibatäre Gemeinschaften. Sex ist nicht verkehrt, nur ist ein Prüfen dessen, wie eng jemand zu einem anderen gehört, in einem Kontext völlig unangemessen, in dem die gegenseitige Zugehörigkeit so grundlegend und genauso tief wie in einer gesunden Familie feststeht.

AR: Um hier den Archetypen auf den Grund zu kommen, frage ich dich: Du hast erwähnt, wie wichtig es ist, mit dem andern eins zu sein. Würdest du diesen andern in deinem Fall »Gott« nennen?

BD: Mit großer Vorsicht.

AR: In meinem Fall würde ich ihn vielleicht gar nicht benennen. Ich verstehe das, was du gerade gesagt hast, so, daß die spirituelle Seite des Sex – und auch die ganz reale körperliche Seite – die Einheit mit einem andern ausdrückt, und ein

Familienmitglied ist kein »anderer«. Die Vaterfigur in der Person des Psychiaters oder Zen-Meisters ist nicht ein anderer. Sogar Geschwister sind keine anderen. Wenn es also in solchen Beziehungen zu Sex kommt, machen wir uns an einem der tiefsten Grundmuster des Menschseins zu schaffen.

BD: Damit hast du sehr klar und knapp gedeutet, was ich vorhin sagte, nur hast du eine kleine Änderung vorgenommen: Ich sagte, daß der Geschlechtsakt die Zugehörigkeit *prüft*, während du sagst, daß er die Zugehörigkeit *ausdrückt*. Ich bestreite gar nicht, daß er ebenfalls ein Ausdruck der Zugehörigkeit sein mag, aber mir ist der Aspekt des Prüfens wichtig. Meine Beweisführung dreht sich um die Auffassung, daß ein solches Prüfen in den erwähnten Beziehungen unangemessen ist, weil die Ebene fragloser Zusammengehörigkeit dort bereits besteht.

Die Zusammengehörigkeit kann natürlich trotzdem gefeiert werden, indem man sie zum Ausdruck bringt, aber ohne diese Prüfkomponente ist die Äußerung von Intimitäten (wie der gesunde Körperkontakt zwischen Eltern und Kindern, den ich vorhin meinte) kein Sex.

Leider wäre es naiv anzunehmen, daß ein intensiver, aber asexueller Körperkontakt zwischen Erwachsenen häufig vorkommt – beispielsweise zwischen Meister und Schüler; die Dimension des Prüfens wäre immer gegeben. Die einzige Ausnahme, die mir einfällt, ist der Fall betagter Paare, die in ihrem Lebensalter miteinander so vertraut geworden sind, daß das Prüfen in der Intimität abnimmt. Dann nimmt das Geschlechtsleben rapide ab, wenn sich ihr Zugehörigkeitsgefühl inzwischen nicht so vertieft hat, daß die Freude an der Äußerung der gegenseitigen Zugehörigkeit in den Vordergrund tritt. Dann verwandelt sich Sex in eine beinahe kindliche Nähe – in eine zweite Unschuld.

In diesem Zusammenhang kann man erstaunt feststellen,

daß Prüfen und Ausdrücken integrierende Bestandteile der Erkenntnis sind: Wir erkennen die Dinge, indem wir die Wirklichkeit prüfen, und unsere Erkenntnis ist reif geworden, wenn wir ausdrücken können, was wir erkennen. Und natürlich ist *erkennen* das Wort, das in der Bibel für den Geschlechtsakt steht: Adam erkannte Eva, und sie wurde schwanger.

AR: Ich denke, daß du die Sache bis in die letzten Tiefen ausgelotet hast. Prüfen und zeitweilig beweisen, wieder Prüfen und zeitweilig beweisen – so geht es ständig weiter, bis ein Paar jene Reife in der Beziehung erreicht hat, in der das Zuhause, die Zugehörigkeit, voll und ganz gesichert ist. Das erklärt auch die romantischen Spielereien, bei denen schon lange miteinander verheiratete Paare vorgeben, einander nicht zu kennen, und damit eine imaginäre Situation erfinden, in der das Prüfen der Zusammengehörigkeit wieder einen Sinn ergibt. Offensichtlich hast du dich intensiv mit dieser Frage beschäftigt.

BD: Als Zölibatär *muß* man sich damit befassen. Wenn man nach dem normalen Gesellschaftsmuster lebt, geht man einfach dem Muster nach, aber wenn man in einer Richtung berufen ist, die in der Gesellschaft eher ungewöhnlich ist wie ein Leben im Zölibat, denkt man sorgfältiger über das nach, was man tut.

Das Rostige-Rohr-Syndrom

BRUDER DAVID: Ich möchte nun zwei eng miteinander zusammenhängende Fragen stellen. Die erste hat mit dem zu tun, was ich das Rostige-Rohr-Syndrom nenne. Ich habe das Bild nicht selbst erfunden, es fällt mir jeweils auf, wenn ich in einem Wohnblock oder einem offenen Straßengraben die

Wasserleitungen offen daliegen sehe. Sie sehen oft nicht nur außen schrecklich aus, sondern auch innen: Oft sind sie ganz verrostet und voll schmieriger Ablagerungen – aber wenn man den Wasserhahn aufdreht, kommt ganz sauberes Trinkwasser heraus. Meine Frage ist nun die, inwiefern kann ein Meister, der hinsichtlich seines moralischen Verhaltens ein rostiges Rohr ist, immer noch das reine Wasser des Dharma vermitteln?

Die zweite Frage betrifft die Schüler, die weiterhin bei einem Meister bleiben, der ernstliche – sexuelle oder andere – Fehltritte begangen hat. Es ist keine theoretische Frage. Ich habe mit Schülern gesprochen, die neben Leuten saßen, denen der Meister großen Schaden zugefügt hatte, die um diese Ungerechtigkeiten und diesen Mißbrauch auch wußten, sich sogar darüber aufregten, dann aber sagten: »Ich will trotzdem bei diesem Meister bleiben. Er hat mir nichts angetan. Ich kenne meine Grenzen und kann mich wehren, und seine Lehre bedeutet mir viel.« Solche Reaktionen sind mir schon öfter, nicht nur hier und da, sowohl von Frauen als auch von Männern zu Ohren gekommen.

AITKEN RÔSHI: Das habe ich auch schon erlebt. Ich denke, daß diese Menschen den außerordentlich großen und lebensbedrohlichen Schmerz nicht persönlich nahmen, der den geschädigten Schülern und ihren Familien zugefügt worden war. Es ist auch zu Selbstmorden gekommen, weißt du.

BD: Willst du damit sagen, daß sie zuwenig Mitgefühl haben?

AR: Es ist wahrscheinlich eher so, daß ihr Mitgefühl blockiert ist, als daß sie keines haben. Ihre Übertragung wird mit einer solchen Macht und Notwendigkeit projiziert, daß sie den Schmerz, zu dem das Fehlverhalten des Meisters geführt hat, übersehen und wegrationalisieren. Und was den ersten Teil deiner Frage angeht, glaube ich nicht, daß das

Wasser aus einer rostigen Leitung wirklich so klar und gesund ist.

BD: Das ist ja eigentlich die entscheidende Frage. Ich will keinesfalls jemanden verurteilen, der beim Meister bleibt, ganz egal, wie er sich verhält. Die andere Frage wäre auch dann wichtig, wenn es überhaupt keine Skandale gäbe: Inwieweit ist das persönliche Verhalten des Meisters – nicht nur im Hinblick auf Sexualität, sondern in allen Bereichen – ein Kriterium für die Reinheit der übermittelten Lehre?

AR: Sogar im günstigsten Fall wird das Verhalten eines Meisters nicht allen zusagen. Jeder Meister hat Eigenschaften, die bestimmte Leute abstoßen.

BD: Sôen Rôshi wäre ein gutes Beispiel für die heutige Zeit.

AR: Ja, wahrscheinlich. Der Buddha selbst ist auch ein solches Beispiel. Es gibt Geschichten in den alten Sutras über Leute, die sich angeekelt und verzweifelt von ihm abgewendet haben.

BD: Jesus ist sicherlich ein weiteres Beispiel. Eine ganze Reihe guter Menschen haben sich von *ihm* abgewendet.

AR: Genau. Jeder Mensch hat Eigenschaften, die sich auf die Zuneigung anderer auswirken. Wenn sich jemand nicht zu Meister A hingezogen fühlt, geht er zu Meister B. Das gilt für die reinsten und weisesten Meister. Wenn man nun die Leiter heruntersteigt, hat man es mit immer weniger reinen und weisen Meistern zu tun, bis man zuunterst ankommt, wo die Meister nichts mehr taugen. Je weiter man die Leiter hinabsteigt, je verschmutzter das Rohr oder die Leitung ist, desto verunreinigter ist das Wasser, bis es am Ende Gift ist.

BD: Das ist wichtig, und ich will sicher sein, daß ich es richtig verstanden habe. Willst du damit sagen, daß die Reinheit der Lehre, die ein bestimmter Meister seinen Schülern übermittelt, genau proportional zur Integrität seiner Lebensführung ist?

AR: Ich glaube, daß beides eng zusammenhängt, aber man muß dabei die verschiedenen Faktoren wie Weisheit, Einsicht und Tiefe der Erfahrung des Meisters berücksichtigen.

BD: Anders ausgedrückt ist es möglich, daß ein hochbegabter Meister bis zu einem gewissen Grad mogelt, dem Ideal einer hohen Integrität nicht ganz gerecht wird und dennoch die Lehre richtig, wahrheitsgemäß und rein weitergibt.

AR: Ja. Ich denke dabei gerade an einen bestimmten Meister, der in verschiedener Beziehung mehr Einsicht zeigt als ich, aber mit all seinen Schwächen seinen Ruf total ruiniert hat.

BD: Danke. Diese Antwort ist mir, und sicher auch andern, eine Hilfe.

16
DIE NOTWENDIGKEIT, ZU HANDELN

Das Geistige im Menschen wecken

BRUDER DAVID: In seinem Gedicht »Der Jüngste Tag« – einer Antwort auf den Ersten Weltkrieg und den 1920 von der britischen Regierung gegen Irland geführten »Black-and-Tan«-Krieg – schreibt William Yeats verzweifelt: »Den Besten erlahmt der Glaube, und die Schlimmsten / Sind voll von leidenschaftlicher Heftigkeit.«[1] Ich glaube, daß er etwas übertreibt, aber jedenfalls ist es eine nachweisbare Tatsache, daß es gutmeinenden Leuten oft an der nötigen Leidenschaft fehlt, sich den Herausforderungen der Welt zu stellen. Sie stellen sich nicht auf die Hinterbeine, um etwas Entscheidendes zu tun, während Menschen voller Habgier und Vorurteile dazu nur allzu bereit sind. Warum ist das wohl so? Es ist mir unerklärlich.

Ich frage mich, ob das vielleicht an einem inhärenten Mangel unserer Unterweisung für Gläubige liegt, die sich ganz einem christlichen Leben widmen. Wir helfen ihnen zwar innerlich, aber wir betonen zu wenig, daß es unbedingt zum Christsein gehört, sich mit den Angelegenheiten der Welt auseinanderzusetzen.

AITKEN RÔSHI: Ich glaube, der Vorwurf trifft eher auf den Buddhismus zu als auf das Christentum. Vielleicht hat man die Tugenden Bescheidenheit, Aus-

1 William Butler Yeats, *Werke I, Ausgewählte Gedichte*, Luchterhand, Berlin 1970, S. 149.

dauer, Demut und so weiter übermäßig hervorgehoben. Wie ich schon sagte, wurden die religiösen Führer der buddhistischen Einrichtungen in Ostasien ständig zur Anpassung ermahnt, und diejenigen, die sonst ein soziales Engagement wohl befürwortet hätten, schwiegen, so daß nur ihre nächststehenden Schüler zu hören bekamen, was sie dazu meinten. Wenn sie von Beamten befragt wurden, sagten sie diesen, was sie hören wollten. Dazu gibt es ein berühmtes Beispiel: Takuan Zenji schrieb einem Samurai einen Brief, in dem er ihm nahelegte, in den Kampf zu ziehen und weder daran zu denken, wer tötete, noch wie er tötete, noch wer getötet wurde. Das war eine entartete Darstellung der klassischen buddhistischen Lehre, daß die »drei Räder« – der Handelnde, die Handlung und das Objekt der Handlung – leer sind. Das Blut und die Tränen der Witwen und Waisen werden dabei weggelassen.

Es erinnert mich an eine Bemerkung, die Jim Douglass in *The Nonviolent Cross*[1] machte, nämlich daß sich in der Religionsgeschichte zwei Menschentypen unterscheiden ließen: der Mönch in seinem Kloster und der Bischof auf der Cocktailparty. Keiner von beiden engagiert sich.

BD: Der Bischof *glaubt*, politisch engagiert zu sein, und bis zu einem gewissen Grad ist er es auch.

AR: Aber die Brücken werden zu ihm hin gebaut. Er hat sie nicht hinausgebaut. Die Interaktion findet also nach den Bedingungen der andern statt. Das Gift fließt hinein, statt daß die Tugend hinausfließt.

BD: Das trifft den Kern unseres Themas der Übung, der Praxis. Ich glaube, daß in diesem Bereich etwas ganz und gar

[1] James W. Douglass ist ein zeitgenössischer katholischer Theologe, Verfechter der Gewaltlosigkeit und u.a. Autor von *The Nonviolent Cross: A Theology of Revolution and Peace*, Macmillan, New York 1968.

verkehrt ist und verändert werden muß. Vielleicht könnte man es so ausdrücken: Heutzutage muß man unbedingt betonen, daß sich eine innere Vollendung in der Praxis beweisen muß, und das beinhaltet auch, politisch aktiv zu werden. Ich glaube, das betrifft alle. Auch der Mönch im Kloster, der ein sogenanntes kontemplatives Leben führt, kann gewisse Dinge tun.

Ein Zen-Buddhist, der im Außenministerium arbeitet, hat andere Aufgaben und eine andere Wirkung als einer, der in einem Bergkloster arbeitet, aber das Kloster befreit den Mönch nicht von der Anteilnahme an der Politik. Eine gewisse Zeitlang tut er vielleicht äußerlich nichts, jedenfalls nichts, was man als offenkundig politisch erkennen würde, aber er muß sich seiner Verpflichtung der Welt gegenüber im Innersten bewußt sein, und ich denke, daß gerade dieses Bewußtsein in der Welt viel ausmacht. Schließlich geht die politische Handlung über Demonstrationen und Briefe an die Regierung schreiben oder Politiker anrufen hinaus. Strom sparen und Geschwindigkeitsbegrenzungen beachten …

AR: Und die Steuerzahlung verweigern.

BD: Na ja, das ist nicht schwer für einen Mönch.

AR: Ja, aber wenn nun eine stattliche Anzahl Menschen, die gewöhnlich Steuern zahlen, beschlössen, *diese* Energiezufuhr zu unterbrechen, würde es zu einer Regierungskrise kommen, und dann müßte irgendeine Korrektur vorgenommen werden.

BD: Sowohl deine als auch meine Religion sind gehandikapt, was die Befürwortung größerer gesellschaftlicher Veränderungen in Amerika betrifft. Der Zen-Buddhismus ist zu neu und in einer Randposition und läuft immer noch Gefahr, im Westen als Kult abgestempelt zu werden. Und wir Katholiken haben in Amerika so lange eine Randexistenz geführt, daß wir stets außerordentlich bemüht waren, besonders gute Bürger der Vereinigten Staaten zu sein. In jeder Kirche war eine amerikanische Flagge neben dem Altar. Die zutiefst christliche Lehre, daß Autoritäten hinterfragt werden sollten, ist weitgehend verlorengegangen. Eigentlich ist das eine der grundlegendsten Lehren Jesu. Er sagte: »Auf den Lehrstuhl des Mose haben sich die Schriftgelehrten und Pharisäer gesetzt. Alles nun, was sie euch sagen, das tut und befolgt, nach ihren Werken aber handelt nicht« (Mt 23,2–3). Daran halten sich die Christen aber nicht.

AR: Außer der katholischen Arbeiterbewegung, den Quäkern und bei den Baptisten der »Church of the Brethren«.

BD: Ja, es gibt noch ein paar andere – auch einige Jesuiten, viele Maryknoller Missionare und so weiter. Es ist nicht ganz untergegangen, aber die Schwierigkeiten, die Katholiken damit haben, überhaupt einzusehen, daß es manchmal notwendig ist, im Widerspruch zu den Weisungen der Behörden zu handeln, ist mir während des Krieges in Indochina sehr deutlich aufgegangen, als Dan Berrigan[1] auf der Flucht vor dem FBI war. In den vielen Wochen, in denen das FBI ihn suchte, strahlte einer der großen Fernsehsender einen Bericht über ihn aus, worin er sogar in einer Kirche in Philadelphia zu sehen war, in der er predigte. Sie befragten auch seine Mutter, eine betagte Bäuerin aus Minnesota, wenn ich mich recht erinnere, die ihr Leben lang gelernt hatte, eine gute Katholikin (und loyale Bürgerin) zu sein. Der Reporter fragte sie zuerst, ob ihr Sohn ein guter Junge gewesen sei, und sie bejahte. Und ob sie wüßte, was er jetzt mache? Ja. »Und«, meinte der Reporter, »das ist doch gegen das Gesetz, nicht wahr?« Die Kamera war lange auf ihr Gesicht gerichtet, während sie diese Frage hin und her wälzte. Sie sagte kein Wort, aber in ihrem Gesicht war ihre Gemütsbewegung in

[1] Geistlicher, Autor zahlreicher Bücher und Gründer der katholischen Friedensgesellschaft (Catholic Peace Fellowship).

der völligen Stille deutlich sichtbar. Nach einer Weile, die im Fernsehen endlos schien – es waren 20 oder 30 Sekunden –, sagte sie: »Aber nicht gegen *Gottes* Gesetz.«

Die lange Pause machte deutlich, wie schwer es ihr gefallen war, zu diesem Schluß zu kommen und ihn zu formulieren. Weder wird man ermutigt, eine Unterscheidung zwischen bürgerlichem Gesetz und Gottes Gesetz zu treffen, noch wird sie einem beigebracht. Ich denke, daß dieser Aspekt einer der wichtigsten der Praxis ist, den man heutzutage – wie du sagst, bei Buddhisten und jedenfalls dem Großteil der Katholiken und sonstigen Christen – lehren muß. Um auf unsere Frage zurückzukommen, fehlt »den Besten« die leidenschaftliche Heftigkeit der »Schlimmsten« vielleicht gerade darum, weil die religiöse Unterweisung versäumt hat, diese bei ihnen zu wecken.

Uns anpassen oder die Gesellschaft verändern?

BRUDER DAVID: Wie stellen wir nun das Gleichgewicht zwischen dem Akzeptieren der Welt, so wie sie ist – indem wir uns einfach den Gegebenheiten anpassen –, und der Veränderung, dem verantwortungsvollen Schaffen einer neuen Gesellschaft her?

AITKEN RÔSHI: Das ist wiederum eine Spannung, die zum Leben gehört. Du brauchst bloß den Umweltschutz als Beispiel zu nehmen, und schon wird deutlich, wie einige der klarsten Denker unseres Kulturkreises mit diesem Problem kämpfen. Am einen Ende der Skala fordern gescheite Leute, man solle aufhören, sich überall einzumischen und die unberührte Natur bloß in Ruhe lassen. Am anderen Ende treten ebenso gescheite Leute für die verschiedensten Formen eines

Managements ein, die der Wildnis bis zu einem bestimmten Grad schaden würden.

BD: Wie du sagst, sind sogar große Geister hilflos im Hinblick auf Lösungen, aber ich denke, daß wir etwas über eine förderliche Einstellung sagen können, und im Rahmen der Praxis sollte unser Augenmerk genau darauf gerichtet sein. Statt uns gleich mit globalen Umweltfragen zu befassen, befassen wir uns zuerst einmal mit einer neuen Wohnung oder einem neuen Zimmer. Was tun wir mit *dieser* »Umwelt«? In welchem Ausmaß verändern wir sie, und in welchem Ausmaß passen wir uns ihr an?

Mit der vorgefaßten Meinung: »Ich ändere immer alles. So bin ich nun mal«, oder: »Ich verändere nie etwas. Ich stelle mich einfach auf das ein, was da ist« – erzielt man wahrscheinlich kein gutes Ergebnis, aber wenn man hingeht und sich auf diesen bestimmten Raum einstimmt, wird er einem *mitteilen*, was man tun soll. Ich denke, das ist eine Erfahrungstatsache. Man kann in einen Raum gehen und ihn fragen, was er von einem will. Vielleicht sagt er es einem nicht in den ersten zehn Minuten, aber wenn man einige Zeit darin verbringt, wird er es tun. Wenn man ein Haus bauen will, sollte man einige Jahre auf dem Grundstück verbringen, bevor man das Haus baut. In dem Maß, in dem man sich darauf einläßt, wird die Umgebung einem das richtige Gleichgewicht zwischen dem Annehmen der Gegebenheiten und dem Verwirklichen eigener Ideen von selbst offenbaren.

Das trifft noch viel mehr auf unsere globale Umwelt zu. Wir sollten dazu aufrufen, sich auf diese Weise einzustimmen, und wir sollten aus dem Beispiel von Menschen lernen, die in dieser Hinsicht besser eingestimmt sind als wir. Die Gesellschaft sollte ihre Richtlinien von solchen Menschen entgegennehmen und nicht von vorurteilsbehafteten Experten, die ihre Lösungsvorschläge auf dem Zeichenbrett erfunden haben.

Das wirft eine andere Frage auf: Wenn das Leben so komplex ist, wie kann man da je eine klare Haltung einnehmen?

AR: Ganz objektiv gesehen *ist* das Leben sehr komplex.

BD: Aber solche Fragen werden oft von Menschen vorgebracht, die ein Alibi brauchen und nicht wirklich eine klare Haltung suchen, sondern die Komplexität der Dinge eher als Alibi benutzen, um keine Stellung zu beziehen. Keine politische Frage läßt sich je so unzweideutig klar darstellen, daß nur eine einzige Stellung bezogen werden könnte, und jemand, der dazu neigt, einer Entscheidung aus dem Weg zu gehen, wird daher immer sagen können: »Das ist mir zu komplex, und einiges spricht sicherlich auch für die andere Seite.« Das hat oft unselige Ergebnisse zur Folge.

AR: Ja, das kann einen leicht zum Mitschuldigen beim allgemeinen Niedergang der Dinge machen.

BD: Die Abneigung dagegen, eine klare Stellung zu beziehen, wird auch noch von der schlimmsten Sorte von Politikern unterstützt, die uns absichtlich glauben machen wollen, daß die Belange, über die sie debattieren, für das Verständnis einfacher Bürger zu komplex sind. »Ihr könnt nie zu einem Schluß kommen«, sagen sie dann etwa, »aber wir haben mehr Informationen, sowohl von Experten als auch Geheimquellen. Wir sind die einzigen, die wirklich in der Lage sind, sich ein Bild von den Gegebenheiten zu machen.« Leider geschieht manchmal dasselbe innerhalb der Hierarchie der Kirche.

AR: Die Behauptung, anstehende Fragen seien einfach zu komplex, ist eigentlich reine Faulheit. Mir scheint, daß Menschen, die ein solches Alibi vorbringen, ihr Gefühl der Identität mit andern nicht entwickelt haben, den Schmerz anderer nicht empfinden wollen und auch nicht bereit sind, sich mit den offensichtlichsten der anstehenden Fragen auseinanderzusetzen, bei denen es ganz klar ist, daß das eine richtig und das andere falsch ist. Eine der offensichtlichsten Fragen der neusten Zeit betrifft die amerikanischen Streitkräfte, die im Persischen Golf Tausende von Menschen getötet und verstümmelt haben und ungeahnte Umweltschäden hinterließen. In diesem Fall blieben wegen der Zensur der Nachrichten viele Einzelheiten unbekannt, aber mir hat es gereicht, um zu sagen: Hört mit dem Krieg auf!

BD: Sich nicht zu engagieren ist auch ein Votum, nämlich für die bestehenden Zustände. Wie du sagst, verändern sich die Dinge, und wenn man sich mit einer Zuschauerrolle begnügt, verändern sie sich auf eine Weise, auf die man keinen Einfluß hat. Abraham Lincoln sagte etwas in dieser Richtung: Damit ein Unglück geschieht, brauchen nur genügend gute Leute nichts zu tun.

Mit anderen Worten ist es wirklich unmöglich, sich nicht zu engagieren. Es stimmt schon, daß das Ergebnis unserer Handlungen trotz bester Absichten manchmal nicht den Hoffnungen entspricht. Es trifft auch zu, daß die Dinge durch unser Eingreifen manchmal schlimmer werden. Aber dasselbe trifft auf die Zurückhaltung zu. Deshalb müssen wir das Risiko des Handelns eingehen, die anstehenden Fragen ganz sorgfältig prüfen, uns für das entscheiden, was uns richtig erscheint, und dann die Würfel dorthin rollen lassen, wohin sie rollen.

AR: Genau.

BD: Die Komplexität der Welt bietet also keine Entschuldigung für Unentschlossenheit oder Untätigkeit. Und wenn es nun kein Alibi ist? Wenn es jemandem wirklich sehr schwer fällt, überhaupt Entscheidungen zu treffen? Gibt es ein Heilmittel für Unentschlossenheit?

AR: Das Hamlet-Syndrom! Die Welt ist komplex, aber wir komplizieren sie noch dadurch, daß wir sie durch die Mangel unserer komplizierten Gehirnwindungen drehen. Wenn viele Gedanken hintereinander auf uns einstürmen, ist es außerordentlich schwierig, sie zu durchschauen und die Fragen in ihrer wahren Tragweite zu erfassen. Mit zunehmender Übung können wir den Geist zur Ruhe bringen und mit größerer Wahrscheinlichkeit eine klare und gute Entscheidung treffen. Wenn der Geist wahrhaft ruhig ist, schränken sich die Wahlmöglichkeiten von selbst ein, und die wirklichen Alternativen stehen so groß wie ein Scheunentor vor unseren Augen. Dann kann man entscheiden: »Das will ich tun. Das will ich nicht tun.«

BD: Es ist auch nützlich, ein Gefühl für den Wert der Zeit zu haben, sogar für den nahenden Tod. Benediktinern wird empfohlen, täglich den Tod vor Augen zu haben, nicht auf trübsinnige Weise, sondern als Anstoß zum Ganz-und-gar-Lebendigsein. Ein gesundes Gefühl für den »Tod als Ratgeber« zu haben, wie Castaneda es ausdrückt, führt mit aller Wahrscheinlichkeit dazu, daß wir entschlossener werden. Wir wollen nicht im Kreis herumgehen wie die tragikomische Figur J. Alfred Prufrock in T. S. Eliots Vers: »Zeit für hundert Unentschlossenheiten / Und für Visionen und Verdrossenheiten.«[1] Die Zeit ist nicht unbegrenzt. »Wenn nicht jetzt, wann dann?«

Es ist auch ganz ergiebig, die Vorsicht oder Besonnenheit (lat. *prudentia)* unter diesem Blickwinkel zu betrachten. In der Alltagssprache assoziiert man gewöhnlich Zustände der Zurückhaltung und übertriebenen Umsicht mit *Vorsicht* und *Besonnenheit*. Das ist eigentlich gar nicht gemeint.

AR: Nein, historisch gesehen war Besonnenheit eine große Tugend. In Neuengland nannten viele ihre Töchter Prudence!

BD: In der scholastischen Doktrin ist die Besonnenheit die erste der Kardinaltugenden und wird mit dem Wagenlenker

[1] Aus T. S. Eliot, *a.a.O.*, S. 9.

verglichen, der die Zügel aller Pferde hält, die den Wagen der Tugenden ziehen. Sie ist die Achtsamkeit, könnte man wohl sagen, die die Dinge zusammenhält und jedem seinen richtigen Platz zuweist. Sie ist außerordentlich positiv.

AR: Besonnenheit ist der Mittelweg zwischen Lähmung und Sichgehenlassen.

Die Haltung zur Welt

BRUDER DAVID: Wie kann man es in einer so unruhigen Welt wie der unseren vermeiden, zynisch zu werden?

AITKEN RÔSHI: Zynismus entsteht aus der äußerst zerstörerischen Tendenz des Menschen, etwas zu degradieren oder herabzusetzen.

BD: Inwiefern?

AR: Eine zynische Aussage wie: »Die Welt braucht alle zwanzig Jahre ein Blutbad« besagt, daß der Mensch grundsätzlich ein streitsüchtiges und möglicherweise sogar blutrünstiges Tier ist, daß er fast schon von Natur aus zerstörerisch ist. Das habe ich im Internierungslager von Mitinternierten gehört, oder: »Die Welt ist auf den Hund gekommen.« So etwas sagt jemand, der nicht Zen übt.

BD: Das stimmt mit meiner eigenen Erfahrung überein. Als ich Zynismus in mir entdeckte, schlug ich die Herkunft des Wortes nach. *Zynisch* kommt vom griechischen Wort *kynikós*, das »hündisch« bedeutet. Das hat mich auf folgendes gebracht: Wenn ich eine zynische Bemerkung mache, kommt das üblicherweise in Situationen vor, in denen ich mit etwas konfrontiert bin, was mir eine völlig neue Haltung abverlangt. Und wenn ich mich etwas Unbekanntem gegenübersehe, tue ich, was ein Hund auch tut: Er bellt und knurrt das Unbekannte an. Wenn ich zum Beispiel etwas anhabe, was ich im Kloster sonst nicht trage, bellen mich die Hunde meistens an, bis ich nahe genug gekommen bin, daß sie mich riechen können. Wenn ich etwas dabei habe, was ich sonst nicht mitnehme, bellen sie auch dieses neue Etwas an.

Genau das ist der springende Punkt, der für mich zur Praxis paßt. Wenn ich mich bei einer zynischen Bemerkung ertappe oder versucht bin, eine zynische Bemerkung zu machen, frage ich mich, was diese Situation Neues enthält, bei dem es mir nicht wohl ist. Ich habe es mit etwas Neuem zu tun, was einen Durchbruch oder eine neue Art des Umgangs mit der Situation erfordert. Ich muß mich auf eine andere, neue Ebene begeben, wenn ich mich beispielsweise dabei ertappe, daß ich sage: »Was kannst du anderes von einer solchen Regierung erwarten.« Von *mir* wird eine Antwort auf diese Frage erwartet. »Was *erwarte* ich denn anderes?«

Der nächste Schritt besteht darin, daß ich zusehe, ob ich selbst etwas tun kann, anstatt einfach nur zynisch zu sein. Das ist Praxis.

AR: Es ist wirklich interessant, wie der Zynismus mit der banalen und allzuoft verwendeten Redewendung, die Welt sei »auf den Hund gekommen«, zusammenhängt.

BD: Sie ist zynisch, weil sie nicht weit genug geht. Erst wenn man weiter fragt: »Gut, und was trägst du dazu bei, damit die Welt nicht auf den Hund kommt?«, tut sich wieder eine Tür im Leben auf. Wir kommen zu einem Durchbruch, der über den Zynismus hinausführt.

AR: Das wird diejenigen ansprechen, die gerne darüber hinausgehen wollen, aber wie erreichst du jemanden, der sagt: »Es ist unmöglich. Es gehört einfach zum Menschsein« – egoistisch zu sein und dergleichen?

BD: Du hast das bereits beantwortet, als du über die Übung gesprochen hast: Die Übung ist von der innersten Überzeugung, daß nichts unmöglich ist, nicht zu trennen, einer Überzeugung, die wir im Christentum »Glauben« nennen. Letzten Endes ist der Zynismus eine zornige Äußerung dessen, daß man sich selbst Grenzen gesetzt hat, die zu überschreiten man nicht bereit ist. Der Zorn entsteht, weil man im Innersten weiß, daß man sie überschreiten könnte, wenn man es nur versuchte.

Zynismus ist also eine gestörte, nicht-funktionale Haltung. Und wie steht es mit der entgegengesetzten Haltung? Hat man das Recht, unbekümmert durch eine solche Welt zu gehen?

AR: An dem Abend, als der Krieg am Persischen Golf ausbrach, hat einer meiner Schüler bemerkt: »Es ist paradox, daß ich so glücklich bin und mich so wohl fühle, während die Welt kaputtgeht.«

Und ich sagte: »*Mir* ist es nicht besonders wohl.« Ende des Gesprächs. Er rief mich am nächsten Tag frühmorgens an und fragte: »Als du gestern abend sagtest, daß dir nicht besonders wohl sei, hast du damit gemeint, daß dir wegen des Kriegs am Persischen Golf nicht wohl war?«

»Genau«, sagte ich, und er dankte mir für diese Lehre. Es ist eine Lehre, die im Buddhismus sehr weit zurückgeht. Im *Vimalakîrti-Sutra* fragt der Bodhisattva Mañjushrî den archetypischen Laien Vimalakîrti: »Warum bist du krank?« Und Vimalakîrti antwortet: »Ich bin krank, weil die ganze Welt krank ist.« Offen gesagt, liege ich nachts oft wach und mache mir Sorgen über Kriege und andere soziale Fragen. Nein, ich glaube nicht, daß man das Recht hat, sorglos und unbekümmert zu sein.

BD: »Sorglos und unbekümmert«, das klingt nach einer oberflächlichen Haltung. Ich bin mit dir einverstanden, man kann in dieser Welt nicht sorglos sein. Das wäre unverantwortlich. Andererseits sehe ich in dir – wenn ich dich so betrachte und nachdem ich jetzt einige Tage mit dir zusammen bin – eine Friedlichkeit, die eigentlich eine Freude ist. Und Freude ist eine Art von Glück, die nicht davon abhängt, was geschieht. Sie kommt aus jener innersten Verankerung und ist genau das, was wir in unserer unruhigen Welt brauchen, wie ich meine. Eine solche Freude läßt sich sehr gut damit vereinbaren, traurig oder gar empört über die Welt zu sein.

AR: Im *Pi-yen-lu* gibt es einen Kôan, in dem Yün-men zu seiner Schülerschar spricht und sagt: »Ich frage nicht nach dem fünfzehnten Tag.«[1] Im Mondkalender des alten China war der Fünfzehnte des Monats der Tag des Vollmondes und bildlich gesprochen der Tag der vollkommenen Erfüllung. »Aber hinsichtlich der Tage nach dem Fünfzehnten kommt mit einem Wort daher und sprecht!« fährt Yün-men fort. Niemand antwortet, und somit antwortet er selbst darauf: »Tag für Tag guter Tag.« Und ich versichere dir, als er das sagte, war er nicht sorglos; er war kein Luftikus.

Lassen wir die Vollmondtage beiseite. Wie steht es mit dem Tag, an dem du mit dem Auto ein Kind überfährst? Ist das ein guter Tag? Es ist in keinem Sinn ein guter Tag außer in dem, den Yün-Men meint. Wie verstehst du ihn hier? Wenn er sagt: »Tag für Tag guter Tag«, weist er auf etwas sehr Grundlegendes hin, was du gerade berührt hast. Kannst du erkennen, was es ist?

BD: Irgendwie verleiht diese Trauer, besonders die Trauer über das, was in der Welt vor sich geht, der Freude ein Gewicht und macht sie zu etwas Lohnendem, was die Sorglosigkeit nicht tut. Die Trauer gehört eigentlich zu dieser Freude. Das erinnert mich wieder an das, was Leonard Bernstein über den Jazz gesagt hat: daß er ihn so sehr mochte, weil eine

1 Das ist das vielzitierte 6. Beispiel des *Pi-yen-lu,* der »Niederschrift von der blaugrünen Felswand«.

Spur Hoffnung sogar in den traurigsten Passagen mitschwingt und sogar die überschwenglichsten Stellen einen Anflug von Trauer enthalten. Es gibt ein Gleichgewicht, das uns vor Sentimentalität bewahrt. Sogar die schlimmsten Tage bergen eine süße Freude.

17
VOM MITGEFÜHL ZUR NEUGESTALTUNG DER GESELLSCHAFT

Mission, Nächstenliebe und Wohltätigkeit

BRUDER DAVID: Wie unterscheidest du zwischen echtem Mitgefühl und einer »Wohltäter«-Mentalität?

AITKEN RÔSHI: Schauen wir uns erst einmal das Wort »Mitgefühl« an. Es bedeutet wörtlich »mit anderen fühlen«. Wir könnten also zwischen den beiden so unterscheiden, daß das eine *mit* oder *bei* anderen wirken und das andere *außerhalb* von andern wirken bedeutet, um eines Nutzens willen, von dem man glaubt, daß sie ihn bekommen sollten. Das ist eigentlich der Unterschied zwischen Intimität und Manipulation. Ich denke da an Gandhi, der unter den Ärmsten der Armen gelebt und ihnen sozusagen von innen heraus gedient hat. Es gibt natürlich viele Beispiele für solche Missionen im Christentum. Ich glaube, es war eine Freundin, Schwester Kathleen Reiley, die mir die Geschichte vom Missionar erzählte, der 40 Jahre lang in Japan gelebt hatte, und als man ihn fragte, wie viele Menschen er in der Zeit bekehrt hätte, ganz zufrieden antwortete: »Keinen einzigen.« Das war nicht seine eigentliche Absicht gewesen, als er nach Japan ging. Würdest du sagen, daß die christliche Mission darauf hinausläuft, mitfühlend mit den anderen zu leben?

BD: Beides steht in einem engen Zusammenhang, und mir gefällt, wie wie du es wieder auf unsere innerste Erfahrung des Einsseins und der Zugehörigkeit zurückgeführt hast. In dem Maß, in dem jemand diese Erfahrung gemacht hat, wird sie oder er andern gegenüber aus diesem Gefühl der Zugehörigkeit handeln. Sie oder er werden diese Zugehörigkeit als Mitgefühl im besten Sinne äußern. Allerdings wollen manche den andern nur Gutes tun, aber wenn man näher hinsieht, stellt man fest, daß sie nicht aus einem tiefen Gefühl des Friedens und der Zugehörigkeit handeln, sondern vielmehr aus dem genau entgegengesetzten Gefühl, nämlich einem so großen Unbehagen sich selbst gegenüber, daß sie sich in das Leben anderer einmischen müssen, um sich besser zu fühlen.

AR: Diese Menschen sind nicht in Kontakt mit ihrem eigenen Schmerz, oder anders ausgedrückt, sie nehmen offensichtlich nicht wahr, daß der Schmerz anderer ihr eigener Schmerz ist. Wieder muß ich an Vimalakîrti denken, der sagte, er sei krank, weil die ganze Welt krank ist.

BD: Laß mich kurz auf deine Frage zur Mission zurückkommen. Viele haben Schwierigkeiten mit der christlichen Mission, darunter auch viele Christen, und wir könnten ausführlich darüber sprechen. Das Entscheidende aber ist: Das Christentum ist im wesentlichen missionarisch, weil die Hauptbotschaft Jesu besagt, daß Gottes Himmelreich gekommen ist und hier ist, für alle zugänglich. In zeitgenössischen Begriffen ausgedrückt – besonders im Rahmen unseres Gesprächs – bedeutet das, daß es möglich ist, hier und jetzt ein Leben in Einklang mit unserer innersten Erfahrung der Zugehörigkeit zu leben, und in dem Maß, in dem wir das verwirklichen, wird das Himmelreich Gottes verwirklicht.

Das Himmelreich Gottes ist natürlich eine soziale Realität und keine Privatsache. Der Gedanke, daß das Himmelreich Gottes im Inneren sei – nun ja, es beginnt innen, aber wenn es im Inneren bleibt, ist es nicht das Himmelreich Gottes. Es muß sich als soziale Realität in der Gesellschaft äußern, weil das Menschsein keine Privatsache ist. Menschsein ist eine Gemeinschaftssache.

Der Missionar ist also im vollsten Sinn des Wortes ein

Zeuge für das Himmelreich Gottes und braucht Menschen nicht zum Christentum zu bekehren. Das Himmelreich Gottes kann Menschen ganz verschiedener Religionen und Überzeugungen umfassen und tut es auch. Es ist jene menschliche Realität, aus der sämtliche Überlieferungen erwachsen und auf die alle abzielen – das friedliche Reich, wenn du willst, in dem nicht nur Menschen, sondern alle Erdenwesen einander zugehörig sind. In vielen Ländern, in denen missioniert wurde, war die jeweilige Kultur von Angst geprägt, auch wenn sie manche sehr schöne und ansprechende Züge enthielt; eine wesentliche Aufgabe der christlichen Mission – der Begründung jener sozialen Realität von Gottes Himmelreich – war schon immer, den Menschen zu helfen, ihre Ängste zu überwinden. Natürlich ist es in keiner Weise hilfreich, wenn Missionare einfach nur die eine Angst durch eine andere ersetzen, wie es oft der Fall war.

AR: Oder sie mit einer nicht fundierten Sicherheit ersetzen.

BD: Mit dem »Gotteslohn im Himmel«. Ja, solche Dinge sind passiert. Aber fairerweise muß man doch auch sagen, daß die den christlichen Missionaren eigentlich aufgetragene Arbeit, nämlich Menschen in der ganzen Welt aufzuzeigen, daß wir alle eine Familie sind, einschließlich der Tiere und Pflanzen, und daß es möglich ist, ohne Angst zu leben, doch sicherlich zum Guten und befreiend war und getan werden mußte.

AR: Ich frage mich, ob deine Verallgemeinerung stimmt, daß die Angst so weit verbreitet ist?

BD: Glaubst du nicht?

AR: Na ja, ich denke an die anderen Weltreligionen. Sicher ist Befreiung auch das Ideal des Hinduismus und Buddhismus ...

BD: Oh, ich habe nur über primitive Religionsformen gesprochen.

AR: Schamanentum und so weiter? Aber auch im Schamanentum hat der Schamane die Aufgabe, die Leute von ihren Dämonen zu befreien. Vielleicht könnte man sagen, daß die christliche Mission denen diente, die einem Mißbrauch von seiten ihrer eigenen Religion zum Opfer gefallen waren.

BD: Ja. Es ist natürlich nicht hilfreich, wenn man ihnen ein Christentum bringt, das selbst ein mißbräuchliches Christentum ist. Wir stecken hier in einem ziemlichen Schlamassel.

AR: Ich wollte nur kurz für die primitiven Religionen plädieren.

BD: Gut, ich glaube, du hast recht, und ich will sicher nicht ungerecht verallgemeinern, aber die Angst *ist* weit verbreitet unter den Menschen, sowohl in unserer Gesellschaft als auch in anderen. Der springende Punkt ist der, daß jemand diese Angst zerstreuen muß. Das Christentum – und wahrscheinlich alle großen Religionen – hat die nötige Furchtlosigkeit dazu, weil die tiefinnere Erfahrung, auf die wir uns immer wieder beziehen, nicht nur die Erfahrung einer letzendlichen Zugehörigkeit ist, sondern auch eine der endgültigen Furchtlosigkeit.

Kommen wir doch auf unsere ursprüngliche Frage zurück, oder stellen wir sie vielleicht etwas anders: Wenn du feststellst, daß du andern aus dem Bedürfnis, gebraucht zu werden, hilfst, solltest du dann aufhören zu helfen?

AR: Nein, das würde ich nicht sagen, sondern dann hat diese Einsicht einfach die eigenen Beweggründe ans Licht gebracht, und man kann entsprechend handeln. Wenn man andern aus selbstsüchtigen Gründen hilft, muß man nochmals hinschauen, dann findet man tiefere Gründe, um ihnen zu helfen.

BD: Ich würde gerne noch einen Schritt weiter gehen. Wenn wir feststellen, daß wir andern etwas zuliebe tun, weil wir gebraucht werden wollen, dann würde ich sagen, daß wir einfach über uns lachen und sagen sollten: »Ach ja, ich will gebraucht werden! Genau das brauche ich unter anderem.« Und dann tut man weiterhin jemandem etwas zuliebe, nur ist man auf der Hut und weiß, daß man sich manchmal so verhält, weil man damit eher dem eigenen Bedürfnis, gebraucht zu werden, dient als dem Bedürfnis anderer nach dem, was man zu geben hat. Darin liegt auch die Chance, sich anders zu verhalten. Ich finde es sehr nützlich, das eigene Bedürfnis zu erkennen, daß man gebraucht werden will.

AR: Ja, das glaube ich auch. Wenn man erkennt, daß man gebraucht werden will, kann man sich selbst etwas weniger ernst nehmen. Man kann dann lächeln, wenn andere nicht reagieren. Es ist in Ordnung.

BD: Gibt es wohl eine Faustregel, wie man einen Ausgleich zwischen Engagement für eine Sache oder Idee und Engagement für den einzelnen Menschen schafft? Manche finden es ganz leicht, die Menschheit zu lieben, und sehr schwer, gerade diesen einen Menschen zu lieben, der uns in diesem Augenblick über den Weg läuft und Hilfe braucht. Ich setze mich vielleicht voller Begeisterung dafür ein, den Armen zu helfen, und gleichzeitig zögere ich, einen armen Anhalter am Straßenrand mitzunehmen.

AR: In unserem Sangha ist es meistens genau umgekehrt: Die Leute nehmen unmittelbare Bedürfnisse sehr genau wahr, zögern aber, wenn es darum geht, sich für eine größere Sache einzusetzen. Ich setze mich mit ein paar anderen übermäßig für solche Sachen ein. Das Gewicht des Sangha hilft mir, im unmittelbareren Bereich verwurzelt zu bleiben.

BD: Wie bringst du die andern dazu, über die unmittelbar anstehenden Bedürfnisse hinauszusehen und sich mit größeren Problemen zu befassen? Wie hilfst du ihnen, auf Weltfragen aufmerksam zu werden?

AR: Ich denke, daß man das nicht übereilen kann. Es ist ein langsamer Prozeß, eine Frage der persönlichen Wandlung.

BD: Vielleicht klappt es am besten, wenn man die Menschen dort trifft, wo sie leicht zu treffen sind, genauer gesagt, beim Konkreten. Eine ganze Weile haben sehr wenige Leute gegen den Krieg in Vietnam protestiert, nur gerade die haben es getan, die die großen Zusammenhänge sahen. Der Wendepunkt kam erst, als die Leute zum ersten Mal die Greuel des Krieges auf dem Fensehschirm zu Hause in ihrem Wohnzimmer zu sehen bekamen.

AR: Ja, und deshalb suchen die politischen und militärischen Führer jetzt zu verhindern, daß das Publikum solche Dinge zu sehen bekommt. Wir sehen blutlose technologische Bravourleistungen, Karten voller Pfeile, statistische Diagramme und Pressekonferenzen noch und noch.

BD: Aber im breiteren Rahmen trifft es dennoch zu. Es gibt andere Möglichkeiten, um Menschen für eine große Sache zu interessieren – Vortragsreisen, Fotos oder persönliche Erlebnisse. Wenn wohlhabende Freunde mich um Rat fragen, ob sie eine größere Sache oder jemanden persönlich unterstützen sollten, empfehle ich ihnen gewöhnlich, sich einige Themenkreise auszusuchen, mit denen sie sich identifizieren können, und vielleicht auch nur ein einziges Thema. Wenn sie sich dafür begeistern können, hilft das ihrer Großzügigkeit nach. Ich empfehle ihnen auch, die Augen nach Menschen offenzuhalten, die Hilfe brauchen, nach Fällen, die sich auf eine einzelne Person beschränken – wenn beispielsweise jemandem das Auto kaputtgegangen ist oder so etwas. Für unsere Praxis ist es nützlich, ein Gleichgewicht zwischen dem Engagement für ein ziemlich abstraktes Hilfswerk und der viel direkteren Hilfe für einen Menschen als solchen herzustellen.

Das grosse Projekt: der Wandel der Gesellschaft

BRUDER DAVID: Alle Menschen, die guten Willens sind, sind für eine weltweite Zusammenarbeit, aber in der Praxis scheint es darauf hinauszulaufen, »uns« gegen »andere« zu verteidigen. Auch wenn wir im Innersten wissen, daß wir und die politischen Gegner eins sind, bleibt doch ein Bereich bestehen, in dem »wir« und »die anderen« einfach eine Gegebenheit sind, mit wir rechnen müssen. Wie sollen wir mit diesem Widerspruch umgehen? Welche Haltung sollen wir den »anderen« gegenüber als Übung und in der Praxis einnehmen?

AITKEN RÔSHI: Wie wir in unserer Erörterung des Hasses übereinkamen, liegt der Schlüssel darin, unsere Feinde lieben zu lernen.

BD: Wir gehen also mit ihnen als Feinden um, aber liebevoll. Das heißt, daß wir die Gerechtigkeit nie außer acht lassen und die Menschlichkeit unserer Gegner nie verleugnen, uns ihnen aber widersetzen, wo immer wir können und soweit wir glauben, es tun zu müssen.

AR: Soweit wir glauben, es zu tun müssen, aber ohne Gewalt anzuwenden, nicht wahr? Ich bin ein großer Anhänger der Gewaltlosigkeit.

BD: Das wäre auch meine persönliche Einstellung. Jedes Jahr gelobe ich mit einigen anderen im Kloster am ersten Januar Gewaltlosigkeit. Trotzdem achte ich auch einige Menschen sehr, die finden, Gewalt sei unter gewissen Umständen vertretbar, besonders wenn es darum geht, Unschuldige zu schützen. Wenn es um einzelne geht, glaube ich, daß ein Erwachsener die Verantwortung hätte, ein Kind zu verteidigen, das von einem Wahnsinnigen angegriffen wird, ganz egal, wie sehr er oder sie sich der Gewaltlosigkeit verschrieben hat. Wenn man das als Analogie verwendet, kann man bewaffnete Aufstände gegen Zwangsregimes begründen. Ich habe mit dieser Frage – besonders was die Lage in Mittelamerika angeht – schwer gerungen, und ich kann mir gut vorstellen, daß ich, wenn ich dort wäre und sowohl die Notwendigkeit als auch die Möglichkeit sähe, etwas zum Schutz der Campesinos zu tun, daß ich es dann als meine Pflicht ansehen würde, etwas zu tun, was ich gewöhnlich als eine Form der Gewalt zurückweise. Das ist eine sehr zaghafte Hypothese, aber die beste, zu der ich im Augenblick kommen kann.

AR: Wenn wir solche Hypothesen aufstellen, bezweifle ich, daß ich zugunsten der Unterdrückten zu den Waffen greifen würde. Ich glaube, ich würde mich mit den Unterdrückten zusammentun und dabei eine Art kampflose und dennoch unterstützende Rolle einzunehmen versuchen. Hier schlafe ich gut und esse dreimal am Tag und werde sicher keine selbstgerechte Haltung denen gegenüber einnehmen, die es für nötig erachten, gegen diktatorische Herrscher zu kämpfen. Ich frage mich, was Gandhi tun würde. Ich nehme an, daß seine Haltung etwa die wäre, den Konflikt so würdevoll wie möglich durchzustehen, dabei aber an den Grundlagen für soziale Strukturen nach dem Kampf zu arbeiten. Ich kann mir nicht vorstellen, daß er Energie zum Töten einsetzen würde.

BD: Ich habe den Dalai Lama einmal gehört, als er über das Thema der Gewaltlosigkeit sprach, und jemand bemerkte, daß die Buddhisten im Vergleich zu anderen Religionen gut abschneiden. Darauf sagte er: »Nun ja, alle Religionen predigen den Frieden, aber die Anhänger sämtlicher Religionen sind diesem Ideal nicht gerecht geworden und haben Kriege geführt.«

AR: Allerdings. Oft hört man die vorschnelle Behauptung, es habe nie einen buddhistischen Krieg gegeben, aber wenn ich mit anhöre, mit welchem Zorn buddhistische Mönche in Sri Lanka über die Tamilen sprechen, löst sich diese Vorstellung sehr schnell in Rauch auf. Im Zweiten Weltkrieg haben die Buddhisten in Japan den Grundsatz des Nichttötens um der karmischen Notwendigkeiten willen eine Zeitlang außer Kraft gesetzt. Auch Priester wurden eingezogen und haben an der Front gekämpft.

BD: Im Christentum hat man durch die Jahrhunderte hindurch allerlei Entschuldigungen herangezogen, um Kriege zu führen, obschon das Evangelium klar und unzweideutig ist, und leider tun das viele immer noch. Wir werden nicht einfach nur von unseren Anführern manipuliert. Hier versagt die Praxis in großem Maßstab. Wir fallen diesem Wir-gegen-die-anderen-Denken allzu schnell anheim. Warum ist das nur so?

AR: Wenn wir das Menschsein aus einer evolutionären Perspektive anschauen, glaube ich, daß es wohl zutrifft, daß unser Es oder der Instinkt im alten Stammhirn verwurzelt ist – jenem primitiven Teil unseres Gehirns, der sich vor Urzeiten entwickelt hat und immer noch die Quellle unserer elementarsten intellektuellen und gefühlsmäßigen Handlungsweisen ist. In neuerer Zeit haben wir auch die Fähigkeit entwickelt, ein Bewußtsein für die multizentrische Natur des Universums zu erlangen. Das Stammhirn und dieser andere, schöpferische Geist – man könnte ihn den Geist des Universums nennen – stehen in einer ständigen Spannung zueinander. Manchmal überwiegt das Stammhirn, und dann verfallen wir wieder in den Wir-gegen-die-anderen-Modus des Kämpfens.

BD: Und wir werden nicht nur durch das Stammhirn, sondern auch durch die Geschichte der Menschheit beeinflußt. Das Stammesdenken mit seinem starken Bedürfnis nach Identifikation mit einer bestimmten Gruppe und Unterscheidung von anderen ist tief in uns verwurzelt und kann von Kriegstreibern leicht genutzt werden.

AR: Und dann kommt das Stammhirn oder Urhirn der menschlichen Psyche zum Zug.

BD: Untersuchungen haben erwiesen, daß diese Anlage sehr stark wirksam ist. Wahrscheinlich muß sie irgendwie ausagiert werden. Das ist so ungefähr der einzige Grund, wie ich mir sportliche Wettkämpfe erklären kann; vielleicht stellen sie bis zu einem gewissen Grad ein Sicherheitsventil dar, wodurch diese Energie auf nicht allzu zerstörerische Weise entladen wird.

Und wie sieht es denn mit Konflikten aus, die *nicht* physisch gewalttätig sind? Sollten wir sie vermeiden? Oder sollten wir manchmal dafür dankbar sein?

AR: Wir sollten Konflikte nicht vermeiden, wenn das heißen würde, wichtige Fragen zu unterdrücken oder echte Probleme zu verleugnen. Lassen wir Meinungsverschiedenheiten ans Licht kommen, wenn es welche gibt. Ich glaube nicht, daß wir Angst vor zwischenmenschlichen Konflikten haben sollten; aber welcher Art ist der Konflikt? Welche Bedingungen oder Mittel wenden wir im Konflikt an?

Natürlich sollten wir es vermeiden, einander anzuschreien. Wenn wir den Konflikt auf die anstehende Frage beschränken und lernen, einander zuzuhören, können Konflikte sehr heilsam sein.

BD: Ich würde hinzufügen, daß man Meinungsverschiedenheiten in unwichtigen Dingen vermeiden und wenn möglich eine Auseinandersetzung verschieben sollte, wenn man gerade nicht damit umgehen kann, sei es infolge von Krankheit oder weil es ein so heißes Thema ist, daß man Zeit braucht, um sich zu sammeln und darüber nachzudenken.

AR: Genau. Und manchmal muß man warten, bis ein geschickter Mittler einem dabei hilft.

BD: Natürlich setzen diese positiven Gedanken über Konflikt voraus, daß wir es mit ehrlichen Menschen zu tun haben, mit Menschen mit guter Absicht. Leider haben wir es im Leben manchmal mit Menschen zu tun, die ausweichen und

Ausflüchte machen, und manchmal sind sich diese Menschen nicht einmal *bewußt*, daß sie das tun.

AR: Ja, in einer solchen Lage sollte man den Konflikt vermeiden. Ich erinnere mich, daß Thich Nhat Hanh einmal über jemanden sagte: »Ich kann mit diesem Menschen einfach nicht umgehen!«

BD: Wenn Thich Nhat Hanh mit jemandem nicht umgehen kann, dann fühle ich mich gleich sehr viel besser!

AR: Allerdings.

BD: Es wäre anzunehmen, daß man sich besonders in einem Kloster in der Überzeugung zusammenschließt, daß alle dasselbe Ziel haben und einander helfen wollen, aber die Rivalitäten sind dort manchmal geradezu unglaublich groß. Die Stimmung ist manchmal völlig polarisiert und politisiert. In solchen Situationen habe ich festgestellt, daß Seminare über Gesprächsführung und Kommunikation wirklich hilfreich sind. Sie können eine sehr gute Wirkung haben.

AR: Das ist sicherlich der Fall, und man kann auch beobachten, wie sich solche Fähigkeiten im Sangha oder in der Klostergemeinschaft als Teil des langfristigen Entstehungsprozesses einer Zivilisation, in der alle gewinnen und keiner verliert, entwickeln. Wenigstens können wir in unseren eigenen Institutionen und Programmen damit anfangen, an einer solchen Zivilisation zu arbeiten.

BD: Damit bin ich generell einverstanden, aber ich würde doch vorschlagen, daß wir dem Bedürfnis, sich zu messen und zu gewinnen, ein wenig Raum geben. Manchmal stellt Wettbewerb eine notwendige und gesunde Übergangsphase dar. So ist es beispielsweise manchmal nötig, daß Jugendliche sich eine Zeitlang mit andern messen, bevor sie dem Wettbewerb den Rücken kehren oder ihn überwinden und zu jenem Streben nach Vortrefflichkeit gelangen, das nicht mehr darauf beruht, daß ein anderer verliert.

AR: Ja, und vielleicht brauchen sie auch eine rituelle Initiation zum Mannesalter, wie es sie bei allen Naturvölkern gibt. Wir haben solche Initiationen sowohl für Jungen als auch für Mädchen in der westlichen Gesellschaft vernachlässigt, und vielleicht ist es nötig, sie wieder auf eine sinnvolle Weise einzuführen.

BD: Vielleicht könnte man im Rahmen einer solchen Initiation das Zusammengehörigkeitsgefühl nicht nur zu diesem oder jenem Stamm, diesem oder jenem Land, sondern vielmehr zur Erde und allen Menschen auf der Welt, zur gesamten menschlichen Familie, unterstreichen.

AR: Wenn wir hier schon ein Programm entwerfen, finde ich, daß wir auch erwähnen sollten, wie wichtig es ist, kleine Landwirtschaftskartelle, Genossenschaftsbanken, Bauernkooperativen und kooperative Läden einzurichten. Das alles ist jetzt schon völlig legal und machbar. Wir brauchen nicht zu warten, um dann alles auf einmal zu verändern. Das ist ein Fehler, den viele Reformatoren in der Vergangenheit begangen haben: Sie haben versucht, etwas Neues aus dem Nichts zu erschaffen. Die internationale Arbeiterassoziation hatte ein weises Motto: die neue Gesellschaft in der Schale der alten herauszubilden.

BD: Die Arbeiten von Hazel Henderson waren für mich in dieser Hinsicht äußerst erhellend; sie ist eine Wirtschaftswissenschaftlerin, die an der Universität von Florida in Gainsville lehrt. Sie hat einige schöpferische Möglichkeiten zur Veränderung unserer Wirtschaft sehr gut und sorgfältig herausgearbeitet, sogar bis in alle Einzelheiten wie die Einführung lokaler Währungen. Das alles sind wohlüberlegte, praktische Gedanken, die schließlich die Veränderung der gesamten Gesellschaft bewirken könnten. Grundlegend ist dabei immer, Menschen an der Basis Verantwortung zu übertragen, in ihren Läden, in ihrem Stadtteil und in ihren Gemeinden. Wir haben der Regierung viel zuviel Macht überlassen, und jetzt müssen wir sie uns zurückholen und genau dort anfangen, wo wir sind.

AR: Richtig, und wir werden uns in der Vollkommenheit der Geduld üben müssen, weil die Veränderung der Gesellschaft ein sehr schwieriger, sehr langsamer und wahrscheinlich sehr entmutigender Prozeß ist. Yamada Rôshi hat den Einfluß, der durch die Übung auf die Gesellschaft ausgeübt wird, metaphorisch so beschrieben, daß eine chemische Substanz Tropfen für Tropfen einer Lösung beigegeben wird; lange Zeit geschieht scheinbar nichts. Aber plötzlich verändert sich die ganze Lösung mit einem letzten Tropfen. Ich glaube, wir sollten uns nicht entmutigen lassen, weil wir klein beginnen müssen.

BD: Nein, genauso haben die großen Dinge auch begonnen. Überdies hat dieser gesellschaftliche Veränderungsprozeß schon vor langer Zeit begonnen. Viele Tropfen sind schon im Glas. Wir brauchen nur unseren starken Glauben aufrechtzuerhalten und bei jeder Gelegenheit einen weiteren Tropfen hinzuzufügen.

LITERATURHINWEISE

Auswahl vergleichender Studien zu Buddhismus und Christentum

Brodbeck, Karl-Heinz: *Der Spiel-Raum der Leerheit. Buddhismus im Gespräch*, Walter, Solothurn 1995.

Dumoulin, Heinrich: *Östliche Meditation und christliche Mystik*, Alber, Freiburg 1966.

Dunne, Corrin: *Buddha und Jesus. Gespräche*, Gütersloher Verlagshaus, Gütersloh 1996.

Enomiya-Lassalle, Hugo M.: *Zen-Meditation für Christen*, München 1966.

– : *Zen und christliche Mystik*, Aurum, Braunschweig 1986.

– : *Der Versenkungsweg. Zen-Meditation und christliche Mystik*, Herder, Freiburg 1992.

Furlong, Monica: *Zen Effects: The Life of Alan Watts*, Houghton Mifflin Co., Boston 1986.

Glasenapp, Helmut von: *Buddhismus und Gottesidee*, Verl. D. Akad. D. Wiss. Und der Lit., Mainz 1954.

Johnston, William: *Zen – ein Weg für Christen*, Matthias-Grünewald, Mainz 1977.

Kadowaki, Kakichi: *Zen und die Bibel*, Salzburg 1980.

Küng, Hans und Ching, Julia: *Christentum und chinesische Religion*, Piper, München 1988.

Lillie, Arthur: *Buddhism in Christendom or Jesus, the Essene*, Paul Kegan, London 1887.

Massa, Willi und Johnston, William: *Wagnis der Begegnung. Zen und Leben als Christ*, Butzon & Bercker, Kevelaer 1982.

Mensching, Gustav: *Buddha und Christus – ein Vergleich*, Stuttgart 1978.

Merton, Thomas: *Weisheit der Stille. Geistigkeit des Zen und ihre Bedeutung für die moderne westliche Welt*, Goldmann, München 1991.

– : *Zen and the Birds of Appetite*, New Directions, New York 1968.
Pallis, Marco: *Spektrum buddhistischer Leitgedanken*, Garuda, Dietikon 1989.
Pieris, Aloysius: *Liebe und Weisheit. Begegnung von Christentum und Buddhismus*, Matthias-Grünewald, Mainz 1989.
Poeplau, Wolfgang: *Jesus der Buddha. Christliches Urgestein und Zen*, Christopherus, Freiburg 1989.
Siegmund, Georg: *Buddha und Christus*, Johannesbund, Leutesdorf 1983.
Suzuki, Daisetz Teitaro: *Der westliche und der östliche Weg. Essays über christliche und buddhistische Mystik*, Ullstein, Berlin 1988.
Wardenfels, Hans: *Absolutes Nichts. Zur Grundlage des Dialogs zwischen Buddhismus und Christentum*, Freiburg 1976.
– : *Faszination des Buddhismus. Zum christlich-buddhistischen Dialog*, Matthias-Grünewald, Mainz 1982.

Weitere Bücher der beiden Autoren

Aitken, Robert: *Ethik des Zen*, Diederichs, München 1995 (2. Aufl.).
– : *Zen als Lebenspraxis*, Diederichs, München 1995 (5. Aufl.).
Steindl-Rast, David: *Die Achtsamkeit des Herzens. Ein Leben in Kontemplation*, Goldmann, München 1992.
– : *Fülle und Nichts. Die Wiedergeburt der christlichen Mystik*, Goldmann, München 1994.
– : *Musik der Stille. Mit Gregorianischen Gesängen zu sich selbst finden*, Knaur, München 1995.
– und Capra, Fritjof: *Wendezeit im Christentum. Perspektiven für eine aufgeklärte Theologie*, dtv, München 1993.

Knaur

Die Essenz des tibetischen Buddhismus

(86106)

Knaur

Spirituelle Wege – die kleine Bibliothek der Weisheiten

(86051)

(86053)

(86056)

(86064)

(86073)